Johann Carl Buschmann

Über die aztekischen Ortsnamen

EHV
HISTORY

Johann Carl Buschmann

Über die aztekischen Ortsnamen

ISBN/EAN: 9783955644314

Auflage: 1

Erscheinungsjahr: 2013

Erscheinungsort: Bremen, Deutschland

EHV
HISTORY

ÜBER DIE

AZTEKISCHEN ORTSNAMEN

VON

JOH. CARL ED. BUSCHMANN.

BERLIN,

IN FERD. DÜMMLER'S VERLAGS-BUCHHANDLUNG.

1853.

—

I. Einleitung.

§ 1. Indem ich es unternehme, zu einem rein praktifchen, äufserlichen Zwecke, dem der Erklärung der Ortsnamen oder, genauer gefagt, der geographifchen Namen, die aztekifche oder mexicanifche Sprache zu prüfen; zu zeigen, wie weit das uns in Hülfsmitteln überlieferte Material hinreiche zum Verftändnifs eines hiftorifch gegebenen Stoffes; und damit in einer leichten Form eine Anfchauung von diefer Sprache zu geben: blicke ich dankbar auf eine Kette begünftigender Umftände. Sie beginnt mit dem denkwürdigen Unternehmen und den erftaunenden Leiftungen, durch welche der grofse Reifende der Cordilleren mit dem Anfange diefes Jahrhunderts vor den Augen der ganzen gebildeten Welt ein glorreiches Licht über den neuen Welttheil heraufgeführt hat. Der alles umfaffenden Sorgfalt, welche er der Erforfchung diefer Länder und aller Natur zugewandt, verdanken wir für die Sprache des Reiches des Motezuma die erften und die koftbarften Hülfsmittel. An fie und an fein grofses, alles erfchöpfendes Werk der Reife in die Äquinoctial-Gegenden des neuen Continents reihten fich die tief wiffenfchaftlichen Spracharbeiten feines Bruders; und eine Gunft, die mir das Glück verfchaffte, an denfelben in einem fpäteren Stadium Theil nehmen zu dürfen. Ich verdanke es beiden herrlichen Brüdern, dafs ich fpäterhin, und noch jetzt, diefe amerikanifchen Spracharbeiten fortfetzen konnte. Wilhelm von Humboldt gebührt noch das Verdienft, zu einer Sammlung und lexicalifchen Bearbeitung der aztekifchen Ortsnamen den Plan

entworfen und mich veranlafst zu haben. Unter diefem Antriebe, und in
dem Interelſe, das ich in Folge meiner eigenen Reiſe für das Land hegte,
habe ich einen Reichtbum von geographiſchen Namen und Notizen aus den
Reichen Mexico und Guatemala zuſammengebracht, wie ſie in keinem Werke
vereinigt angetroffeu werden; indem ich aus dieſer Sammlung die der aztekiſchen Sprache entſproffenen Namen herausziehe, biete ich eine nirgends
zu findende Fülle. Ich ſage damit aber keinesweges, dafs die Sammlung
nicht noch vermehrt werden könne; denn ich habe bis jetzt manche mir wohl-
bekannte Quelle noch nicht in dieſelbe aufnehmen können. Die nächſte
Abtheilung wird aber dieſes Fehlende der Arbeit einverleibt zeigen.

Der Zweck dieſer Arbeit iſt zunächſt: die aztekiſchen Ortsnamen vermittelſt der Sprache zum Verſtändnifs zu bringen; und ſodann: aus dieſen
geographiſchen Namen, durch eine ſorgſältige und vielſeitige Betrachtung
derſelben, allen möglichen Nutzen zu ziehen: ſowohl für die Sprache ſelbſt,
als auch für die anderen Wiſſenſchaften: für die Geographie, Geſchichte
und Alterthümer des neuen Continents und ſeiner Völker. Die Sorge für
dieſe anderen Wiſſenſchaften tritt in dieſer erſten Abtheilung mehr hervor,
als es ſpäter der Fall ſeyn wird; ſie hat mich zu Abweichungen veranlafst,
und die Arbeit durch einige Abſchnitte vermehrt, welche nur entfernt mit
dem Gegenſtande zuſammenzuhangen ſcheinen, aber doch dazu dienen eine
beſtimmte Erkenntnifs deſſelben zu vermitteln. Ich mufs aufserdem in den
den Orts- und Völkernamen beigegebenen Erläuterungen einen nicht unbe-
deutenden Theil des geographiſchen, hiſtoriſchen und antiquariſchen Stoffes, welcher die zwei grofsen Länder Mexico und Guatemala angeht, zu einem
kurzen Überblicke bringen. In dieſen Erläuterungen von grofser Mannig-
faltigkeit, welche für dieſe, meiner Abſicht nach weſentlich linguiſtiſche Arbeit doch Beiwerk ſind und für welche ich auf den kleinſten Raum beſchränkt
bin, kann ich nimmermehr berückſichtigen, noch weniger einigen die zahlreichen Darſtellungen, Berichte und Anſichten einer langen Reihe einheimi-
ſcher und ſpaniſcher Hiſtoriker, wie der europäiſchen Gelehrten und Schriftſteller bis in die neueſte Zeit, welche einander labyrinthiſch durchkreuzen.([1])
Ich folge einigen Hauptquellen, ich füge mehrfache Varianten bei; aber auf
den ganzen übrigen Theil des gleichartigen Stoffes mufs ich verzichten.

([1]) S. darüber unten § 15.

Wie wichtig die Kunde der geographiſchen Eigennamen bei Fragen
der alten Völkergeſchichte iſt und wie ſie gehandhabt werden kann, hat
Wilhelm von Humboldt in ſeiner „Prüfung der Unterſuchungen über die
Urbewohner Hiſpaniens vermittelſt der Vaskiſchen Sprache" gezeigt: welche
er auf groſse Sammlungen celtiſcher und vaskiſcher, ſo wie anderer Ortsnamen in einem langen Striche des ſüdlicheren Europa's geſtützt hat. Der
Eigenname hat eine merkwürdige Starrheit und Dauer: der Ortsname noch
mehr als der Perſonenname. Denn der Menſch wechſelt und verſchwindet;
er leidet von dem Einfluſſe der Gegenwart. Aber es bleibt die feſte Erde
und die Örtlichkeit; ſie trägt die wandelnden Geſchlechter und Völker, ein
ſtummer Zeuge der Weltgeſchicke. Augenblicklich, ſo wie er gegeben,
ringt ſich der Eigenname von der Sprache los. Er iſt nicht mehr die Sache.
Ein Geſetz ſchon, eine innere Stimme gebietet uns, bei dem Eigennamen
nicht an die Sache zu denken, von der er entnommen; es verſteht ſich von
ſelbſt, daſs man bei dem Namen nicht mehr der Sache, des appellativen
Sinnes, gedenke: es zu thun, erſcheint ungeſchickt, kindiſch und lächerlich.
Ich brauche nicht allein an die häſslichen und unglücklichen Namen zu erinnern. Was die Abſicht und der innere Drang der Natürlichkeit, die mit der
Wiederholung und Gewohnheit ſich einſtellende Bewuſstloſigkeit nicht thun,
wirkt die alles Bewuſstſeyn auslöſchende Zeit: ſie, die dem Menſchen ſogar
entreiſst, was er ſo gern feſtgehalten hätte! Die groſsen Umwälzungen der
Weltgeſchichte kommen hinzu, welche ganze Epochen vor den Augen der
Nachwelt zerſtören, und die Auslegung eines todten, überlieferten Stoffes
unſern ſchwachen Kräften und unſrem befangenen Sinne überlaſſen. So
ſtarke Schläge ſind nicht nothwendig, um der Sprache den Namen zu ent-
fremden. Eben weil er als eine todte und ſtarre Form behandelt, und aus
dem Sprachbewuſstſeyn, aus der Erinnerung des geiſtigen Inhalts gerückt
wird, entfernt er ſich unter den Händen des Volks von der Sprache; ſchon
manchmahl in einigen Jahrhunderten wird er unkennbar. Während die ganze
geiſtige Welt der Sprache in ihrer äuſseren Form und ihrem inneren Gehalte
in einem immerwährenden, ſtufenweiſen Wandel ſich befindet; Laute fort-
ſchreitend wechſeln, abfallen und zuwachſen; in der Abwechslung der Dialecte der ganze allgemeine Wortbau, wie ein buntes Farbenſpiel, in neue
Geſtaltungen eintritt: bleibt die Welt der Eigennamen, von dieſen Veränderungen kaum berührt, zurück; wird aber wieder, im ungleichen Maaſse,

B

von anderen angetaſtet. Ich nenne den Ortsnamen ſtarr; wie dürſte ich ihn unveränderlich, das Unbewegliche unter allem Bewegten nennen! Er bleibt hinter der Sprache zurück, der er entſproſſen, er zeigt ſie uns in urſprünglicheren Zuſtänden; aber je bedeutungsloſer er wird, deſto eher taſtet ihn ſchon das eigene Volk an. Und welche gewaltſame Veränderungen kann er erdulden, wenn ihn als ganz unverſtändliche Form bei den groſsen Umwälzungen eine fremde Nation überkommt! wie unkenntlich kann er werden, wenn ein mächtig ſelbſtſtändiger, alles fremde in ſein Eigenthum umwandelnder Sprachſinn (wie der der Griechen und Römer war) ihn zu dem ſeinigen ſtempelt! Aber dieſe Veränderungen treffen den Ortsnamen doch nur theilweiſe: er dauert ſeiner Natur nach im groſsen Verhältniſſe viel mehr, als aller anderer Sprachſtoff, unverändert fort; und er bleibt groſsentheils bei dem Wechſel der Völker, gehend von Hand zu Hand. Iſt ſo die Maſſe der örtlichen Eigennamen für die Gegenwart eine fremde Welt, ſo bereitet ihre Deutung vermittelſt der Sprache dem Forſcher ein ſchweres Loos; der Eigenname aus alter Zeit ſetzt die Sprachkunde einer grauſamen Prüfung aus. Es iſt hier ein Schauplatz der ſcharfſinnigſten Verſuche wie der abenteuerlichſten Verirrungen. Wehe! wenn das Idiom unentſchieden iſt, zu dem der Name zu rechnen! wenn mannigfaltige Zungen ſich um den Boden ſtreiten! In dieſer Starrheit und in dieſer Dauer ſind die Ortsnamen koſtbare Denkmähler längſt entſchwundener Zeit; ſie reden mit Buchſtabenſchrift oft da, wo die Völkergeſchichte ſich noch nicht auf Schriſt-Monumente ſtützen kann.

Das Wirrſal, welches die geographiſchen Namen in Deutſchland darbieten, den Kräſten zweier Brüder Grimm angemeſſen, findet man in den aztekiſchen Ortsnamen nicht. Sie laſſen in ihrer Einheit mit der Sprache den aztekiſchen Volksſtamm in dieſen Ländern als neu erſcheinen: entſprechend der Epoche, welche viel geltende Urtheile dem erſten Auftreten deſſelben angewieſen haben. Der Übergang der aztekiſchen in die ſpaniſche Welt iſt freilich von weſentlichen Veränderungen dieſer Namen begleitet geweſen, die ich an einer ſpäteren Stelle entwickeln werde; aber die Jahrhunderte vorher überliefern uns die Ortsnamen ſo, daſs ſie meiſt leicht aus der uns bekannten Azteken-Sprache ſich deuten laſſen. Daſs die Etymologie derſelben auch ihre Schwierigkeiten und Dunkelheiten hat; daſs die Namen uns auch Wörter bewahren, welche untergegangen ſind: verſteht ſich von ſelbſt, und ich werde Gelegenheit haben davon Beiſpiele zu liefern. Im allgemeinen aber und grofsen ift die Aufgabe ihrer Löfung vermittelft der Sprache nicht fo fchwer. Gerade diefe Dunkelheiten und Schwierigkeiten machen ihre Erforfchung für das beftimmte Idiom nutzenbringend und wichtig.

II. Aztlan und die aztekifche Sprache.

§ 2. Die aztekifche Sprache und das Volk der Azteken (*sing. Aztecatl*) find benannt nach:

AZTLAN, welches der Name des Vaterlandes der Azteken und, wie es fcheint, der übrigen Nahuatlaken ift, aus welchem fie ihre Wanderung in das mex. Thal begannen. Man fucht es, neben Amaquemecan und Huehuetlapallan, im nördlichen Amerika. Nach Clavigero (*storia antica del Messico,* Cefena 1780. 4° T. I. p. 156-7; 1780 erfchienen dafelbft T. I. II. III. diefes Werkes, T. IV. 1781) lag es nördlich vom Meerbufen von Californien; der kritifche Gallatin gefteht ihm nur die Lage bei Michuacan zu (in den *transactions of the American ethnological society* Vol. I. *New York and London* 1845. 8° p. 202ᵐ; Vol. II. *New York* 1848 p. LXXXVIᵐ). (¹) Ich kann den Namen wenigftens noch in gegenwärtiger Exiftenz nachweifen, als den eines Ortes in der Provinz Potofi. *S. Catalina de Aztla* ift nach Ant. de Alcedo (*diccionario de las Indias occidentales* T. I. 1786 p. 193) (²) ein *pueblo* des *partido de Coxcatlan* in der *alcaldía mayor de Valles,* und war damahls bewohnt

(¹) Ich werde in diefer Schrift mich öfter bei Verweifungen, vorzüglich auf Stellen in ihr felbft, einer Bezeichnungs-Methode bedienen, welche, vor langen Jahren von mir zu eignem Gebrauch erfonnen, nicht ohne einige Sonderbarkeit in der öffentlichen Anwendung ift, aber doch den wichtigen Zweck erfüllt: dafs man immer auf ganz beftimmte Stellen der Seite hinweifen kann; wogegen die allgemeine Weife, durch Nennung der blofsen Seite, fehr roh erfcheint. Ich theile die Seite (*pagina*) in drei Drittel, welche ich, von oben nach unten, mit den Buchftaben *a, m, n* bezeichne; jedes diefer Drittel theile ich wieder in drei Drittel: deren oberes durch den blofsen Buchftaben, deren mittleres durch deffen Verdopplung, und deren unteres durch Hinzufügung von *f* bezeichne. Folgendes find alfo die 9 Felder (Neun-Theile) der Seite in meiner Bezeichnung: *a, aa, af; m, mm, mf; n, nn, nf.* Wenn ich oben alfo citirte: p. 202ᵐ, fo ift damit die kleine Mitte; p. LXXXVIᵐᵐ, fo ift die Mitte des letzten Drittels der Seite gemeint.

(²) Der vollftändige Titel diefes inhaltreichen Werkes ift: *Diccionario geográfico-histórico de las Indias occidentales ó América .... escrito por el Coronel D. Antonio de Alcedo.* T. 1-5. *Madrid* 1786. 87. 88. 88. 89. 4° *min.*

von 300 Familien von Indiern; die Stadt Valles liegt 140 *leguas* nördlich von Mexico, in 23° 5′ N. Br.   Mühlenpfordt führt (II, 499) in S.
Luis Potofi *Axtla* (mit *x* gefchrieben) auf.   Vielleicht liegt der Ortsname als zweiter Theil in *Chichicastla* (von *chichic* bitter), einem
Orte bei Yepes; doch läfst fich diefes Wort auch anders conftruiren.
Das Wort *aztli*, von welchem die Form *Aztlan* durch die Ortsendung
tlan abgeleitet ift, ift der Sprache verloren gegangen.   Der Name hat aber
nichts mit dem Worte *aztatl*, weifser Reiher, zu thun; wie man auf
einem hierogl. Gemälde den über dem Zeichen für Waffer fitzenden
Vogel auf Aztlan deuten will (f. darüber Humboldt, *Vues des Cordillères* 1816 II, 179 ([1])).   Das unbekannte Wort *aztli* finden wir deutlich
in dem reduplicirten *aaztli* Flügel; in *aztetl*, Namen eines buntfarbigen
Steines; und ganz deutlich als *secundum compositi* in Quilaztli (von
quilitl Grünes), gleich Cihuacohuatl (*i. e.* weibliche Schlange) dem
Namen einer Hauptgöttinn der Mexicaner (Clavigero II, 9).   Ich bin
der Meinung, dafs + *aztli* in keiner Verbindung mit *aztatl* weifser Reiher fteht, eben fo wenig als mit *azcatl* Ameife, dafs vielmehr alle drei
unabhängige Stammwörter find ; wohl aber kann *aztatl* Beziehungen
mit dem Stamme *iztac* weifs haben, worauf 2 Doppelformen von *derivatis* hinweifen: *iztauhyatl* und *aztauhyatl* Wermuth, *aztapiltic*
fehr weifs, weifs, *iztapilticayotl* die Weifse.

AZTECATL, ein Azteke, ift das *Gentile* von der Ortsform *Aztlan.*
Die Azteken find ein Stamm der Nahuatlaken.   Sie wanderten mit den
übrigen Stämmen derselben bis Chicomoztoc, blieben aber hier zurück,
und zogen zuletzt von allen fieben Stämmen in das mex. Thal ein.   Sie
erbauten dafelbft die Stadt Mexico, und errichteten, durch allmähliche
Unterwerfung der Nachbarvölker, ein mächtiges Reich, das Cortes im
Jahr 1521 zerftörte. — Dafs fie Eines Urfprunges mit den Tolteken,
Acolhuern und andern Bewohnern von Mexico waren, beweift die allen
gemeinfchaftliche Sprache, welche noch die aztekifche heifst.   Es ift
aber gebräuchlicher, vorzugsweife das Volk Mexicaner und die Sprache
die mexicanifche zu nennen. — Die Azteken (Humb. *Cord.* 1816 II, 389)

([1])   Nach dieser Ausgabe der *Vues des Cordillères* (T. I. II. *Paris* 1816. 8°) citire
ich in dieser Schrift.

wanderten aus Aztlan nach Gama 1064, nach Clavigero 1160 (Gallatin
fpricht gegen Clav.'s 1160: *transactions of the American ethnological
society* Vol. I. 1845 p. 129), nach einem andern hierogl. Gemälde 1038
(Humb. *Cord.* 1816 II, 183). In den Gebirgen von Zacatecas (Humb.
Cord. l. c.) trennten fie fich von den Tlascalteken und Chalkern. (¹)
Nach 23jährigem Umherwandern (Humb. II, 79) kamen fie 1087 nach
Tlalixco oder Acahualtzinco (1091 begann nach Gama ihre Ära, Humb.
I, 360), 1196 nach Tula, 1216 nach Tzompanco, 1245 nach Chapolte-
pec. 1314 fielen fie in die Sklaverei der Colhuer, aus welcher fie fich
aber nachher befreiten; 1325 gründeten fie Tenochtitlan. (²) — Nach
Ixtlilxochitl's Gefchichte der Chichimeken (f. Gallatin I, 153-4)
„langten die Mexicaner 1141 an der Stelle des jetzigen Mexico an." Es
fcheint ihm, „dafs fie von der Küste der Provinz Xalisco kamen, und
dafs fie von der Familie eines Tolteken Huetzin waren. Diefer floh
nach dem Untergange der Tolteken mit feiner Familie und Dienern
durch Michuacan nach der Provinz Aztlan (die hiernach alfo bei Michuacan läge) und ftarb da. Seine Nachkommen entfchloffen fich nach
dem Lande ihrer Vorfahren zurückzukehren, was ihnen nach vielen
Abenteuern gelang." (S. noch Gallatin 159ᵃ⁻ᵃᵃ.) Daffelbe wiederholt
Gallatin I, 204ᵃ⁻ᵃᵃ.

§ 3. Der eigentliche, gemeine Name für die aztekifche Sprache
möchte *NAHUATL* gewefen feyn. José Guerra (*Revolucion de la Nueva
España*, London 1813 T. II. p. 539) nennt fie fo (³); und man wird den
Ausdruck: *en lengua* nahuatl überall in Boturini's Catalog wiederholt finden, bezeichnend: in aztekifcher Sprache gefchrieben. (⁴) Der Name bedeutet urfprünglich etwas wohlklingendes, wohl auch hell tönendes; und

---

(¹) In Chicomoztoc (f. unten § 28), welches Clav. in den Trümmern füdlich von
der Stadt Zacatecas vermuthet, trennten fich die übrigen Stämme der Nahuatlaken von
den Azteken, und rückten diefen voraus. Die Azteken blieben noch einige Zeit dort.

(²) Die Azteken wanderten lange unftät im mexicanifchen Thale herum (Prescott I,
14-15), bis fie fich 1325 am Südwest-Ufer des Sees Tezcuco niederliefsen und Mexico
bauten. [Unter Prescott verstehe ich: William H. Prescott, *history of the conquest of
Mexico.* Vol. I. II. III. London 1843. 8°]

(³) „*la lengua* nahuatl *ó Mexicana*".

(⁴) Boturini ferner *Catalogo* p. 95: *Los Manuscritos en lengua* Nahuatl, *que en este
Catalogo se citan, se entiende ser en lengua Mexicana.* Das gefchichtliche Urtheil über
diefe Sprache, welches Bot. hier mittheilt, möchte nicht anzunehmen feyn.

wohl vielmehr adjectivifch: wohlklingend, helltönend, laut; so (*cosa que suena bien, asi como campana etc.*) überfetzt Mol. das Wort. Wir haben hier das richtige Verhältnifs eines Appellativums, an fich bedeutfamen Wortes, das zum Volsnamen (Eigennamen) wird. Molina giebt ihm noch die 2te Bed.: ein fprachgewandter Menfch (*hombre ladino*), welche natürlich mit dem Namen der Sprache zufammenhängt. In Guatemala wird uns eine Sprache Nahuate, daneben aber noch die mexicanifche Sprache genannt. Ich werde diefs unten (§ 51) näher betrachten. Über Sahagun's *Nahoas* als ein Volk werde ich fogleich reden (S. 9ᵃᵃ). Die Derivata von *nahuatl* geben weitere Aufklärung: *nahuatlato* (von *tlatoa* fprechen) heifst ein Dolmetfcher; *nahuati* laut reden 2) fchön klingen; mit dem *a priv.*, *anahuati*, fchweigen oder fehr facht fprechen; *nahuatia* bedeutet: befehlen u. a.: woher *nahuatilli* Gefetz, Verordnung und *nanahuatia* verordnen kommen. Von *nahuatl*, dem Namen der gemeinfamen Sprache, leite ich nun in einfacher Natürlichkeit:

NAHUATLACATL (*sing.*, aus *nahuatl* und *tlacatl* Perfon zufammengefetzt: ein das aztekifche Idiom Redender), den allgemeinen Namen für fieben Völkerfchaften. Man hat bisher diefen Namen fo conftruirt, dafs man eine eigentliche Form *Anahuatlacatl* aufgeftellt hat, welche man von *Anahuac* ableitete (Leute, *tlacatl*, von Anahuac); aus diefer fei *Nahuatlacatl* eine Verftümmlung. Für eine folche Wegwerfung eines, so wefentlichen, Anfangs-*a* giebt es kein Beifpiel; wir müffen eine folche Kühnheit als ein bekanntes Manoeuvre verwerfen. Schwerlich konnten auch diefe Völker vor der Einwanderung in Anahuac fchon den Namen Anahuatlaken führen; exiftirte derfelbe wirklich, fo bekamen fie ihn nachher: fei es von *Anahuac*, fei es von ihrem bisherigen Namen durch Vorfetzung des *a* von *atl*, alfo Waffer-Nahuatlaken. — Nahuatlaken ift der allgemeine Name für die fieben Stämme der Xochimilker, Chalker, Tepaneken, Acolhuer (nach Einigen: Colhuer), Tlahuiken, Tlascaler und Azteken oder Mexicaner: die, nichts anderes als Theile Einer Nation: wie diefs daraus hervorgeht, dafs fie alle diefelbe Sprache, die aztekifche, fprachen; aus dem nördlichen Amerika, wo Aztlan ihr gemeinfchaftliches Vaterland gewefen zu feyn fcheint, auswanderten, nach Süden zogen und fich, einer nach dem andern, in dem mexicanifchen Thale und den umliegenden Gegenden niederliefsen.

Nach Humboldt (*Vues des Cord.* II, 389; *Essai polit.* I, 347 und 413(¹)) kamen die Nahuatlaken 1178 nach Mexico. Clavigero bemerkt (I, 151), dafs die 7 Stämme benannt wurden nach den Örtern, die fie gründeten oder an denen fie fich niederliefsen. Wir werden diefs bei ihrer Ana-lyfe (f. unten § 28-30) prüfen können. Sahagun fagt für Nahuatlaken *Nahoas*, welches nichts anderes als das Wort *nahuatl* ist. Er nennt zwar an Einer Stelle (T. III. p. 121-2) Nahoas nur e i n e s der alten einwandernden Völker; nachher fagt er aber (p. 145): es kamen nach einander nach Mexico die Nahoas, welches find: die Tepaneken, *Acol-hoaques, Chalcas, Vexotzincas* und *Tlaxcaltecas*: jede Familie für fich; p. 147 nennt er noch dazu: *Tlateputzcas, Chololtecas.* Hier fagt er: *las gentes* Nahoas *son los que entienden la lengua mexicana.*

A N A H U A C deutet man etymologifch durch *atl* mit der Poftpof. *na-huac*, nahe, bei: am Waffer, das am Waffer gelegene Land. Es hiefs fo zuerft das mex. Thal (von dem ein grofser Theil durch die Seen einge-nommen wurde; daher ift das Waffer diefer Seen gemeint, nicht die Me-xico befpülenden Oceane(²), zu denen die Mexicaner wohl erft da ge-langten, als der Name Anahuac fich fchon längft gebildet hatte); nachher, und fo immer, ein Theil des bisherigen Neufpaniens, der jetzigen Repu-blik Mexico, im Süden gelegen; umfaffend: das aztekifche Reich, die Reiche Acolhuacan und Michuacan, und die Republiken Tlascala, Cho-lula und Huexotzinco. Oviedo nennt uns ein Dorf A n a h u a c a in Ni-caragua (f. unten § 53). — G u e r r a (in seiner „*Revolucion de la Nueva España*", London 1813 T. II. p. 572) fagt, *nahuac* bedeute *circulo* oder *corona*, und *Anahuac* heifse daher fo viel als Halbinfel; er fügt hinzu, der See Tezcuco felbst hätte fo geheifsen. Beide Behauptungen, befonders die von *corona*, find fehr fremdartig.

Nach Humboldt (*Essai pol.* 1825 I, 197) begriff Anahuac das Land zwifchen 14° und 21° N. Br. (f. darüber Prescott I, 11). Prescott (I, 4) rechnet das Reich Motezuma's (was etwas mehr ift) von 18-21° N. B.

(¹) *Alexandre de Humboldt, Essai politique sur le royaume de la Nouvelle-Espagne.* 2ème *éd.* T. I. Paris 1825, T. II. III. IV. 1827. 8°; nach diefer Ausgabe citire ich in die-fer Schrift.

(²) V e y t i a (f. über ihn unten § 25) *lib.* I *cap.* 1 deutet aber den Namen: zwifchen dem atlantifchen Meere und der Südfee.

am atlantifchen Meere, 14 - 19° an der Südfee; er fetzt es unter 16,000
leagues, während Humboldt es zu 18-20,000 Quadrat-*lieues* fchätzt
(*Essai pol.* I, 196). Die Gränzen von Anahuac bezeichnet Clavigero
in feiner 7ten Differtation (IV, 267-9) und nach ihm Humb. im *Essai
pol.* T. I. p. 195-198. Das Reich des Motezuma betrug $\frac{1}{8}$ von Neufpanien (*Essai pol.* T. I. p. 296), und umfafste (*ib.* I, 196) die
Intendanzen Vera Cruz, Oaxaca, Puebla, Mexico und Valladolid. ([1])
Unabhängig von ihm waren die Könige von Acolhuacan, Tlacopan und
Michuacan.

Die etymologifche Deutung von *Anahuac* gewinnt durch das von mir
unter *nahuatl* und *Nahuatlacatl* Gefagte mehr Verwickelung; man
fragt nicht ohne Grund: heifst es wirklich einfach: am Waffer? oder,
da der Anklang an *nahuatl* gar zu nahe liegt, ift es aus dem Namen
der Sprache entftanden und *a* Waffer ein fpäterer Zufatz von der Lage
her? Die Verwickelung fteigt durch die Frage, ob nicht die Poftpof.
nahuac, bei, neben und mit, in der Tiefe der Zeit und Allgemeinheit
urfprünglicher Bedeutungen mit *nahuatl* genau verbunden ift (*nahuatl*
mit der Poftpof. *c*)? Einige Derivata der Poftpof. deuten auf die Bed.
von um, wozu Guerra's *corona* pafst: *nahuatequi* umarmen, *altepe-
nahuac* Umgegend einer Stadt (*comarca de pueblo*). Merkwürdig find
zwei unmittelbare Derivata von *Anahuac.* Das eine, *anahuacayotl,*
bedeutet: Dinge, die von umliegenden, oder angränzenden Ländern
oder Gegenden gebracht werden (*cosas que se traen de tierras comar-
canas*). Der Bed. nach hängt diefs *subst. abstractum* (was es ift) mit
Anahuac nur formell zufammen; die Bed. beruht auf *nahuac* bei,
und das *a* an der Spitze bleibt räthselhaft. Unmittelbar kommt aber
von *Anahuac* in einer finnigen Anwendung her *cem-anahuac* oder
cem-anahuatl die Welt (durch das Adv. *cen, cem,* zufammen, ganz,
gebildet). In der letzteren Form fehen wir *nahuatl* felbft; der Vorgang ift: das Subft. hat die fubft. Endung *tl* angelegt, wovor das *c* der
Poftpof. gewichen ift. Der Perfonenname *Huitznahuatl,* ein Fürft
von Huexotla zur Zeit des Nezahualcoyotl([2]), zeigt auch *nahuatl* felbft;

([1]) Von Valladolid ift aber das Reich Michuacan abzurechnen.
([2]) Wahrfcheinlich kam er durch Maxtlaton zu feiner Würde; er verlor diefelbe aber, nachdem er von den zur Wiedereinfetzung des Nezahualcoyotl ausgezogenen Mexicanern befiegt war.

es ift aber wahrfcheinlich auch aus *nahuac* entftanden. *Huitznahuac* (an den Dornen; derfelbe Anfatz der Poftpof. *nahuac* an *huitztli* Dorn wie bei *Anahuac* an *atl*) hiefs eine Vorftadt des alten Mexico; und mit ihr mag der Häuptling in Verbindung zu fetzen feyn, eben fo wie der Name einer Priefter-Gattung: *huitznahua-teohuatzin* (der 2te Theil ift *teotl* mit der Poffeffiv-Endung *hua* und der reverencialen *tzin*); es hiefsen fo die 2 Vicarien des *Mexicoteohuatzin* (eines höheren Priefters). Aus *nahuatl* entftand, wie ich meine, die Poftpof. *nahuac*, und in *nahuatl* fehen wir fie wieder zurückkehren.

§ 4. Die aztekifche Sprache war nicht nur die gemeinfame Sprache der fieben (von mir im Artikel genannten) Stämme der Nahuatlaken, fondern auch die Sprache anderer, vor den Nahuatlaken nach einander einwandernder Völker: der Tolteken, Chichimeken und Colhuer (Acolhuer). [1] Ich verweife wegen des Näheren auf diefe 3 Artikel unten (§ 26, 27 und 29). Wilhelm von Humboldt hat über den Zuftand der Sprache fo geurtheilt: „Dafs die Nation fich je in mehrere Stämme getheilt hätte, zeigt fich wenigftens in der Sprache nicht. Eben fo wenig findet fich in dem grammatifchen Bau eine Spur, dafs fie fich einer andren angefchmiegt, oder eine andre in fich aufgenommen hätte; oder dafs frühere und fpätere Bildung in ihr zufammengeflossen wäre." Die aztekifche Sprache war und ift nach Alexander von Humboldt (*Essai pol.* T. I. p. 353) die am meiften verbreitete in Mexico [2]. Sie ift nach ihm „heutiges Tages verbreitet vom 37° N. Br. bis zum See Nicaragua, in einer Länge von 400 *lieues*." Es find damit die Endpunkte und die Erftreckung, in denen fie geredet wird, ausgedrückt; fie herrfcht nicht in diefer Erftreckung, fondern nur in den 4 Provinzen von Anahuac (f. oben S. 10ᵃᵃ) als ihrem Centrum. Über den Umfang der aztek. Sprache zur Zeit der Eroberung f. Gallatin in *ethnol. soc.* I, 3. Ich werde die Art und die Gründe diefer Ausbreitung nach Norden und Süden, in die nördlichen Provinzen von Mexico und tief bis in den Süden des Reiches Guatemala, unten näher darlegen. Aber viel weiter gehend zeigt fich ihr Einflufs in der Zerftreuung oder Häufung aztekifcher Ortsnamen über die

---

[1] Über alle diefe Völker zufammen f. *Vues des Cord.* I, 96, 257-8; *Essai pol.* I, 346-353, 408-415.

[2] Alex. von Humboldt nennt fie nicht wohlklingend, aber reich.

C

ganze von Humboldt genannte grofse Längen-Ausdehnung; über Provinzen, in welchen die Sprache nie fo herrfchend gewefen feyn kann. Diefs zu zeigen ist einer der Zwecke meiner Abhandlung. Dafs in dem mexicanifchen Reiche, fo weit daffelbe fich erftreckte, die aztekifche Sprache die herrfchende war, und, von felbft oder durch Zwang, auch unter den anders redenden, unterworfenen Volksftämmen eine gewiffe Verbreitung erlangte; folgt aus den Verhältniffen von felbft, und hat fich immer unter ähnlichen Umftänden wiederholt. Clavigero bemerkt (II, 170), dafs die Verfchiedenheit der Sprachen im Lande den Handel der Mexicaner nicht behinderte, weil die mexicanifche Sprache die herrfchende war, und überall verftanden und gefprochen wurde. Am ftärkften ift diefer Zwang und die Abficht bei der Univerfalität fichtbar gewefen, welche die Incas der Quichua-Sprache gaben. Jofeph Acofta bezeugt diefelbe Maxime bei den mex. Herrfchern; er fagt (*historia natural y moral de las Indias* lib. VII cap. 28): „*como iban los Señores de Mexico y de el Cuzco conquistando tierras, iban tambien introduciendo su lengua;* bei allen Verfchiedenheiten der Sprachen in beiden Reichen, verbreitete fich doch und ift noch verbreitet die Hoffprache von Cuzco über 1000 *leguas,* und die von Mexico nicht viel weniger." Wir werden diefe Bemerkung Acofta's unten (§ 51) von Juarros wiederholt fehn.

§ 5. Sehr mannigfaltig war und ift die mexicanifche Sprachwelt. Zahlreiche Sprachen finden wir noch bei der urfprünglichen indianifchen Bevölkerung des mexicanifchen Reichs. Humboldt zählt deren über 20 (*Essai pol.* T. I. p. 352), „welche alle ganz verfchieden fcheinen": davon 15 mit Grammatiken und Lexicis verfehen. Eine der letzteren liegt mehr in Guatemala: das Cachiquel; aber auch Clavigero nennt es bei Mexico. Die 14 anderen find, in alphabetifcher Folge: Aztekifch, Cora, Huaftekifch, Matlatzinca, Maya, Miftekifch, Mixe, Otomitifch, Popoluca([1]), Tarahumara, Tarasca, Tepehuana, Totonakifch, Zapotekifch. Vier von diefen Namen werde ich unten bei den Völkern ausführen; folgende find nicht-aztekifchen Urfprungs: Cora, Maya, Mixe, Tarahumara, Tarasca, wohl auch Tepehuana; ich habe daher nur die Huafteca, Matlatzinca und Totonaca hier zu behandeln:

HUAXTECATL (Gentile eines Ortsnamens *Huaxtlan,* von *hua-*

([1]) Humb. und Clav.; fie wird auch bei Guatemala genannt.

xin, Ort diefer Baumart): eine Nation, deren Land, Huaxtecapan genannt, nördlich von den Totonaken, am mexicanifchen Meerbufen, und von da weftlich lag; fie waren nie dem mexicanifchen Reiche unterworfen.

MATLATZINCO (von *matlatl* Netz: kleiner Ort der Netze): alte Provinz füdweftlich von Mexico, von dem mächtigen Volke der Matlatzinken (Matlatzincatl, wie fich aus dem Perfonennamen *Matlatzincatzin*, eines Bruders Motezuma's II, Herrn von Coyohuacan, abnehmen läfst) bewohnt. Sie hatten eine eigene Sprache (f. auch Gallatin *ethnol. soc.* I, 4). Ihr Land begriff namentlich das Thal von Toluca, welcher Ort felbft ihre Hauptftadt war, ging aber noch bis Tlaximaloyan hinaus; Axayacatl machte fie der Krone Mexico zinsbar. Nach Haffel gab es auch einen Ort Matlatzinco, an der Stelle des jetzigen Charo in Guanaxuato; d. h. wenn er mit feinem *Matlanzinga* diefs meint.

TOTONACATL (aus *tototl* und *nacatl* zufammengefetzt: Vogelfleifch; wenn es nicht von *tona*, warm feyn, es fcheint die Sonne, *totonia* wärmen, abzuleiten ift): ein Volk, welches das Küftenland nördlich von Vera Cruz bis Tampico herauf, Totonacapan nach ihm genannt, bewohnte. Über feinen Urfprung weifs man nichts; es hatte feine eigene, von der aztekifchen ganz verfchiedene Sprache, die totonakifche, die noch jetzt in der Gegend gefprochen wird. Durch die Mexicaner verloren fie fpäter ihre Unabhängigkeit; fchloffen fich aber, um fie wieder zu erlangen, gleich an Cortes an, zuerft der Cazik von Cempoallan, und waren die erfte Stütze diefes Eroberers bei feinem Vorhaben.

Zu diefen Sprachen kommen noch manche hinzu; ich mache es mir nicht zum Gefchäft fie hier anzuführen; ich nenne nur als Beifpiele die Tlapaneca bei Humboldt, und aus meiner eignen Reife-Erfahrung: die Chucha, Chinanteca, Cuicateca, Mazateca, Papalo, die Zapoteca *serrana* (im Unterfchiede von der Zapoteca *del valle de Oaxaca*). Die Tlapaneca wird gefprochen um *Tlapa* in der Provinz Puebla (Humb. *Essai pol.* II, 157); fie hat ihren Namen von *Tlapan* (von *tlapantli* flaches Dach u. a.), im Alterthume einem Staat der Cohuixken; jetzt *Tlapa, ciudad* in Puebla. Clavigero nimmt 35 Sprachen in Mexico an, er nennt fie aber nicht alle. Auch diefe Zahl wird unter der Wirklichkeit bleiben. Wir dürfen nur an die vielen Völkerftämme denken, welche den höheren, breiten Norden des mexicanifchen Reichs bewohnen oder durchfchwärmen, um von der Unzulänglichkeit kleinerer Zahlen überzeugt zu werden. Der Pater Lafuen zählte (f. *Essai pol.* II, 280-1) an den Küften von Neu-Californien, von San Diego bis San Francifco, in einer Längen-Ausdehnung von 180 *lieues*, 17 Sprachen, von denen Humboldt felbft bemerkt: *qui ne peuvent guère être considérées comme des dialectes d'un petit nombre de langues-mères. Cette assertion ne doit pas étonner ceux qui connaissent les recherches curieuses - - - faites sur les langues américaines.* Humboldt im *Essai polit.* und nach ihm Mühlenpfordt (¹) I, 208-213 geben die in jeder Provinz lebenden Völkerftämme an; ihre Zahl ift im Norden fehr grofs. Gallatin (*ethnol. soc.* Vol. II. p. LXXXII) redet an einer Stelle von 3 - 4 verfchiedenen Sprachen, deren er 2 nennt: Piro (bei den Taos, Picuris), Tegua; Caftañeda (²) nennt drei Sprachen bei Culiacan (f. Gallatin I, 203): Tahu, Pacafa und Acaxa. Man wird einen Begriff bekommen von der Sprach-Zerfpaltung, auf die man gefafst feyn mufs, wenn man ferner aus ganz neuen Unterfuchungen thätiger nordamerikanifcher Forfcher an Ort und Stelle von 6 ganz verfchiedenen Sprachen in Einem Landftriche hört. Lieut. James H. Simpson (³), der im Aug. und Sept. des J. 1849 eine Expedition gegen die Navajo-Indianer führte, hat uns geliefert: *a comparative vocabulary of the language of the Pueblo* (⁴) *or civilized Indians of New Mexico, and of the wild tribes living upon its borders,* oder (p. 57ⁿ) *comp. vocab. of the different Pueblo Indians in New Mexico.* Er fchätzt 10,000 Pueblo-Indianer in Neu-Mexico, und fagt (mit feltener und rühmenswerther Haltung und Feftigkeit):

(¹) Der Titel diefer vorzüglichen, fleifsigen, allgemein gefchätzten Arbeit meines alten, theuren Freundes und Reifegefährten ift: „Verfuch einer getreuen Schilderung der Republik Mejico befonders in Beziehung auf Geographie, Ethnographie und Statiftik. Nach eigner Anfchauung und den beften Quellen bearbeitet von Eduard Mühlenpfordt. Bd. I. II. Hannover 1844. 8°

(²) *Pedro de Castañeda de Nagera, relation du voyage de Cibola* (*publ. en français par M. H. Ternaux-Compans*). Par. 1838. 8°

(³) *Report of capt. R. B. Marcy's route from Fort Smith to Santa Fe, and the report of lieut. J. H. Simpson of an expedition into the Navajo country. Wash.* 1850. 8°

(⁴) Er fchreibt diefen, uns bis dahin unbekannten Namen öfter fehlerhaft *Peublo*; f. meine Erläuterung unten (§ 23).

among them as many as six distinct dialects obtain, no one showing anything more than the faintest, if any, indications of cognate origin with the other. ([¹]) Sein *compar. vocabulary* (p. 140-3) hat 9 Rubriken: 1) S. Domingo und viele andere Örter 2) S. Juan und viele a. 3) Taos, Picoris, Sandia, Isleta 4) Jemes (alt Pecos) 5) Zuñi 6) Moqui 7) Navajos 8) Ticorillas (ein Zweig der Apaches) 9) Utahs. Er fagt p. 115: die Sprachen der Tefuques und der Zuñis *„are radically different - - - - and so with all the other Pueblos. The different languages they speak are all resolvable into six distinct tongues."*

Aber auch der mexicanifche Süden liefert Beiträge zu dem behaupteten Reichthume des Landes an Völkern und Sprachen; fo die Provinz Oaxaca. „19 verfchiedene Indierftämme", fagt Mühlenpfordt (II, 140), „welche gröfstentheils ganz von einander verfchiedene Sprachen reden, wohnen im Staate Oajaca". Er nennt fie S. 141: Zapoteken, Mifteken, Mixes, Chinanteken, Chontales, Cuicateken, Chochos oder Chochones, Chatinos, Azteken oder Mexicaner, Almoloyas, Huabes oder Guabes, Huatequimanes oder Guatinicamanes, Izcateken, Mazateken, Solteken, Triques, Pabucos, Amusgos, Zoques oder Soques. Die Wohnfitze der einzelnen Stämme findet man beftimmt S. 141-3.

§ 6. Die aztekifche Bevölkerung Mexico's aufser den Tolteken ift neu, alle diefe Stämme find nach Sage und Überlieferung wenige Jahrhunderte vor der fpanifchen Eroberung von Norden her eingewandert. Zahlreiche Völkerftämme werden uns aber als uralte oder alte Bewohner genannt, zum Theil ohne nachweisbaren Urfprung; oder als Einwanderer vor den Tolteken. ([²]) Völker, von deren Urfprunge man nichts weifs, find: die Cuitlateken, Popoloken und Zapoteken:

C u i t l a t e c a t l (Gentile eines Ortsnamens *Cuitlatlan*: Ort des Kothes, *merda, cuitlatl*): ein befonderes Volk, von deffen Urfprunge man nichts weifs; fie bewohnten die grofse Provinz C u i t l a t e c a p a n, die von Michuacan fich am ftillen Meere entlang nach Süden erftreckte.

P o p o l o c a (ein Wort der aztek. Sprache: Barbaren, Ausländer bedeutend, Menfch, der eine fremde Sprache redet; auch Verbum: eine

---

([¹]) S. noch p. 64 feinen Widerfpruch gegen Ruxton und Gregg.
([²]) Humboldt giebt fie an *Vues des Cord.* II. p. 386.

barbarifche, ausländifche Sprache fprechen): ein mexicanifcher Volksftamm, von deffen Abkunft nichts bekannt ift; Tecamachalco war einer
ihrer Hauptörter (vielleicht in der Prov. Puebla). Gallatin (*ethnol. soc.*
I, 3) konnte die geogr. Lage der Sprache nicht erfahren (f. jedoch Mithrid. III, 3. S. 28ᵛ, 32); er fagt nur, dafs fie innerhalb des alten Reichs
von Mexico gefprochen wurde. Die Popoloca (bei Juarros *Popoluca*,
bei Haffel fälfchlich *Pupulaca*) wird uns auch als eine Sprache in Guatemala genannt. Ich werde auf letztere nochmahls zurückkommen (f. §50).

TZAPOTECATL (Gentile von *Tzapotlan*: Ort der Zapoten,
Bäume oder Früchte; f. den öfter vorkommenden Namen unten § 70):
ein fehr bedeutendes Volk, das den weftlichen Theil der jetzigen Provinz Oaxaca bewohnte, Tzapotecapan genannt; früher unter vielen
kleinen Fürften ftand, fpäter aber von den Mexicanern unterworfen
wurde. Die Gefchichte erwähnt ihren Urfprung nicht; und ihre Sprache, die noch jetzt gefprochen wird, zeigt, dafs fie ein Volk eignen
Stammes waren.

Ein uraltes Volk in Mexico, von deffen Urfprunge man nichts weifs, find
die Olmeken. Nach den Meinungen Einiger (f. Clavigero I, 147) waren
fie und die Xicallanken, mit denen fie immer vereint vorkommen, fo alt
in Anahuac als die Tolteken; Clav. fragt, woher fie gekommen feien?

OLMECATL (*mecatl* ift die Endung der Gentilia von Ortsnamen
auf *man*, diefs würde einen Ort *Olman* geben; doch wird *mecatl*
auch in Zufammenfetzungen in der Bed. Gefchlechtslinie, Sprofs gebraucht [f. über diefe Endung ausführlich bei *Amaquemecan* § 27]:
es ift alfo eher anzunehmen, dafs der Name auf diefe Art von *olli* ab-
ftammt: Volk des Gummi): ein uraltes Volk, von deffen Urfprunge man
nichts weifs. Sie wohnten mit den Xicallanken zufammen um den
Berg Matlalcueye, wurden von den einwandernden Tlascalern vertrieben, und warfen fich an den mexicanifchen Meerbufen, wo fie z. B. die
Städte Cuetlachtlan und Coatzaqualco hatten. Nach Humboldt haben
fie ihre Wanderungen bis zum Meerbufen von Nicoya und bis *Leon de
Nicaragua* fortgefetzt (*Cord.* 1816 T. II. p. 386). Fernando de Alva
Ixtlilxochitl (f. über ihn unten § 25) hat in feiner Gefchichte der Chichimeken es unternommen von ihrer Herkunft zu berichten. Er erzählt: „Die Erde fei im 3ᵗᵉⁿ Weltalter von den Olmeken und Xicallan-

ken bewohnt gewefen. Nach ihren Gefchichten feien fie in Schiffen von Often gekommen, im Lande Potonchan gelandet, und hätten fich ausgebreitet bis Cholula. Später erfchien unter ihnen Quetzalcoatl, nach deffen Verfchwinden Cholula durch einen Orkan zerftört wurde (um Chrifti Geburt oder 299 nach Chriftus)." Über die Sprache der Olmeken wird uns nichts berichtet: ob fie die der Tolteken oder von ihr verfchieden gewefen fei (vgl. Gallatin, *ethnol. soc.* I, 167).

XICALLANCO (bedeutet wohl daffelbe als *Xicallan*, alter Ort in Michuacan, von *xicalli*: Ort diefer Kürbifsart oder diefer Art Trink-fchalen, fpan. *xicara*; der Name enthält zwei Poftpof., *tlantli* Zahn liegt wohl nicht darin): alter Ort an der Gränze von Tabasco, von dem die Xicallanken benannt find (*Xicallancatl*): ein uraltes mexicani-fches Volk, das mit den Olmeken, mit denen fie immer zufammen vor-kommen, um den Berg Matlalcueye wohnte, bis fie von den einwandern-den Tlascalern vertrieben wurden und fich füdlich an den mexicanifchen Meerbufen warfen.

Die Chiapaneken (*Chiapanecatl*, Gentile vom Ortsnamen *Chia-pan*, den ich unten § 68 entwickelt habe) behaupteten die älteften Bewoh-ner ihres Landes zu feyn (f. Clav. I, 150).

Das Volk der Chinanteken wohnte fchon im Anfang amerikani-fcher Gefchichte an derfelben Stelle:

CHINANTECATL (Gentile von *Chinantla*: Ort der Rohrzäune, *chinamitl*; der alten Hauptftadt der Chinanteken): eine Nation, welche ihre Wohnfitze zwifchen den Zapoteken und Mifteken, und ihre befon-dere Sprache, die chinantekifche, hat. Der Anfang amerikanifcher Ge-fchichte findet fie bereits in jenen Niederlaffungen, und es giebt keine Nachricht über ihren Urfprung. — Diefelbe Form, als *Chinandega*, ift merkwürdigerweife ein Dorf in der Prov. Nicaragua, Diftr. Realejo (f. § 57).

Sehr alte Völker find: die Cohuixken, Mazateken, Mixteken, Otomiten:

COHUIXCO (die Form weift auf das Verbum *cohuia*, die Deutung kann mancherlei feyn): grofse alte Provinz, von den Cohuixken, einem befondern Volke, deren Urfprung die Gefchichte nicht kennt, bewohnt: von der Küfte von Acapulco an bis zum Lande der Cuitlateken, Tlahuiken und Yoper; von Motezuma II der Krone Mexico unterworfen.

MAZATLAN (von *mazatl:* Ort der Hirfche): 1) eine Provinz des alten Mexico, nördlich von der Mifteca, mit der Hauptftadt gleiches Namens, von den Mazateken bewohnt: einer Nation, deren Urfprung die Gefchichte nicht kennt, die eine eigene Sprache, *Mazateca* genannt, redeten, welche noch in jener Gegend gefprochen wird; 2) jetzt Stadt und Hafen am californifchen Meerbufen, in Cinaloa; dabei liegt das *Presidio de Mazatlan* [Ward] (f. näher Mühlenpfordt II, 406ᵐ); 3) [Gomara] alter Ort in Guatemala: wie es fcheint, bei Izancanac; jetzt [Juarros *Mazatan*] Dorf in der Prov. Chiapa, Diftr. Soconusco, Pfarrei Tuxtla.

MIXTECATL (Gentile eines Ortsnamens *Mixtlan:* Ort der Wolken, *mixtli;* jetzt 2 Dörfer im Diftr. Itzcuintla in Guatemala): ein Volk, das zu den Autochthonen von Mexico gehört, und feine eigne Sprache, die miftekifche, hat. Das Land diefer grofsen Nation, Mixtecapan genannt, lag nördlich von den Zapoteken und ging bis zum ftillen Meere. Jetzt heifst es die *Misteca* und bildet einen Theil der Provinz Oaxaca. Das Volk ftand unter mehreren Fürften, die nachher alle von den Mexicanern unterworfen wurden. 2) *Mixteca* nennt Oviedo einen Bezirk in Nicaragua (f. unten § 53).

OTOMITL kann man um fo eher für mex. anfehn, als es nicht der einheimifche Name ift, da das Volk felbft fich *Hiaihiu* oder *ñahñu* nennt. Die Form *Otomitl* kommt, wie wir gleich fehen werden, vor als Perfon; Sahagun aber (III, 122) nennt ihren Häuptling *Oton*. Dem äufseren Aufchein nach wäre das Wort ein Compofitum aus *otli* Weg und *tomitl* thierifches Haar (das menfchliche heifst *tzontli*): Haar des Weges bedeutend; der Name müfste ein dunkles Bild enthalten, und vielleicht hergenommen feyn von der irrenden Lebensart des Volkes, zufammen mit einer uns unbekannten Art das Haar zu tragen? Die Spanier fchreiben *Otomí* oder *Otome*; ift letzteres auch eine reine mexicanifche Form, fo könnte es ein eigener Plural, aber auch durch Anhängung des poffeffiven *e* an *tomitl* gebildet feyn. — Die Otomiten waren im Alterthume ein wildes, ganz rohes Jägervolk: unabhängig, ohne Oberhaupt, ohne Wohnungen in Höhlen haufend; das mit den Chichimeken einen grofsen Landftrich nördlich von Mexico bewohnte, welcher von der

Bergkette des mexicanifchen Thales anfing. Nach Ixtlilxochitl (f. näher bei
Acolhua) follen fie aber mit den Acolhuern zufammen gekommen feyn.
Erft im funfzehnten Jahrhundert bequemte fich ein Theil von ihnen zur
Cultur, baute Städte, felbft im mexicanifchen Thale, und unterwarf fich
der Krone von Mexico und von Acolhuacan; andere zerftreuten fich un-
ter die Matlatzinken und die Tlascaler, die letztern hielten fie in ihren
Heeren und garnifonirten mit ihnen ihre Gränzörter. Überall in diefen
Colonien behielten fie ihre Sprache, die eine der verbreitetften in Me-
xico ift. Die meiften aber blieben, wie die Chichimeken, in ihrem
wilden Zuftande, und machten noch lange nach der Eroberung durch
Einfälle den Spaniern viel zu fchaffen, denen es erft im fechzehnten
Jahrhundert gelang fie ganz zu unterwerfen.

Für einige bisher genannte Urvölker Mexico's giebt es eine mythifche
Perfonificirung. Nach Gomara und anderen Gefchichtsfchreibern, deren Anfehn aber Clavigero nicht gelten läfst, war I z t a c M i x c o a t l (die weiße Wolkenfchlange; *mixtli* Wolke und *coatl* Schlange; M i x c o a t l hiefs in Anahuac die Göttinn der Jagd, befonders von den Otomiten und Matlatzinken
verehrt) der Stammvater verfchiedener Urvölker von Mexico. Er erzeugte
mit der Ilancueitl (bedeutend: alter Weiber Rock; von *ilama*, auch
ilantli, alte Frau, und *cueitl* Weiberrock) die 6 Söhne: X o l h u a, T e-
n o c h, O l m e c a t l, X i c a l l a n c a t l, M i x t e c a t l und O t o m i t l: welche alle
verfchiedene Sprache hatten und die Stammväter der nach ihnen benannten
Völker waren.

A l t e Völker find: die C o r a, T a r a s k e n und die Z a c a t e k e n:
Z a c a t e c a t l (Gentile eines Ortsnamens *Zacatlan*: Ort des
Maisftrohs), welches Volk die jetzige Provinz Zacatecas bewohnte, wie
auch deren Hauptftadt jetzt heifst. *Zacatlan* läfst fich jetzt nachwei-
fen als ein Ort nördlich von Tlascala; und 2) als ein Flufs in der Prov.
Vera Paz, welcher in die Bai Amatique fällt.
Es ift wohl anzunehmen, dafs einige diefer Völker, welche alte Sitze oder
Urfitze im mexicanifchen Continent zu haben fcheinen, auch, in dem Dunkel
der Jahrhunderte, durch Einwanderung dahin gekommen find. Humboldt
äufsert fich in den *Vues des Cord.* I, 258 fo: „es ift wahrfcheinlich, dafs andere Völker: wie die Otomiten, Olmeken, Cuitlateken, Zacateken und
Tarasken; vor den Tolteken im nördlichen Mexico erfchienen."

D

III. Merkwürdigkeiten der mexicanifchen Sprache.

§ 7. In einer Schrift, welche die Deutung vieler Hunderte von aztekifchen Wörtern zum Gegenftande hat, wird es mir nicht verfagt feyn,
durch einzelne Züge und einige ein allgemeines Intereffe erweckende Notizen ein theilweifes Bild von der Sprache zu geben, wenn ich dabei eine
fchwerfällige Form und grammatifche Vertiefung vermeide.

Es ift nicht möglich von einer Verwandtfchaft der mexicanifchen
Sprache mit den Sprachen anderer Erdtheile zu reden. Dennoch fehlt es
nicht an merkwürdigen Ähnlichkeiten. Die mex. Sprache befitzt, ganz
wie das Sanskrit und Griechifche, den privativen Vorfatz *a*, welcher (in den
2 genannten Sprachen euphonifch vor Vocalen zu *an* geftaltet) im Celti-
fchen zu *an,* im Lat. zu *in (im),* im Deutfchen zu *un* geworden ift: ἀϑάνατος,
amiquini, unfterblich. Sie gebraucht zu ihrem *perf.,* auch wohl zum *im-
perf.,* das Augment *o,* wie das Sanskr. das *a,* das Griech. das *ε.* Diefe
Ähnlichkeiten erfcheinen erftaunend. Ich verfahre aber bei der Auffaffung
und Behandlung von Sprachähnlichkeiten meffend und rechnend. Vor diefer ftarr verftandesmäfsigen Abwägung find jene zwei Übereinftimmungen
weniger wunderbar. Aber einen hohen Grad der Merkwürdigkeit erreicht
eine Wortverwandtfchaft: im Mex. heifst *teotl* Gott; es ift vollftändig, bis
auf das *tl,* das griech. ϑεός: denn *tl* ift wie hier ς Endung, welche in der
Compofition und Derivation wegfällt: *teopan* Tempel, Kirche, *teocalli*
Tempel, *teopixqui* Priefter. Es wird eine kleine Nebenaufgabe meiner
Behandlung der aztekifchen Ortsnamen feyn, zu beweifen, dafs das Wort
nicht etwa durch die Spanier der Sprache zugeführt ift. Gewifs ift fchon,
dafs die heldenmüthigen Eroberer und die Geiftlichen nicht, wie die heuti-
gen Miffionare in der Südfee, die indifchen Sprachen mit griechifchen und
hebräifchen Wörtern begabt, und dafs fie nur *Dios* für Gott gewählt hätten
und anderwärts gewählt haben. Zu meiner beiläufigen Bemerkung über die
wunderbare Belebung der polynefifchen Sprachen durch die englifchen
und nordamerikanifchen Miffionare mit Wörtern, welche dem fpäteren Ety-
mologen auf der einen Seite grofse Sorgen machen, auf der andern Hoffnung von Verwandtfchaften erwecken werden, fei es mir erlaubt anzuführen:
poute Buch (das engl. *book*) und *phono* tödten (φόνος) in der tahit. Sprache; *hipo* Pferd (ἵππος), *arenio* Lamm (ἀρνίον), *areto* Brodt (ἄρτος), *na-*

hesa Schlange (hebr. נָחָשׁ) im Sandwich; *melahi* tahit. Engel (arab. مَلَاكْ
oder مَلَائِكَةْ); Sandwich: *selou* Wachtel (hebr. שְׂלָו), *inica* Tinte
(engl. *ink*), *hipa* oder *bipa* Schaaf (engl. *sheep*), *hoki* Pferd (engl. *hor-
se*). (¹) Die Übereinftimmung des mex. *teotl* mit Θεός, arithmetifch fehr
hoch anzufchlagen wegen des Doppelvocals, zeigt, wie weit es der Zufall in
Wortähnlichkeiten zwifchen ganz verfchiedenen Sprachen bringen kann.

Ich habe für andere Zwecke eine gröfsere Sammlung aztekifcher
Wortähnlichkeiten mit unferen Sprachen gemacht; ich will hier nur einige,
zum Theil des Scherzes halber, mittheilen. *Macic* maffiv, fpan. *macizo*
(es ift aber eine Bildung von *aci* ankommen, erlangen *etc.*); *ocalli* Strafse,
fpan. *calle* (es ift aber eine Compof. aus *otli* Weg und *calli* Haus: Weg
von Häufern); *tlami* beendigen würde ein grübelnder Linguift für das lat.
terminus, terminare erklären; *teca* legen und *tema* etwas wohin legen für
die griech. Subft. Θήκη (lat. *theca*) und Θέμα; *tilmatli* Mantel für ἱμάτιον;
cuxitia kochen, fpan. *cocer* (fo erfcheint aber das Wort nur nach *tla* und
ähnl. Vorfätzen, an fich ift es *icuxitia*); *pepeyol-quahuitl* (*quahuitl*
ift Baum) Pappel, *populus*; *aqua* laufen, von Waffergefäfsen, Waffer durch-
laffen, könnte ein kühner Geift mit dem lat. *aqua* vergleichen (es ift aber
ein Compof., bedeutend: Waffer effen, aus *atl* Waffer und *qua* effen);
die mex. Ortsendung *pampa*, z. B. in *amilpampa ehecatl* Südwind, erinnert lebhaft an die peruanifchen Ortsnamen auf *pampa*: die mex. ift aber
eine Verbindung der zwei Poftpofitionen *pan* und *pa*; die Quichua-Endung
ift das Subft. *pampa* Ebene (ebenes, freies Feld, freier Platz): obgleich
felbft diefes fich fehr wohl, in Begriff und Form, von den zwei mex. Poftpofitionen herleiten liefse. — *ye* bedeutet j a; *tzimpil* fchreckhaft könnte
man mit z i m p e r l i c h vergleichen, *topehua* ftofsen mit dem fpan. *topar*: *ma-
toca*, mit der Hand anrühren oder anfaffen, führt, da *ma* von *maitl* Hand
herkommt, auf fpan. *tocar* = franz. *toucher*: aber das einfache *toca* hat
keine folche Bed., es heifst: unter die Erde bringen, einfcharren, begraben
2) fäen 3) folgen, nachfolgen u. a.; in der erften Bed. könnte es aber Jemand fehr nahe vergleichen mit dem tongifchen (Sprache der Freundfchafts-

---

(¹) S. mehr dergleichen in meinem *Aperçu de la langue des îles Marquises et de la
langue tuitienne, Berlin* 1843 p. 44.

D 2

Infeln) *toka*, welches bedeutet: auf den Boden, zu Boden; auf den Boden kommen, auf dem Boden liegen.

§ 8. Während der mex. Sprache eine ganze Anzahl von Confonanten fehlen: *b*, *d*, *f*, *g*, (die Laute, welche die Spanier durch *ll* und *ñ* ausdrücken,) *r*, *s*, *v* und *w* (dazu fängt kein Wort mit *l* an); giebt das Vorherrfchen einiger anderer, befonders des *tl*, dem Lautwefen derfelben einen eigenthümlichen Charakter. Ich gebe zuerft einige Beifpiele von *ca* und *c* überhaupt: + *cacalaccatl* (von *calani* klingen) in Compof. (*ixquacacalaccatl* Glatze); *ocacalacac* es klapperte, *ócacayacac* es ift verfallen, *ocacapacac* er klapperte mit Pantoffeln, *onicacahuacac* ich hatte grofse innere Unruhe oder Hitze, *ococotocac* es ift zerriffen; — von *hua*, *hue*: *ehua-huahuanqui* Gerber (von *ehuatl* Fell), *huehue-cacaca* dünn ftehen, vom Rohr u. a. (*hueca* fern und *ca* feyn, beide reduplicirt); — von *t*: *tetatatacoyan* Steinbruch. Beifpiele des Geklappers von *tla*: *tla-cuitlatlaxtli* freigelaffener Sklav, *amox-tlatlatlamachilli* illuminirtes Buch, *tlatlatlalilpehualiztli* Grundlage, Anfang, *tlatlatlalpiltitentli* Holzbündel, *tlatlatlamachiliztli* (von *tlatlamachia*) Illuminirung von Büchern, *tlatlatlamantililiztli* Unterfcheidung. Einige gemifchte Beifpiele der Laute: *tetlatzacuiltiliztli* Beftrafung, *netlacuitlahuiliztli* Sorge, *tetlamatataquiliztica* mit Eifer. Nach diefen Beifpielen wird es nicht auffallen, wenn die fpanifchen Grammatiker von dem *sonsonete de los Indios* reden.

§ 9. Ganz in demfelben Grade und derfelben Freiheit, wie wir es an gewiffen hoch bevorzugten Sprachen: dem Sanskrit, Griechifchen, Germanifchen, Slavifchen, kennen, befitzt die mexicanifche die Eigenfchaft durch Wort-Zufammenfetzung neue Gebilde in unerfchöpflichem Reichthum und unendlicher Verkettung zu fchaffen. Indem diefer Vorzug zu dem einer reichen Derivation: der Wortbildung und -Abwandlung durch Endungen, fo wie durch Vortreten von Partikeln (Präpofitionen, Adverbien und untrennbaren), welche dem Sinn eine entfcheidende Wendung oder eine Modification geben, auch durch Reduplication (als grammatifches und wortbildendes Mittel); hinzukommt: tritt das aztekifche Idiom in merkwürdiger Ähnlichkeit des geiftigen Gepräges an die vollkommenen Sprachen unfrer alten Welt heran. Die Wort-Zufammenfetzung hat dabei in ihr auch den grammatifchen Vorzug, dafs das vortretende Wort feine Endung aufgiebt oder eine Lautveränderung erfährt: fo dafs das Wort in der Verbindung fich von dem

vereinzelten Satzgliede unterfcheidet. Ein Bindelaut erfcheint vereinzelt,
und nur als ein Anklang an den hohen Vorzug, welchen die griechifche
Sprache und die flavifchen Mundarten durch deffen Allgemeinheit geniefsen:
während wir, in der deutfchen Sprache zwar nur zum Theil, aber leider
ganz in der englifchen das ftarre Zufammentreten der Wörter in der Zufammenfetzung beobachten. — Diefe Leichtigkeit und Freiheit der Zufammenfetzung führt die aztekifche Sprache zu fehr langen und fylbenreichen
Wortgebilden. Ich werde deren 4- und 5fache angeben: *xochi-oco-
tzo-quahuitl* der Liquidambra-Baum, *cuitla-tetz-miliuh-tinemi* träge
einhergehn, *ix-ten-cuil-chilli* Thränenwinkel des Auges; *quauh-te-
malaca-yullotl* und *quauh-te-malaca-el-quauhyotl* Wagenachfe,
xoco-meca-yaca-tzuntli die Gäbelchen am Weinftock, *elo-ahua-te-
colotl* ein Infect, *ix-qua-mul-tzom-picqui* mit dichten, zufammen-
gewachfenen Augenbraunen (fpan. *cejunto*), *al-tepe-qua-xoch-quetza*
eine Stadt oder Dorf abftecken (in ihren Gränzen); *much-quimo-cac-caye-
tocani* und *much-quimo-thui-caye-tocani* der fich ftellt als höre, als
fehe er alles (9 und 10 Sylben), *ama-machio-tlacuilol-tzaqua* (11
Sylben) zufiegeln.

Ich liefere noch Beifpiele lang er Wörter, ohne Rückficht auf die
Quelle und die Bestandtheile:

8fylbige Wörter: *tlanqua-ololiuhcayotl* Kniefcheibe, *tla-
calaquil-tecani* Zoll-Eintreiber, *ma-chachacalihuini* Schwielen an den
Händen habend, *chichihual-aapilol* und *chichihual-atecomatl*(Weib)
mit grofsen Brüften, *altepe-tenan-coyoctli* Pförtchen in der Stadtmauer,
amochi-popozoquillotl Zinnfchlacken, *huitz-quil-tzontecomatl* Arti-
fchocke, *ilhuica-tlamatini* Aftrolog, *ix-ocuil-loaliztli* Ausfchlag(*barros*)
im Geficht, *ixpoyo-tlanamictia* unfchuldig büfsen, *micca-quimiliuh-
cayotl* und *micca-te-quimiloloni* Leichentuch, *amox-quimiliuh-
cayotl* Bücherdeckel, *amox-tem-malhuiloni* Rand des Buches, *amox-
tlatol-tzintiliztli* Eingang oder Anfang eines Buches, *coco-temeca-
xihuitl clematis* (Pflanze), *tepe-huilaca-pitz-xochitl* Art *volubilis*
(Pflanze), *totonca-xoxocoyolli* Art Sauerampfer, *tlan-atonahuiz-
patli* eine Pflanze, *tenamaz-nanapaloa* ein Strauch und ein Thier,
chichic-tlapal-ez-quahuitl sanguiflua (ein Baum), *quetzal-huexolo-
quauhtli* eine Adlerart;

9 fylbige: *llahueliloca-quahuitl* ein Baum, welcher Spezerei giebt; *tlallan-tlaqua-cuitlapilli* die Wurzel von Michuacan, *tzinacancuitla-quahuitl* Baum, aus deffen Harz ein ftarker Leim bereitet wird (wörtlich: Fledermaus-Koth-Baum; *tzinacancuitlatl* heifst diefes Harz); *coyame-naca-huatzalli* Speck, *altepe-tequi-panoliztli* öffentliche Arbeit, öffentliches Amt, *ix-totol-icihuiliztli* der weifse Staar, *ne-quacehual-huiloni* Hut, *a-xihui-tlapapatlactli* eine Pflanze, *axixcozahuiliz-patli* it., *ilhui-tlapoal-amoxtli* Calender, *quauhcuetzpal-cuitlapilli* eine Pflanze, *xoxocoyol-huihuilan* it., *ixtamazol-icihuiztli* Filzlaus;

10 fylbige: *cuitlapam-mimiliuhcayotl* (auch *cuitlapan-ciyotcayotl* und *cuitlapan-xilotcayotl*) der untere Theil des Rückgrats *(lomos)*, *i-nonqua-quizaliz-tonacayo* Glied, *cuitla-tetz-miliuhti-nemi* träge herumgehn;

11 fylbige: *quauh-chilpa-cuitlaton-pici-xochitl* eine Pflanze, *ama-tlacuilol-laneltilizltli* fchriftliche Beglaubigung oder Verpflichtung, *ama-tlacuilol-machio-ana* einen Brief entfiegeln oder aufbrechen;

12 fylbige: *ama-tlacuilol-machiotiani* Brief-Verfiegler, *ama-tlacuilol-machiotiliztli* Verfieglung des Briefes;

14 Sylben: *ama-tlacuilol-itquitca-tlaxtlahuilli* Briefgeld, Porto (wörtlich: Papier-gefchrieben-Träger-Bezahlung);

endlich kann ich nach Hernandez einen, nur in dem vorderen Theile etwas corrumpirten und dunklen Pflanzennamen von 16 Sylben nennen: *mihuiittilmoyoic-cuitlaton-pici-xochitl.*

Die Erfcheinung der Wörter im Satze, mit vielen Partikeln, Affixen und Präfixen, grammatifchen Sylben und einverleibten Wörtern bekleidet, bietet noch weit gröfsere Complexa dar. (¹) Ohne auf den Sylbenreichthum

---

(¹) Ein 12fylbiges Wort führt Humboldt im *Essai pol.* (I, 353) an: *no-tlazo-mahuizteopixca-ta-tzin*, ehrwürdiger Pater (in der Anrede). Der Schlufs einer Predigt bei Paredes (Ignacio de Paredes, *Promptuario manual mexicano*, Mexico 1759. 4° min. pag. 167) lautet fo: *maximonepantlázótlacan, maximonepampalehuican, macamo ximonepandiablohuihuicaltican. Ca ic in Dios amechmohuiquiliz in Inetlazotlaliztlátocayopantzinco, in Gloria. Amen.* D. h.: Liebet euch unter einander, helfet einander, fluchet nicht einander: auf dafs Gott euch aufnehme in das Reich feiner Liebe, in feine Herrlichkeit. Amen.

zu zielen, will ich nur einige einfache Beifpiele von Formen geben : *o-nite-ix-popoyo-chiuh* ich habe betrogen (im Kauf) (9 Sylben), *o-nite-ix-poyotla-namicti* ich habe ohne Schuld büfsen laffen (10 Sylben), *a-o-nicno-chihual-ye-tocac* ich habe geläugnet es gethan zu haben (10 Sylben). — Beifpiele der reichen Bekleidung mit grammatifchem Stoff, wo das wirklich Wefentliche nur in Einer Sylbe und einem oder wenigen Buchftaben befteht, bieten viele Wörter fchon an fich dar: *mil-e-ca-ton-tli* Mitbefitzer eines Grundftücks, *mil-panecatl* Ackermann, *ne-qua-ce-hualhuiloni* Hut.

Die mehrfache Zufammenfetzung, Wortlänge und Umkleidung eines kleinen Grundtheils mit Beiwerk läfst fich auch an manchen aztekifchen Ortsnamen beobachten, nur dafs diefe nicht in hohe Grade eintreten können. In Otompan [jetzt *Otumba:* kleine Stadt öftlich von Tezcuco, bei welcher Cortes auf feinem Rückzuge eine blutige Schlacht gegen ein grofses mexicanifches Heer gewann] ift nur das *o* ftamnhaft, und bedeutet Weg *(o-tli);* der ganze Name bedeutet: an dem kleinen Wege. 7fylbig find die Namen: Atlaubtlacoloayan (wo fich die Schlucht oder *barranca* krümmt oder wendet; von *atlauhtli* und *coloa* krümmen; vgl. Bezerra Tanco, *felicidad de Mexico* p. 21, welcher den erften Theil durch Bach überfetzt) alter Name für Tacubaya, ein Dorf bei Mexico. — Chimalhuacanchalco (zusammengefetzt aus *Chimalhuacan,* Dorf bei Tezcuco, von *chimalli* Schild; und *Chalco),* Dorf im mex. Thale [Clav.]. — 8fylbig: Teoquilahuacoyan [Gomara: *Teuquilavacoyan*], alter Ort in Mexico; Itzcuincuitlapilco (Ort des Hundefchwanzes; von *itzcuintli* Hund und *cuitlapilli* Schwanz) Ort bei Yepes. — Folgende zwei 6- und 7fylbige Ortsnamen geben Beifpiele reicher Zufammenfetzung, und wie die Sprache durch Ein Complexum einen Satz auszudrücken vermag: Achichillacachocan (vielleicht zufammengefetzt aus *atl* Wasser, *chichiltic* roth, *tlacatl* Menfch und *choca* weinen; und bedeutend: Ort, wo die Menfchen wegen des rothen Waffers oder am rothen Waffer weinen), alte Stadt des Reiches Acolhuacan; Quauhximmiquilapa (aus *quahuitl* Baum; *xihuitl* Kraut, Türkifs und Jahr; *miqui* fterben und *atl* Waffer zufammengefetzt; vielleicht, mit Rückficht auf *quauhxihuitl* die Zweige oder Äfte der Bäume, und *ximmictia* den Weizen u. ä. erfticken [von Kraut, Unkraut gefagt], bedeutend: an dem

Waffer, wo die Bäume erflickt werden), Name zweier Örter in Mexico
(f. unten § 60).

§ 10.   Ich wende mich in meiner Betrachtung zu dem Gegentheil
des eben Abgehandelten.   Das vielgliedrige Wort, die Zufammenfaffung
mehrerer Haupt-Grundtheile mit untergeordneten und auxiliaren Elementen
ftellt uns einen Sprachtypus dar, welcher an die etymologifche Kunft manche
fchwere Anforderungen ftellt.   Es gilt, die vielen Glieder, bedeutfame oder
unbedeutfame, zu erkennen und auseinanderzulöfen: *huel-im-man-yotl*
paffende Zeit, *cen-ne-cxi-an-tli* ein Schritt; fie in ihrer Zerftückelung zu-
fammenzufinden, bei dem Ineinander-Liegen von Worttheilchen: von Stamm-
und Anbildungsfylben, vorderen, mittleren und hinteren: *a-o-n-on-te-
pouh* ich mifsachtete (5 Partikeln vor Einer Stammfylbe), *a-o-n-on-no-
namic* und *a-o-n-on-ehua-ti-nen* ich lebte in Dürftigkeit.   Von der
Überficht langer Complexa werden wir getrieben auf den engften Wort-
raum.   Zuerft finden wir wichtige, als erftes Glied zahlreicher Compofita ganze alphabetifche Stücke beherrfchende Stammwörter von er-
ftaunender Kürze, deren mehrere äufserlich mit Partikeln zufammenfallen ([1]): *a-tl* Waffer, *ce-tl* Eis (*ce*, mit *cem* und *cen:* eins, zufammen), *coa-tl* Schlange, *el-li* Leber oder Bruft, *ez-tli* Blut, *huitz-tli*
Dorn, *ich-tli* Garnflaufch, *itz-tli* Obfidian; *ix-tli* Geficht, Oberfläche, oft
in comp. Auge, Augen; *ma-itl* Hand, *o-tli* Weg, *qua-itl* Scheitel oder Kopf,
ten-tli Lippe oder Lippen, Rand, *te-tl* Stein, *tle-tl* Feuer, *tlal-li* Erde
oder Land, *tlan-tli* Zahn, *tzin-tli* der Hintere, *tzon-tli* Haar, *yol-li* Herz
oder Geift.   Dazu treten die zahlreichen Partikeln an allen Stellen der Wort-
Gefüge.   Es gilt, das wenige Wefentliche in weiter Umhüllung zu erkennen.
manqui, provectus aetate, ift das *participium* des Verbums *ana* ziehen,
dehnen; *popotl* Befen ift abgeleitet von *poa* zählen, rechnen; *anepilhui-
liztica,* ohne Unterfchied, geht zurück auf *pia* behüten, bewahren: in dem
langen Worte ift nur *pi* das Wefentliche, alles übrige accefforifch.

Die alte Sprache von Anahuac ift ganz auf der Höhe der gefeiertften
Idiome der alten Welt, der feinften grammatifchen Analyfe einen würdigen Stoff zu bieten.   Wir bewundern die etymologifche Kunft, welche uns

---

([1]) Nur der Worttheil vor dem Trennftrich tritt in die Compofition ein, der fpätere
Theil ift abfallende Subftantiv-Endung.

lehrt, dafs das Sanskritwort *abda* Wolke, dafs *mánuscha* und unfer M e n f ch,
welche ein natürlicher Sinn durch Jahrtaufende für einfache Wörter halten
durfte, poetifche oder mythologifche Zufammenfetzungen find : jenes bedeutend: W a ff e r g e b e n d (*ap + da*), diefes: der von Manu Erzeugte (*Manu
+ scha*). Die Etymologie findet hier ein Feld einzelner Triumphe; aber
auch gefährlicher Lockungen, der Täufchung und Befchämung. Wir verlangen vermittelnde Beweife, um an solche Producte des Scharffinnes zu
glauben; denn die finnigfte Löfung ift oft nur ein Spiel der Willkühr und
ein Mifsbrauch der Kräfte. Aber nimmermehr, und das wollte ich hier vorzüglich ausfprechen, ift jene enge Verknüpfung oder Einflechtung feiner
Elemente das Erbtheil weniger, vielgepriefener Sprachen: die Sprachen aller
Welttheile, gebildete und barbarifche, können kleine Wörter eng verbinden;
können Wörter, bis zur Unkenntlichkeit zufammengedrängt und verändert,
in Complexen verftecken, und einer feinen Analyfe würdigen Stoff bieten.
Wer kann es tadeln, wenn der aufsen Stehende den aztekifchen Namen des
Mais, *TLAOLLI*, für ein einfaches Wort hält? Treten wir ihm aber näher,
fo fehen wir auch die Form *tlayolli* neben ihm erfcheinen, die freilich nur
fehl leiten kann; und erfahren ferner, dafs diefer Name, unterfchieden von
anderen für andere Zuftände, nur den ausgekörnten, aus den Ähren gefon-
derten Mais, die blofsen (trockenen) Körner bezeichnet. *tlaolli* ift nur das
zufammengezogene *participium passivi* des Verbums *oya*, auskörnen (Mais,
Granatäpfel, Tannzapfen u. a.); das unverfehrte Participium befteht daneben:
tlaoyalli ausgekörnt. Von dem Stamme ift nur das *o* in dem Namen, und
die Fixirung des Begriffes auf den Mais ift willkührlich. Es würde eine
thörichte Überhebung feyn, wollte uns ein etymologifcher Forfcher ohne
weiteres das Wort *tlaolli* aus *oya* deuten; aber das Wort hat einen ver-
mittelnden Beweis in der Bedeutung an fich bewahrt, und die gegebene
Löfung ift unantaftbar. Wir haben hier eine ermuthigende Probe, wie die
Analyfe unter begünftigenden Umftänden zu den Anfängen von Wörtern gelangt, die an fich den Schein der Unmittelbarkeit haben oder im Laufe der
Zeiten erhalten. Der Lauf der Jahrtaufende verwehet uns aber meiftentheils
die zuführenden Steige; und die Kühnheit reicht nicht hin den Producten
menfchlichen Scharffinns die Gewähr der Wahrheit zu erwerben, Möglichkeit kann nicht die Wirklichkeit erfetzen.

E

Zwei Beifpiele will ich noch liefern, um die Behauptung zu rechtfertigen, dafs auch die mexicanifche Sprache Stoff zu einer feinen Zerlegung
und Erkennung verborgener Theile, dafs fie kleine Triumphe überwundener
Schwierigkeiten darbietet. Das Verbum *NAMIQUI,* das in feinem jetzigen
Sinnwefen nicht mehr vollftändig ift, bedeutet: 1) zu etwas paffen 2) Einem
begegnen, entgegengehn ; *reflex.* auch einander begegnen 3) mit Einem ftreiten u. a. Die active Form deffelben, *namictia,* bedeutet: verbinden 2)
trauen; heirathen 3) ftreiten, zanken; *namictli:* verheirathet; Ehemann,
Ehefrau 2) gleich, paffend 3) Genoffe 4) Gegner, Feind. Auf eine merkwürdige Weife, aber vielleicht nur zufällig, fieht das Wort *namiqui* wie ein
Derivatum von *miqui* fterben aus; diefes bildet auch das Activum *mictia*
tödten, das Subft. ᐩ *mictli* (nur als *sec. compositi*); das *perf.* lautet von beiden ᐩ *mic* und ᐩ *namic.* Von *namiqui* leiten wir die Subftantivform
ᐩ *NAMITL,* welche nur als 2ᵗᵉʳ Theil von Compofitis vorkommt, nämlich
in *chinamitl* Rohrzaun und *tenamitl* (von *tetl* Stein) Mauer, Stadtmauer.
Wir fuchen die Begriffs-Vermittlung in der Verbindung und dem In-einan-
der-Fügen. Das Grundwort ift aber verftümmelt, von *miqui* ift nur *mi* geblieben. In nahen Derivaten verfchwindet auch noch das *i*: *tename-
altepetl* oder *altepetenametica* mit Mauern umgebene Stadt, *chinampa*
(von *chinamitl* durch die Poftpof. *pa* abgeleitet) der Befitzer eines der
fchwimmenden Gärten auf den mexicanifchen Seen (f. Clav. II, 183), nach
Humboldt diefe Gärten felbft. Die Spuren von *miqui* verfchwinden in dem
Sprach-Procefs noch mehr. In ᐩ *namitl* betrachtet die Sprache (nach for-
mellem Gefetz, aber nicht nach hiftorifchem Recht) das *itl* als Subft. Endung,
welche in der Compofition und vor Affixen (wie wir fchon in *chinampa*
fahen) wegfällt. (¹) Das fchliefsende *m* geht aber nach mex. Lautgefetz in *n*
über (in *chinampa* verhalf nur das *p* zu dem *m*). Wir erhalten nun alfo
ᐩ *NAN;* z. B. in Compofitionen von *chinamitl* und *tenamitl: xochi-
chinan-calli* Garten, *tenan-quiahuatl* Vorftadt, *altepe-tenan-
coyoctli* Pförtchen in der Stadtmauer (von *altepe-tenamitl* Stadtmauer),
altepe-tenan-quetza Gränzfteine für eine Stadt fetzen, fie abgränzen, abftecken. Auch eine Subftantivform ᐩ *NANTLI,* ganz wie *nantli* Mutter
(ein Urwort) geftaltet, erfcheint neben ᐩ *namitl*: d. h. ᐩ *tenantli* neben

_____

(¹) Dahin gehört auch der Ortsname *Te-nam-pulco,* eine Vergröfserungsform.

+*tenamitl* in *tlaltenantli* Wall, Schanze (vorn: *tlalli* Erde). +*NAN*+
erfcheint nun ferner vor den Poftpof. und Ortsendungen *co, titlan, tzinco* in
zahlreichen Ortsnamen; immer von den Derivaten *tenamitl* und *chinamitl*: *Chinanco* (wovon *Chinan-tecatl*), *Quauhchinanco, Aca-
chinanco*; — *tenanco* in zahlreichen Ortsnamen (die ich an einem fpäteren
Punkte diefer Schrift zufammenftellen werde); *Tenantitlan, Tenantzinco*
(letzteres eben fo die Verkleinerungsform von *tenamitl*: Ort der kleinen
Mauer oder kleiner Mauerort, wie *Tenampulco* die Vergröfserungsform
davon ift).   Noch in einem anderen Compofitum von *miqui* oder auf *miqui* endenden Worte, *tiamiqui* handeln, Handel treiben, deffen Natur und
erfter Theil eben fo dunkel ift als in *namiqui*, erleidet *mi* die Verkürzung
in *n*; denn von *tiamiqui* kommt, wie auf der einen Seite *tiamictli* Waare,
her *tianquiztli* Markt; unfre Sicherheit bleiben hier *tia* und das *qui*, als
zweiter Theil von *miqui*.   Darf ich nun betrachten die Merkwürdigkeit:
dafs ein 2 fylbiges Wort, *miqui*, bis auf Einen Buchftaben aufgezehrt ift; ja
dafs wir in dem Einen Buchftaben *n* noch ficher ein Wort finden können, in
welchem nicht einmahl der eine Buchftabe erfcheint! Es ift aber nur möglich gewefen diefs mit Sicherheit zu thun durch ein ftufenweifes Verfahren
und durch den Vortheil, dafs uns immer das *na* als Bürgfchaft der Wahrheit
zur Seite ftand.   Wer wollte aber daffelbe Verfahren mit dem blofsen *miqui* wagen? wer dürfte es wagen ein *m* oder gar *n* mitten im Worte für *miqui* fterben zu erklären? Es ift wohl möglich, dafs *mitl* Pfeil von diefem
Stamme einfach abgeleitet ift — +*namitl* (in *chinamitl* und *tenamitl*)
giebt die vollftändigfte Analogie dazu —; aber ich ftelle *mitl* als ein felbft-
ftändiges Stammwort auf.

Das *adv. MAXAC*, bedeutend: rittlings, zwifchen den auseinan-
dergefperrten Beinen oder Schenkeln (¹), halte ich für eine Zufammenfetzung aus *maitl* und einem *derivatum* des Stammwortes *xeloa*.   *maitl* bedeutet: Hand 2) Arm, Arme; aber auch: Zweig des Baumes, wie erhellt
aus dem Plural *mama*: *imama* in *quahuitl* Zweige, Gezweige des Baums,
und den *compos.*: *quammaitl* Zweig des Baumes (*quam* von *quahuitl*),
xocomeca-maitl Weinranke, *amaitl* Meerarm, Half (von *atl* Waffer). —

(¹) Es wird z. B. mit *pron. poss.* gebraucht: *no-maxac, entre mis piernas, en la
horcajadura.*

Das Stammwort *XELOA*, auch *XALOA*, foll bedeuten: abfondern (Vieh, eine Heerde); man kann aber noch befonders fpalten hinzufügen; feine Begriffs-Erftreckung wird durch folgende Data vervollftändigt: *quauhxeloa* Holz fpalten; das *frequent. xexeloa* theilen, zertheilen 2) zerftückeln 3) abfondern u. ä.; das *verb. neut. xelihui* fich fpalten, fich theilen (ein Flufs, Weg u. ä.). — Es ift deutlich, dafs dem Begriffe nach *xeloa* ganz das Wort ift, welches zu der Bed. von *maxac* pafst; der Stamm *xaloa* ift darin gröfstentheils verfchwunden: die zweite, wefentliche Hälfte ift verloren gegangen, und durch den formativen Zufatz *c* ift die Entfremdung noch vermehrt. Für die Ableitung von *xeloa* bietet die Sprache nun vollftändige, vermittelnde Beweife, indem der volle und der verftümmelte Stamm in der Verbindung mit *maitl* neben einander hergehn: *maxeloa* und *maxaloa* bedeutet: Raum machen (unter einer Menfchenmenge, durch Trennung), (ein Röhrigt) lichten, einen Weg hindurchbrechen 2) von einem Wege abgehn, u. a.; das *verb. neut. maxelihui* und *maxalihui*: fich in Arme theilen (ein Weg, Flufs, Baum); *maxaltic*: in Arme zertheilt (wie ein Weg) 2) das Gabelförmige des Baumes; die Gabel, welche der Stamm mit einem Afte bildet. Vollftändig beweifend für meine Behauptung ift die Identität von *omaxac* und *omaxalco* (in denen *o* von *otli* Weg ift), welche beide bedeuten: Wegfcheide, Kreuzweg. Diefem Worte ift ganz ähnlich *amaxac* und *amaxactli* (mit vorgefetztem *atl*, Waffer): Ort, wo der Flufs fich in Arme theilt. Diefes *Amaxac* ift auch Name zweier Örtlichkeiten, es heifsen fo: 1) eine Brücke bei der Stadt Mexico und 2) ein Real in der Diputacion Hoftotipaquillo. In *amaxactli* fehen wir das *xac,* wie es häufig in der mex. Sprache, befonders bei Poftpofitions-Formen, ift, die Subftantiv-Endung *tli* annehmen. Von + *maxalli,* aus dem *omaxalco* kam, find abgeleitet *huitz-mamaxalli* (vorn *huitztli* Dorn) ein Baum, und *Maxaltenanco* (wenn man nämlich *Mazaltenango* fo herftellen darf, deffen 2ter Theil von *tenamitl* Mauer ift: in der Mauer der Scheide oder Kreuzung), drei Dörfer in Guatemala (f. unten § 68). Wenn wir in *MAXAC* noch eine Sylbe oder zwei Buchftaben von *xeloa, xaloa* erhalten fahen; fo fehen wir, weiter forfchend, diefes Stammwort bis auf den Anfangsbuchftaben fchwinden. Ich leite von *xeloa* und *maitl* oder unmittelbar von *maxac* das Subft. *MAXTLATL,* ein kurzes Beinkleid, oder ein Stück Zeug, das fo umgewickelt wird; und einen Stamm + *MAXTLI,* nur als *sec. compos.* vor-

kommend, welcher mit *maxtlatl* in enger Verbindung fteht. Seine *deri-*
vata find: *imaxtli, pendejo ó barba inferior (pubes); ama-maxtli* (von
amatl Papier), papierne *maxtlatl,* von Sahagun (I, 108) erklärt: *unos*
paños menores de los satrapas que ellos usaban de papel. Von +*maxtli*
erfcheint in der Compofition vor Wörtern oder Partikeln nur +*MAX*+:
Amaxcallan (wohl von *amaxac* und *calli* abzuleiten: Weiler, wo der
Flufs fich in Arme theilt), ein alter Ort bei Tasco; *Iztacmaxtitlan* (vorn
iztac weifs), alte Stadt und Feftung in Tlascala, jetzt Real in d. Prov. Puebla.
Von *maxtlatl* Beinkleid kommen, mit Abwerfung des End-*tl,* ja einmahl
des -*atl: Maxtlaton* (das *dimin.* von *maxtlatl:* kleines Beinkleid), Herrfcher von Azcapozalco und Tyrann von Acolhuacan; *maxtle* (die Poffefliv-
Form von *maxtlatl:* mit einem kurzen Beinkleid oder Gurt verfehen; Hernandez überfetzt, die Poffefliv-Form nicht erkennend: *gossypinum cingulum,*
was die Überfetzung von *maxtlatl* feyn würde) ift der Name eines merkwürdigen vierfüfsigen Thieres, *procyon lotor,* das auch *mapach* heifst;
amamaxtla (Papierfchurz, von *amatl),* eine Art Rhabarber; *tepemaxtla*
(Berg- oder wilder Schurz), ein vierfüfsiges Thier, *bassaris astuta;* deffen
dimin. tepemaxtlaton, eine Art wilder Katze oder Wiefel. Ich darf es
eine hohe Kühnheit nennen, in den Formen *maxtlatl* und +*maxtli* das
x als die letzte Spur des Stammwortes *xeloa* aufzuzeigen, weil es dort in
enger Verknüpfung mit dem folgenden Confonanten und zugleich mit der
vorigen Sylbe fteht; es müfste an fich durchaus als ein mittlerer Buchftabe
eines Wortes angefehen werden. Dafs die Etymologie fo unerhörtes wagen
konnte, ift nur durch die ungemeffene Kraft einer fchrittweifen Induction
möglich geworden.

    In den zwei Beifpielen, welche ich mit etymologifcher Genauigkeit
abgehandelt, habe ich einen Blick thun laffen in das dunkle Gebiet der Wort-
Zertrümmerung, auf welchem fich das aztekifche Idiom weniger, doch viel
mehr als wir glauben (¹), auf welchem fich aber die Völkerftämme in den
weiten Länderftrecken des höheren amerikanifchen Nordens in regellofer

---

(¹) Nur Ein Beifpiel einfacher Art fei angeführt: *niltze,* das Molina als einen Anruf:
he! heda! (*ola, hao, oys*) angiebt; ift eine Verkürzung aus *nopiltzine,* mein Sohn!
(*pilli* Sohn, *no* mein, *tzin* Reverencial-, hier eber Liebkofungs-Anfatz, *e* Zeichen des
Vocativs).

Ungebundenheit bewegen. Wie in einer grofsartigen Natur der Flufs fchäu-
mend fich in die Felskluft ftürzt und fein Dafeyn nur noch durch unterirdi-
fches Braufen verräth, fo verfchlingt ein wilder Wortbau bis auf unfichere
Spuren einzelne Theile.

§ 11. Von dem äufseren Lautwefen der Sprache, in welchem die bisherigen Bemerkungen fich bewegten, gehe ich noch über zu dem Inneren
der Wortform, den Begriffen, um einzelne Merkwürdigkeiten herauszuhe-
ben. Ich nenne Beifpiele einer finnigen Bezeichnung, merkwürdiger Vermittlung der Begriffe; einer eigenthümlichen, fremdartigen Auffaffungs- und
Vorftellungsweife, feltfamen Gedankenganges; die bald kindliche, bald rohe
Art, in welcher Ausdrücke für Dinge gebildet find; wie es nicht an Spuren
fehlen kann, dafs das Sinnliche bei diefen Völkern noch eine grofse Rolle
fpielt. Alfo zuerft von einer finnigen Bezeichnung, und merkwürdigen
Vermittlung oder Befchaffung der Begriffe: *OMEYOLLOA*, zweifeln, kommt
von *ome* zwei und + *yolli* Herz, Geift; *ATEZCATL* (Wafferfpiegel) bedeutet: 1) See und 2) Wafferwage; *APOZONALLI* (auch wörtlich) Meer-
fchaum 2) Bernftein; *TLA-IHIO-ANANI TETL* (der durch den Hauch an
fich ziehende Stein; von *ihiotl* Hauch, Athem, *ana* ziehen; *ihioana* durch
den Hauch oder Athem an fich ziehn) ift der Magnet; *MIXOYOTL* (ein Wol-
kenwefen, von *mixtli* Wolke) heifst Zinne: auch *mixtequacuilli* (das
Wolken-Standbild; von *tequacuilli* Bildfäule, Götze: das wieder aus *tetl*
Stein, *quaitl* Kopf und *cuiloa* malen zufammengefetzt ift); *NACATZA-*
TZATL taub (dem man ins Ohr fchreien mufs; von *nacaztli* Ohr und *tzatzi*
fchreien); *QUAQUAHUE* Stier, Ochfe (ift die Poffeffiv-Form von *quaquahuitl*
Horn: der Gehörnte; und das Wort Horn ift eine Verbindung von *quaitl*
Kopf und *quahuitl* Baum, Holz); *QUAQUAUH-TENTZONE* Ziege (Horn-
Bärtige: aus *quaquahuitl* und der Poffeffiv-Form von *tentzontli* Bart zu-
fammengefetzt; letzteres befteht wieder aus *tentli* Lippe und *tzontli* Haar);
QUANACA (der am Kopfe Fleifch hat; von *quaitl* Kopf und *nacatl* Fleifch)
der europäifche Hahn oder das eur. Huhn; *TEQUIHUAN* Beamter (von *te-*
quitl Werk, Gefchäft, Amt) bedeutet 2) europäifcher Hahn; *TLALLI*, Erde,
Land, halte ich für abgeleitet von *tlalia* fetzen: es bedeutet 2) Verftand,
Befinnung; *QUIQUIZTLI* Trompete (durch Redupl. von *quiza* ziehen abgel.),
TLEQUIQUIZTLI (Feuer-Trompete, *tletl* Feuer) Flinte, *tlequiquiztlalli*
(von *tlalli* Erde) Schiefspulver; *TLILATL* (fchwarzes Waffer; *tlilli* fchwarze

Farbe) tiefes Waffer, Abgrund mit tiefem Waffer; *AMICTLAN* liefes Waffer, Abgrund (aus *all* Waffer, und *mictlan* das Todtenreich, die Hölle zufammengefelzt); *MICTLAMPA* nach der Hölle zu 2) nach Norden: *mictlampa ehecatl* Nordwind; *AQUA* (wörtlich: Waffer effen; *atl* und *qua*) laufen, rinnen (von Gefäfsen); *QUALO* (wörtlich gegeffen werden) verfinftert werden (von Sonne und Mond); *CEQUALO* (vom Eife, *cetl*, gegeffen werden) zu Eis gefrieren; *TEQUANI* (das Jemanden effende) wildes Thier; *QUALLI*, gut, ift vielleicht ein *partic.* von *qua*: was man effen kann; *OZTOHUA* oder *OZTOA* Fuchs ift Poffeffiv-Form von *oztotl* Höhle: Höhlen-Bewohner; *TLILQUA-HUITL* (fchwarzer Baum; *tlilli* fchwarze Farbe, *quahuitl* Baum) Linie, Strich; *CENCUITLAXCOLLI* Blutsverwandtfchaft (von *cen* zufammen und *cuitla-xcolli* Gedärme, in dem *cuitlatl* Menfchenkoth liegt); *CITLALICUE* die Milchftrafse (wörtlich: mit einem Rock von Sternen angethan; von *citlalin* Stern und *cueitl* Weiberrock); *OQUICHPANTLI* Affe ift ein *derivatum* von *oquichtli* Menfch, Mann; *TEOCOCOX, teococoliztli* (götter-krank; göttliche, wohl von den Göttern gefandte, Krankheit) ausfätzig, Ausfatz; *TEPE-TLAMACAZQUI* Saffaparille (Berg-Mönch; *tlamacazqui* eine Art ftrenger Mönche). Zum Schlufs habe ich noch einer fehr finnigen Compofition zu erwähnen: das mex. Wort für S t a d t (grofse und kleine, auch wohl Flecken und bewohnten Ort überhaupt), *ALTEPETL*, ift nichts als eine Zufammenfügung von *atl* Waffer und *tepetl* Berg; Waffer und Berg find dem Bewohner von Anahuac die Erfordernisse für feinen Wohnort. Das Wort ift kein Compofitum: denn in folchem wirft *atl* die Subft. Endung ab und das würde *atepetl* lauten; fondern es ift eine blofse fummirende Nebeneinanderftellung, wobei durch den Gebrauch und die Einheit des Sinnes das *tl* zum *l* abgefchliffen ift. Die Veränderung des *tl* in *l* in diefer Lage ift eine ganz anomale, doch ift fie nicht ohne einzelne Beifpiele. Ein folches ift *altia* baden, ein *derivatum* von *atl* durch die Endung *tia*: völlig anomal, da es *atia* lauten müfste; *atia* (von *atl*) giebt es aber auch: es bedeutet: fchmelzen, zergehen. Auf jene etymologifche Löfung von *altepetl* ift vor mir Niemand gekommen; Wilhelm von Humboldt, der fich mit dem Worte angelegentlich befchäftigt hat, verfuchte es durch *altia* baden zu deuten: Ort, wo auf dem Berge die Götzen gebadet werden. Ich bin auch erft in diefem Jahre auf die Etymologie verfallen. Aus *altepetl* entfteht die Poffeffiv-Form *ahua tepehua*, Bewohner einer Stadt, Einwohner: eine

deutliche fuinmirte (durch $+plus$ verbundene) Zweiheit: Waffer (und) Berg
habend.

Proben merkwürdiger **Metaphern** und **Bilderwefens** in der
Sprache: *MECATL* Strick; (mit *pron. poss., te* Jemandes, davor) *pellex* (*man-
ceba*); *NACAZTLI* Ohr und *IXTLI* Geficht, davon eben fo *te-nacaz te-ix*
(Jemandes Ohr [und] Auge) Abgefandter (eines großen Herrn), Bote; *OXITL*
Salbe aus Terpentin 2) edelgeborner Sohn, Sohn von hohen Eltern; *IXQUA-
MULLI* Augenbraunen, *te-ixquamul* (Jemandes Augenbraunen) ein Edler,
Adliger; *QUAUHTLAMATI* 1) in Holz fchneiden 2) fich auf die Gunft eines
Mächtigen ftützen; *TLAL-COLOTL* (Erd-Scorpion, von *tlalli* Erde und *colotl*
Scorpion) Lohnarbeiter auf dem Felde, Ackermann; *TLAL-MAITL* (Erd-Hand)
eben das; *CUITLAPILLI ATLAPALLI* (Schwanz [und] Flügel) kleine Leute,
Vafallen; *TLEYOTL* Ehre, Ruhm ift das *subst. abstractum* von *tletl* Feuer; *IX-
NOPAL-QUIZQUI* dumm und unverfchämt (dem aus dem Geficht [*ixtli*] ein
Nopal [*nopalli* Cactus Nopal] hervorkommt; *quiza* herausgehn); *QUAUH-
NOCHTLI* (Baum-Nopal) eine Art Richter; *XOQUECHPAN* (aus $+$ *xotl* Fufs
und *quechpan* Schulter zufammengefetzt) ein unruhiger Menfch, zu Lär-
men und Aufruhr geneigt; *QUIMICHIN* Spitzmaus 2) Kundfchafter, Spion;
tenamitl Mauer, *CENTENAMITL* (eine Mauer) eine Rotte oder ein Gefchwader Kriegsvolks; *TLEMOYOTL* Feuerfunke (Feuer-Mücke oder -Moskite; aus
tletl Feuer und *moyotl*); *TOZCA-TEQUACUILLI* (Kehl-Götze; von *toz-
quitl* Kehle und *tequacuilli* fteinernes Götzenbild, Bildfäule: f. S. 32 ᵐ᷉)
das Zäpfchen im Halfe; *tamalli* eine Art zarten Maisbrodts in Maisblätter
gewickelt, *TZINTAMALLI* die Hinterbacken (von *tzintli* anus); *TZOYOTIA*
1) mit dickem Schweifs (*tzotl*) befchmutzen (ein Hemde), befchmutzen überhaupt 2) Einen durch Gefchenke oder Wohlthaten verpflichten, verbinden;
YOLLOXOXOUHQUI frei (im Gegenfatz zum Sklaven), bedeutet wörtlich:
grün von Herzen (*yollotli* Herz; *xoxouhqui* grün, unreif, roh).

Im Gegenfatze zu folchen aufserordentlichen und feltfamen Bildern und
Vorftellungen begegnen wir in der amerikanifchen Sprachwelt aber auch
manchen Anklängen an befondere Begriffs-Verknüpfungen und Bilderwefen,
die uns von den Sprachen unfrer alten Welttheile her bekannt find: *TLE-
NENEPILLI* die Feuerflamme (eig. Zunge von Feuer; *nenepilli* Zunge);
ANANTLI Flufsbette (eig. die Mutter des Fluffes, fpan. *la madre del rio*); von
MAPILLI Finger (Sohn der Hand: aus *maitl* Hand und *pilli* Sohn, Kind zu-

fammengefetzt) kommen: *mapillecutli* Daumen (der Herr, Fürft; *tecutli*), und *mapilxocoyotl* der kleine Finger (*xocoyotl* bedeutet: jüngfter Sohn oder Tochter); *IXNENETL* Augapfel (aus *ixtli;* und *nenetl* Puppe, Götzenbild, in erfter Bed. aber *vulva*) ift wie *pupilla*, wie fpan. *niña del ojo* ; auch *ixteotl* (der Gott oder Götze des Auges) heifst Augapfel. — Die rechte Hand wird die gute oder kluge genannt: *yecmaitl* oder *mayectli* (von *YECTLI* gut); *yeccampa*, das blofse *yectli* mit Poftpof. (nach dem Guten hin), ift der Ausdruck für rechts; *ma-imatca* und *ma-nematca* auch: die rechte Hand (von *IMATI* klug feyn). — *TOCAITL* Name bedeutet auch: Ruf, Ruhm. — Die Darftellung der Adverbia für den vorigen und folgenden Tag oder Abend durch die blofsen Ausdrücke für das Subft. Morgen, Abend oder Nacht: wobei die Hauptfache, das Unterfcheidende von geftern und morgen, hinzuergänzt wird; fcheint den Sprachen fehr nahe zu liegen: man vergleiche franz. *demain* morgen, fpan. *mañana* zugleich der Morgen und morgen, das deutfche doppelte Wort; franz. *la veille* der vorige Abend, engl. *eve* der Vorabend; fpan. *á noche* geftern Abend; ruff. вечеръ Abend, poln. *wieczor* Abend: вчера, *wczora* oder *wczoray* geftern; und vieles andere. Im Aztekifchen heifst *icippa* früh Morgens (*mane*) und *ICIUH* morgen (*demain*) (erfteres ift aber das letztere mit der Poftpof. *pa*). Von *yohua* Nacht werden (*yohualli* Nacht) kommt *YOHUAN* geftern Abend, in der vergangenen Nacht; ich leite daher aber auch *YALHUA* geftern, und zwar von *yohualli*, das auch kürzer *yoalli* lautet: an das verkürzte *yoalli* (*yoal-*, dann *yal-*) ift *hua* getreten.

Einige Ausdrücke der Sprache find auffallend philofophifch oder philofophirend: fo bedeutet *IPAL YELOANI* Gaftwirth nichts als: der, durch den man ift (exiftirt); indem *yeloani* Participium der Paffivform des Verbums feyn ift; ein inniger Freund, Bufenfreund, *TONAL-ECAPO*, heifst: der mit Einem die Sonne oder den Sonnenfchein gemein hat (*tonalli* Sonne, Sonnenwärme, davon die Poffeffiv-Form *tonale* die Sonne befitzend; *ca* Bindung, *po* Poftpof. nahe, ähnlich); durch diefelbe Formation ift von *calli* Haus abgeleitet: *calecapo* Nachbar (mit *pron. poss.*, z. B.: *no-calecapo*, der neben mir wohnende Hausbefitzer). — Aus den beiden ziemlich gleichbedeutenden Poftpofitionen *tloc* neben, mit, und *nahuac* bei, neben, mit werden Poffeffiv-Formen gebildet, deren Verbindung: *TLOQUENAHUA-QUE*, uns als ein Beiname des höchften Wefens, des abfoluten Gottes der

F

alten Mexicaner, überliefert ift; diefer Doppelname foll bedeuten: der Herr alles Mitfeyns (*tloque*) und alles Beifeyns (*nahuaque*); zufammen: der, bei welchem das Seyn aller Dinge ift.

Man wird fich leicht vorftellen, dafs in den Sprachen diefer Natur-völker Ausdrücke für Dinge unverhüllt eine Rolle fpielen, über die wir, als zu natürlich, in Gedanken und Wort gern hinweggleiten.   Das Subft.

CUITLATL, Menfchenkoth (*merda*), thierifche Excremente, figurirt als erfter Theil in vielen Compofiten: *cuitlachihuia* Einen anklagen, ihm unver-dient Böfes bereiten; *cuitlamomotzcayotl* (*mom.* die Fettigkeit im Topfe) Schlaffheit, Faulheit; *cuitlazcopicyotl* Sorglofigkeit, Nachläffigkeit; *cui-tlananaca* (*nanacatl* der Schwamm, Pilz) fchlaff, faul; *cuitlananacatic* (von demf. Worte) fehr dick; *cuitlaxeloa* fich unter Leute ftürzen, ftecken; *cuitlaxocotl* fchwer; *cuitla-tetecuica* oder *cuitla-titica* fehr fchmer-zen (eine Wunde, ein Gefchwür); *cuitlatlaza* aus der Sklaverei befreien (doch kann hier *cuitlatl,* wie es öfter ift, Rücken bedeuten; *tlaza* heifst werfen). Ich bemerke noch die *derivata: cuitlapantli* Rücken; *cuitlapan* 1) hinter 2) Miftplatz, Mifthaufen 3) ein fauler, nachläffiger Menfch; *cui-tlapilli* Schwanz; *cuitlahuia* als *v. a.* düngen, als *v. r.:* etwas beforgen 2) fich in ein Gaftmahl eindrängen.   *teocuitlatl* (Götter-Dreck) ift der gemeinfchaftliche Name für Gold und Silber; fie werden unterfchieden durch *cuztic* gelber und *iztac* weifser (*cuztic t.* Gold und *iztac t.* Silber).

Viel umfaffender, und die Sprache in einem gewiffen Umfange be-herrfchend ift aber der Gebrauch von *TZINTLI, anus, foramen podicis.* Ganz abgefehen von Compofiten und Derivationen ähnlich wie bei *cuitlatl:* bildet es, indem es an alle Redetheile (an Subft. als *tzintli,* wegen der *pron. poss.* gewöhnlich *tzin,* manchmahl auch ohne *pron. tzin;* an Verba als *tzinoa*) tritt, die, die Sprache fo unendlich belaftende, überall wieder-kehrende Reverencial-Form.   Nicht nur an die geehrte Perfon, an die fie bezeichnenden Subftantiva, Pronomina und Adjectiva, wird *tzintli* gehängt; fondern auch an alle Gegenftände, welche in irgend einer Beziehung zu der geehrten Perfon ftehn, wenn man auch vor diefen Dingen an fich gar keinen Refpect hat oder haben kann.   Es tritt an an die gewöhnlichften Adverbia, an Wörter jeder Art, an ja (*quema*): *quema-ca-tzin.* Ich mufs aber den trivialen Ausfpruch der fpanifchen Grammatiker von der Reverencial-Form durch die Bemerkung wefentlich erweitern und vernünftiger erfcheinen laffen: dafs diefe Formation durch *tzintli* nicht blofs Achtung, Höflichkeit oder Ehrfurcht ausdrückt; fondern dafs fie wefentlich auch Ausdruck auf der einen Seite der Liebe, Liebkofung und Zuneigung, auf der andern des Bedauerns und Mitleides, ja bisweilen (und fo namentlich in der Endung *tzinco*) eine Verkleinerungsform ift. Sein Umfang wird daher vollftändiger fo gefafst: *tzintli, tzin* bezeichnet Achtung, Ehrfurcht, Höflichkeit; Liebe, Werthfchätzung, Liebkofung; Bedauern oder Mitleid gegen oder für die Perfon oder Sache, mit oder von welcher man redet. Immer aber bleibt *tzintli* ein eigenthümliches Wort, um diefe Gefühle auszudrücken. Dafs die Nation felbft den natürlichften Begriff mit diefen grammatifchen Formen verbindet, wird durch die Hieroglyphen bewiefen. Die Städtenamen, welche auf *tzinco* endigen (rein diminutiv: wie *Tollantzinco* kleiner Binfenort, Klein-Tollan; *Xochitzinco* kleiner Blumenort, kleiner Blumengarten oder Hain), werden dargeftellt durch ein menfchliches Hintertheil mit den Beinen, welches die Hieroglyphe des Haupttheiles des Namens vor fich hat. (¹)

IV. Hieroglyphifche Gemälde.

§ 12. Es wird in dem wenigen bisher von aztekifchen Orts- und Völkernamen Gelieferten fchon fichtbar geworden feyn, wie aus dem Alterthum amerikanifcher Völker und Gefchichte Ereigniffe und Jahresdaten mit einer Beftimmtheit angegeben werden, nach deren Quelle und Begründung man fragen mufs; diefe Angaben werden fich noch häufen. Ich halte es daher für nöthig darüber in der Kürze Rechenfchaft zu geben. Wenn ich auch wefentlich nur einiges fehr kurz wiedergeben kann, was in dem herrlichen, tief reichen Werke der *Vues des Cordillères* enthalten ift; fo werde ich doch einiges hinzufügen können, was die neuefte Zeit für diefe Quellen alter amerikanifcher Gefchichte geleiftet und was fie, namentlich einige bedeutende nordamerikanifche Gelehrte, über diefelben geurtheilt hat.

Die Quelle alter mexicanifcher Gefchichte find, aufser der Überlieferung auf verfchiedenen Wegen, hieroglyphifche Gemälde; eine Hauptgattung derfelben find hieroglyphifche Annalen: wo jede Seite von den Calenderzeichen, welche Jahr und Datum angeben, eingefafst ift, innerhalb de-

---

(¹) Clavigero fagt exprefs (T. I. p. 253-4): *quasi tutti i nomi de' luoghi, che hanno la terminazione in* tzinco, *i quali son molti,   si rappresentano in simili figure.*

F 2

ren die Ereigniffe durch hieroglyphifche Zeichen und Figuren beigefetzt find. In einem folchen hiftorifchen Werke beforgte Ein Künftler die Zeit-Bezeichnung, ein anderer die Ereigniffe (nach Ixtlilxochitl, Gefch. der Chichimeken, Vorrede(¹)). In den Priefter-Collegien, wo die Jugend in den Wiffenfchaften Unterweifung erhielt, wurde ein befonderer Unterricht den Perfonen ertheilt, welche fich den Hieroglyphen widmen wollten (vgl. Presc. I, 88-89).(²) Ich verweife auf die tiefgehende Darftellung, welche Alex. v. Humboldt dem aztekifchen Calender gewidmet hat; das ganze Werk der *Vues des Cordillères* ift aufserdem angefüllt mit Entwickelung und Betrachtung der mex. Hieroglyphen und hieroglyphifchen Malerei (³), wie mit Befchreibung und tief gelehrter Analyfe zahlreicher hieroglyphifcher Gemälde in den grofsen Sammlungen beider Hemifphären. Ich kann in den Gegenftand der mex. Hieroglyphen hier mit keinem Worte eingehn. Prescott difcutirt diefen Gegenftand in Vol. I. des *conquest of Mexico* p. 84-97, und Gallatin hat ausführlich über die mex. hierogl. Gemälde gehandelt in den *Transactions of the American ethnol. society* Vol. I. 1845 p. 116-147. S. ferner über das Äufsere der Manufcripte Boturini, *Catalogo del Museo historico Indiano* p. 95-96.

Als die Spanier in das Land eindrangen, waren zahlreiche Maler befchäftigt alle Ereigniffe und alles merkwürdige aufzuzeichnen, zur Kunde für den Hof (Motezuma hatte 1000 Maler); die Spanier fanden grofse Schätze von Manufcripten diefer Art im Lande vor. Diefe hierogl. Gemälde führten die Tolteken auf ihrer Wanderfchaft mit fich, fie hatten darauf verzeichnet

---

(¹) *Tenian para cada género* (fagt Ixtlilxochitl in der Vorrede feiner Gefch. der Chichimeken) *sus Escritores: unos que trataban de los Anales, poniendo por su orden las cosas que acaecian en cada un año, con dia, mes y hora; otros tenian á su cargo las Genealogias, y descendencia de los Reyes, Señores, y Personas de linage, asentando por cuenta y razon los que nacian, y borraban los que morian con la misma cuenta. Unos tenian cuidado de las pinturas de los terminos, limites y mojoneras de las Ciudades, Provincias, Pueblos y Lugares, y de las suertes y repartimiento de las tierras, cuyas eran y á quien pertenecian; otros de los libros de Leyes, ritos y ceremonias que usaban.*

(²) *The hieroglyphics served as a sort of stenography, a collection of notes, suggesting to the initiated much more than could be conveyed by a literal interpretation. This combination of the written and the oral comprehended what may be called the literature of the Aztecs.*

(³) f. befonders T. I. 1816 (8°) p. 173 sqq.

ihre Wanderung von Jahr zu Jahr (*Vues des Cord.* I, 204). Humboldt fagt
(I, 208), dafs, bis zum See Nicaragua herab, Völker jeder Zunge dergleichen
bei fich hatten. (¹) Diefer Reichthum alter Kunde und Kenntniffe hat aber
traurige Schickfale gehabt und ift für uns auf geringe Trümmer herabgefun-
ken. Die Spanier hatten religiöfe und politifche Gründe die Indianer diefer Denkniffe ihrer Vorzeit zu berauben. Eine ungeheure Menge hierogl.
Gemälde wurde im Anfang der Eroberung auf Befehl der Bifchöfe und
Miffionare verbrannt (*Cord.* I, 226). Der Erzbifchof von Mexico Juan de Zumarraga liefs fie auf einem grofsen Haufen verbrennen (f. näher Prescott I, 91).
Jeder Soldat fühlte fich berufen diefs nachzuahmen. Das wenige, was diefer
Zerftörung entgangen war, wurde von den Eingebornen forgfam verborgen
(f. Prescott. I, 92 Anm. 17). Aus diefen Schlupfwinkeln, wo die Zeit wohl
vieles zerftörte, fuchten einige forgfame Sammler Trümmer zufammen; aber

(¹) Diefe Nachricht gründet fich, fo weit fie Nicaragua betrifft, auf die ausführlichen
Zeugniffe von Oviedo, Gomara und Herrera. Der ältefte diefer Hiftoriker, Oviedo,
fagt (*Nicaragua ed.* Ternaux 1840 p. 6-7), von den Bewohnern Nicaragua's im allgemeinen redend: *Ces Indiens avaient des livres sur parchemin qu'ils fabriquaient avec des
peaux de cerfs. Ces livres, remplis de caractères peints en noir et en rouge, étaient de la
largeur de la main ou un peu plus, et avaient quelquefois jusqu'à dix ou douze pouces* (es
fteht durch ein Verfehen *pas* gedruckt) *de long; et l'on pouvait les plier comme un para-
vent, de sorte qu'ils n'étaient pas plus gros que le poing. Quoique ces caractères ne fussent
ni des lettres ni des figures, ils avaient néanmoins leur signification, et les naturels les com-
prenaient parfaitement. Ils connaissaient, par ces livres, les limites des héritages. Ils y mar-
quaient soigneusement les rivières, les chemins, les forêts et les bosquets; et en cas de procès,
les vieillards, qu'ils nommaient* guegues [diefs ift das aztekifche Wort h u e h u e Greis], *les
consultaient avant de prononcer leur jugement.* — Gomara legt fehr beftimmt nur den
Bewohnern mexicanifcher Zunge in Nicaragua die hieroglyphifchen Gemälde und Bücher
bei; und wenn Oviedo blofs von ihrem Gebrauch im bürgerlichen Leben redet, fo erwähnt
er ausdrücklich auch die hiftorifchen Manufcripte. Er fagt, in der von mir weiter unten
(§ 53) gegebenen Stelle (*hist. de las Indias cap.* 206): *Sea como fuere, que cierto es
que tienen estos que hablan Mexicano, por letras las figuras que los de Culhua i libros de
papel y pergamino, un palmo anchos y doce largos, y doblados como fuelles, donde señalan
por ambas partes de açul, purpura y otros colores las cosas memorables que acontecen; y
allí están pintadas sus leyes y ritos, que semejan mucho á los Mexicanos, como lo puede ver
quien cotejare lo de aqui con lo de Mexico. Empero no usan ni tienen esto todos los de
Nicaragua; ca los Chorotegas tan diferentemente sacrifican á sus Idolos, quanto hablan; y
así hacen los otros.* — Herrera fchreibt beinahe Wort für Wort den Gomara ab, ohne
diefs zu fagen (f. unten § 53), nur dafs er gerade den Choroteken die hieroglyphifchen
Bücher beilegt.

unter harten Verfolgungen durch die fpanifchen Beamten (vgl. unten über
Boturini) und jeder Art von Verwahrlofung ging der fchönfte und gröfste
Theil diefer Sammlungen verloren. Zur Zeit von Humboldt's Reife (*Cord.*
I, 229""") waren im einzelnen hierogl. Gemälde in Neufpanien höchft felten;
er ift aber der Meinung (I, 230), dafs gewifs die Indianer in Mexico und
Guatemala noch vieles befäfsen. Davon wird jetzt fchon viel weniger die
Rede feyn können. Viele diefer Gemälde wurden in der fpanifchen Zeit,
nachdem das Volk der Azteken vermittelft des lateinifchen Alphabets feine
Sprache fchreiben gelernt hatte, meift in der frühen Epoche nach der Eroberung, von Kundigen im Volke oder nach deren Angaben, mit kurzen beige-
fchriebenen Erklärungen (theils in aztekifcher, theils in fpanifcher Sprache)
verfehen: die Hauptquelle, welche das Verftändnifs für uns vermittelt hat. (¹)
Solche aztekifche Beifchriften, Deutung der Hieroglyphen und hieroglyphifchen Namen, trugen die meiften hierogl. Gemälde der Sammlung, welche ich
im J. 1827 in der Univerfität zu Mexico, im fogen. National-Mufeum, gefehen
habe. In der Mendoza'ifchen Sammlung liefs der Vicekönig auf jedes Blatt eine
mex. und fpan. Erklärung fetzen (*Cord.* I, 222); Humboldt hat diefen Commentar uns *Cord.* II, 315-322 geliefert. In der des Escurial (1 Buch fol.)
fteht unten auf jeder Seite eine fpanifche Erklärung, welche in der Zeit der
Eroberung hinzugefügt ift (*Cord.* I, 216); f. andere Beifpiele (theils aztekifcher, theils fpan. Erklärung) *ib.* 163-4. Die Manufcripte zu Rom, Veletri,
Bologna und Wien find ohne Erläuterungen (*Cord.* I, 233). Diefe uns gewordene Hülfe ift nicht ohne Bedenken. Der fpanifche Erklärer der Mendoza'ifchen Sammlung fagt (f. Kingsborough Vol. VI. p. 87): dafs die Eingebornen, denen die Gemälde zur Deutung übergeben wurden, geraume Zeit
hinbrachten, ehe fie zu einer Erklärung der Bedeutung gelangten. Prescott
bemerkt (I, 95), dafs nur einige wenige Gemälde Erklärungen hätten, nur 3
Codices: der Mendoza'ifche, der *Telleriano-Remensis* zu Paris und der Vatica-
nifche No. 3738, deffen Commentar aber neueren Urfprungs fei. „Der gröfste
Theil aber", fagt Prescott, „ift ohne Erklärung und kann nicht mehr enträth-
felt werden". Zwar beftand bis gegen Ende des 18ᵗᵉⁿ Jahrh. an der Univerfität zu Mexico ein Lehrftuhl für das Studium der einheimifchen Bilderfchrift,

---

(¹) Humboldt fagt an einer Stelle (*Cord.* I, 233): *on se perdroit dans de vaines con-*
jectures, si l'on vouloit interpréter ces allégories.

er befchränkte feine Thätigkeit aber auf entziffern von Titeln für Proceffe. Schon Fernando de Alva Ixtlilxochitl fand im Lande nur 2 fehr alte Leute, welche die Gemälde zu erklären wufsten (f. deffen Gefch. der Chichimeken, und Prescott I, 96). Boturini konnte auf feiner Reife durch das ganze Land nicht Einen Menfchen ausfindig machen, welcher die aztekifchen Hieroglyphen zu deuten verftand (*Idea* p. 116). Zu Ende des vorigen Jahrhunderts behauptete der Licenciat Don Manuel Borunda zu Mexico den vollftändigen Schlüffel dazu gefunden zu haben. (¹) Prescott fagt (96): es fei nicht wahrfcheinlich, dafs die Kunft diefe hierogl. Gemälde zu lefen jemahls wieder erlangt werde.

Das in Sammlungen Vorhandene hat Alexander von Humboldt in dem Werke der Cordilleren in einer Auswahl bekannt gemacht und ausführlich erklärt. Den gröfsten Theil diefer Schätze finden wir aber gefammelt in dem bewundernswürdigen, grofsartigen, mit dem äufserften Grade einer edlen Aufopferung gefchaffenen Werke des Lords Kingsborough: *Antiquities of Mexico,* neun ungeheure Folio-Bände bildend: Vol. 1-7 London 1830, 31, Vol. 8 und 9 ib. 1848. Die Idee, die Colonifation Mexico's durch die Kinder Israels zu beweifen, belebte den Eifer des edlen Urhebers noch mehr (f. Prescott I, 116). Die Verdienfte des Künftlers, Auguftin Aglio, darf ich nicht unerwähnt laffen. Die 7 erften Bände kofteten anfangs colorirt 175, uncolorirt 120 Pfd. St.; nachher fank der Preis bedeutend (Presc. I, 115). Vgl. über das Werk überhaupt Presc. I, 115-7. Das Vorhandene erfchöpft das Werk nicht; fo z. B. macht Prescott bemerklich (I, 92), dafs nicht Ein Gemälde aus Spanien darin fei; ich füge hinzu: keines aus der neuen Welt.

(¹) Borunda fchrieb eine „*clave general de geroglificos americanos*", büfste aber feine Arbeit in dem Proceffe des Pater Mier ein. Diefen Procefs erhob der Erzbifchof von Mexico Nuñez de Haro im J. 1795 gegen Mier, weil derfelbe in einer Predigt die Erfcheinung der heil. Jungfrau von Guadalupe geläugnet hatte. Als der Erzbifchof erfuhr, dafs Borunda den Schlüffel zu den mexicanifchen Hieroglyphen befäfse und dafs er ihn dem Pater Mier geliehen habe, nahm er dem Verfaffer die Schrift ab. Eine kurze Angabe des Inhaltes der Schrift findet man von Don Carlos Maria de Buftamante im 2ten Theile feiner Ausgabe der *Piedras* des Ant. de Leon y Gama p. 33, und ein ausführliches Verzeichnifs der *clave* von demfelben im *fuplemento* no. 3 *Tomo* IV. der *Voz de la Patria* vom 16 Nov. 1830.

§ 13. Ich nenne zunächft diejenigen Perfonen, welche fich durch Sammlung diefer aztekifchen Urkunden verdient gemacht haben.

Der erfte Vicekönig Mexico's, Don Antonio de MENDOZA, Marques de Mondejar (1535-51 in feiner Würde), fandte eine herrliche Sammlung von 63 Gemälden an Kaifer Carl V. Das Schiff wurde von einem französifchen Corfaren genommen, die Sammlung kam nach Frankreich und von da nach England. Purchas machte die ganze Mendoza'ifche Sammlung in P. III. feiner *Pilgrimes* (Lond. 1625) p. 1065-1117 bekannt; fie erfchien wieder in einem fehr fehlerhaften Abdruck in Thevenot's *Relation de divers voyages* T. II. 1696 pl. 4 p. 1-85. Darauf war das Original des Manufcripts länger als ein Jahrhundert verfchwunden, fo dafs Humboldt in den *Cord.* nach dem räthfelhaften Verbleiben deffelben fragt: bis es in der Bodlejanifchen Bibliothek zu Oxford wieder zum Vorfchein kam; die Sammlung macht dafelbft einen Theil der *Selden mss.* aus. Humboldt behandelt die Sammlung in den *Vues des Cord.* I, 219-226: und wieder ausführlich, nach de Palin, pl. 58 und 59, T. II. p. 306-322; Clavigero I, 22-23; in Kingsborough befindet fie fich Vol. I. No. 1, Text in Vol. V. und VI. S. über fie noch Prescott I, 92-93 und Gallatin in *ethnol. soc.* I, 116-120, 129.

Prescott nennt das Bodlejanifche Manufcript nur eine Copie; eine zweite Copie war in Boturini's Sammlung, nach welcher der Erzbifchof Lorenzana von Mexico feine Tribut-Rollen ftechen liefs; ein 3tes Exemplar (vielleicht das Original, nach Prescott) foll im Escurial fich befinden.

Der grofse mexicanifche Gelehrte Don Carlos de SIGUENZA y Gongora, Profeffor der Mathematik zu Mexico (c. 1680), brachte eine grofse Menge ausgefuchter alter Gemälde zufammen, theils durch hohen Kauf, theils durch das Teftament des Don Juan de Alba Ixtlilxochitl aus der Erbfchaft der Könige von Tezcuco. Er vermachte feine Sammlung, nachdem er fie zu feinen Schriften benutzt, dem Jefuiten-Collegium *de San Pedro y Pablo* zu Mexico, wo Clavigero fie 1759 ftudirte (f. diefen I, 23-24, Humb. *Cord.* II, 171 und Gallatin I, 126ʳ). Wohin die Sammlung nach Aufhebung des Ordens gekommen, konnte Humboldt nicht ausfindig machen (II, 171). Girolamo Francefco Gemelli Careri (f. über ihn Humb. *Cord.* II, 168-171) hat einige Stücke derfelben in Bd. 6. feines *Giro del Mondo* (zufammen 6 Bände, Neapel 1699 und 1700. 12°) herausgegeben, wovon das der mex.

Wanderung fich (nach Gemelli) in Vol. IV. von Kingsborough befindet, fo
wie in den *Vues des Cord. pl.* 32 (T. II. 1816. 8° p. 168-185).

Der *Cavaliere* Lorenzo B o t u r i n i Benaducci, ein mailändifcher Edel-
mann, unternahm aus reinem Eifer für das alte Amerika eine Reife nach der
neuen Welt (er langte dafelbft im Febr. 1736 an); er durchftreifte Neufpanien:
und es gelang ihm, trotz der vorangegangnen graufamen Zerftörungen, eine
herrliche Sammlung von beinahe 500 hierogl. Gemälden zufammenzubringen,
neben Schätzen von Handfchriften.   Seine Reife durch das Land erregte
aber bei der fpan. Regierung Mifstrauen; man nahm ihm alle feine Sammlungen und fchickte ihn als Staatsgefangenen nach Madrid; der König von
Spanien fprach ihn zwar frei, doch gelangte er nicht wieder zu feinem Befitz.
Seine Sammlungen, auf die er einen Abrifs einer allgemeinen Gefchichte gegründet hat: *Idea de una nueva historia general de la America septentrional. fundada sobre material copioso de Figuras, Symbolos, Caracteres, y
Geroglificos, Cantares, y Manufcritos de Autores Indios ultimamente defcubier-
tos.   Dedicala al Rey N.*[ro] *Señor ... el cavallero Lorenzo Boturini Bena-
duci, Señor de la Torre, y de Hono. Madr.* 1746. 4° min.; hat er felbft verzeichnet in einem, dem Werke beigefügten: *Catalogo del Museo historico Indiano del cav. Lor. Boturini etc., quien llegò à la Nueva España
... 1736. y à porfiadas diligencias, è immenfos gaftos de fu bolfa juntò, en
diferentes Provincias, el figuiente Teforo Literario etc. s. l. et a.* Über die
grofsen Mühfale, unter denen er feine Schätze im mexicanifchen Lande zu-
fammenbrachte, fpricht fich der aufopfernde Mann felbft in folgender Weife
aus: „*expuesto à las inclemencias del Cielo y à otras infinitas incomodidades,
caminè largas tierras, y muchas veces sin encontrar albergue: hasta que con
ocho años de incessante teson y de crecidissimos gastos tuve la dicha, que
ninguno puede contar, de haver conseguido un Musèo de cosas tan precio-
sas ..., que se puede tener por otro de los mas ricos tesoros de las Indias, cuyo
Indice, en seguro testimonio de mi lealtad y humilde sumission, remitì à V. M.*
(Boturini's Zufchrift an den König von Spanien, gefchrieben aus Madrid 3 Febr.
1743). S. ferner über feine 8jährigen Bemühungen feine *Idea* p. 7: *Ni se puede
bastantemente ponderar el immenso trabajo y gasto, que me costó dicho Archivo, despues de la pesada tarèa de ocho años continuos, que me tuvo ocupado el descubrimiento de tan varios Monumentos, por caminos dilatadissimos
y à costa de infinitas incomodidades.* Ein Theil der Schätze wurde ihm fchon

G

auf der Fahrt nach Spanien von den Engländern geraubt (*Idea de una nueva
historia general de la Amer. sept. p.* 6-7): *Una de estas Pieles traia conmigo para presentarla à V. Mag.*; *y me la quitaron los Ingleses, con otros
Papeles de mucha importancia, ropa y alhajas, en el Navio nombrado La
Concordia, en que fui apressado.* Beide Werke, den *Catalogo* (v o r der
Idea gefchrieben) und die *Idea*, fchrieb der mitleidswerthe Mann entblöfst
von allen feinen Hülfsmitteln, aus dem blofsen Gedächtniffe:... *para formar
esta Idèa Historica, me hallè, no solo apartado de aquellos Materiales, que
juntè en muchos años y me pudieran subministrar sobrados primores con
que ilustrarla; sino tambien despojado de todas las apuntaciones, que traia
conmigo de las Indias: y assi viene à ser este trabajo una restitucion, que hace
la memoria de lo depositado en ella: pero tan fiel, que no me queda escrupulo
de dàr noticia, que no sea verdadera* ... (*Idea: Prologo al lector.*) Wieder,
am Schluffe des *Catalogo* (p. 96): *Por fin advierto, que en mi Estante se
hallan otros mas Documentos de los que aqui se especifican; pero por ser
flaca la memoria y voluminosos los Papeles, no me pude acordar de todos,
pues, quando escribì este Catalogo, me hallaba apartado de mi Archivo.*

Die dem unglücklichen Boturini abgenommenen Schätze wurden
gröfstentheils in dem viceköniglichen Archive zu Mexico aufbewahrt (f. auch
Clav. I, 24-25): mit fo wenig Sorgfalt, dafs zu Humboldt's Zeit nur noch
$\frac{1}{8}$ der Manufcripte vorhanden war (im viceköniglichen Pallafte; f. näher
darüber *Cord.* I, 227-8); der gröfste Theil war zerriffen und zerftreut
(f. ib. 227^{mm}). Ein Theil war nach Europa gefchickt, das Schiff wurde
aber von einem englifchen Corfaren genommen (vgl. oben Z. 1-5),
und man weifs von dem Verbleib der Manufcripte nichts (f. näher *Cord.* I,
226-7). (S. überhaupt über Boturini und feine Sammlung: *Cord.* I, 163,
226-8; Clav. I, 16-17, 24-25; Gallatin in *ethnol. soc.* I, 120-1.) Aus
dem viceköniglichen Archive gab 1770 der Erzbifchof L o r e n z a n a von
Mexico 33 Gemälde Boturini's, aber fehr fehlerhaft, in den Briefen des
Cortes heraus, in dem Werke: *h i s t o r i a   d e   N u e v a - E s p a ñ a, escrita
por su esclarecido conquistador H e r n a n   C o r t e s* (Mexico, *fol. min.*).
Ein Gemälde der Sammlung Boturini's von 23 Seiten liefert Lord Kingsborough Vol. I. No. 3.

Antonio de Leon y G a m a (geboren zu Mexico 1735, † 1802) nenne
ich hier fowohl als Sammler (f. *Cord.* I, 229) wie als einen tief in diefe Mate-

rien eingeweihten Gelehrten (f. über ihn Prescott I, 117): wovon er Proben
gegeben hat in feiner: *Descripcion ... de las dos piedras que con ocasion
del nuevo empedrado, que se está formando en la plaza principal de Mexico,
se hallaron en ella el año de* 1790. *Mex.* 1792. 4°; 2ᵈᵃ *ed., (por) Carlos Maria de Bustamante. Mex.* 1832. 4° *min.* (dem der Herausgeber einen
2ᵗᵉⁿ Bd. hat folgen laffen).

Humboldt (f. *Cord.* I, 228-9) fand in dem Haufe des Don Jofé Antonio Pichardo zu Mexico die reichfte und fchönfte Sammlung der Hauptftadt: eines Geiftlichen von der Congregation S. Felipe Neri, der mit Aufopferung feines Vermögens aztekifche Gemälde fammelte und diejenigen, welche
er nicht erhalten konnte, copiren liefs; ihm vermachte Gama, sein Freund,
alles, was er an koftbaren hierogl. Manufcripten befafs. Von Pichardo
fagt Humboldt: *La maison de cet homme instruit et laborieux a été pour
moi ce que la maison de Siguenza étoit pour le voyageur Gemelli.* Über das
fpätere Schickfal von Pichardo's Sammlung ift nichts bekannt geworden.

Unter den Sammlern aztekifcher hierogl. Gemälde nenne ich ferner
nach Verdienft und Gebühr unfern grofsen Reifenden, Alexander von
Humboldt, felbft, welchem die Königl. Bibliothek zu Berlin diefe Selten-
heiten verdankt.

Ein Gemälde aus dem Befitz des Herrn von Fejérváry zu Pefth ift
im Kingsborough Vol. III. No. 3 abgebildet.

Zu den Städten übergehend, in welchen Sammlungen fich befinden,
bemerke ich, dafs ich hier nicht von Mufeen rede, wo mexicanifche Alterthümer aufbewahrt werden, wie deren z. B. neuerdings zu Paris im Louvre
und zu Kopenhagen beftehn. Ich fchliefse ferner hier aus die Schätze von
hieroglyphifcher Sculptur und Malerei, welche auf einfamen Pfaden in den
amerikanifchen Wildniffen der verfchiedenften Zonen der Wanderer ftau-
nend fchaut: eine Welt der Geheimniffe, die noch lange ihrer Deutung
harren wird.

In der fchönen und grofsen Hauptftadt der alten aztekifchen Welt,
Mexico, fah Humboldt (*Cord.* I, 197-8) eine koftbare, mannigfaltige Sammlung im Pallaft des Vicekönigs; wir haben von Boturini's Sammlung im viceköniglichen Archiv oben geredet; von Siguenza's Sammlung, welche durch
fein Vermächtnifs in das Jefuiten-Collegium von S. Pedro y Pablo kam. In

der Univerfitäts-Bibliothek fand Humboldt keine hierogl. Original-Gemälde mehr (I, 228), fondern nur: *quelques copies linéaires, sans couleurs, et faites avec peu de soin.* Ich fah dafelbft 1827 im National-Mufeum der Univerfität den Anfang einer Sammlung hierogl. Gemälde und anderer Manufcripte; eine Anzahl derfelben find, mit erläuterndem Texte, herausgegeben von Waldeck: *Coleccion de las antiguedades Mexicanas que ecsisten en el museo nacional, y dan á luz Isidro Icaza é Isidro Condra. Litografiadas por Federico Waldeck é impresas por Pedro Robert. Mex.* 1827. *fol. maj. c. tabb.*

Das, ehemahls fo mächtige Mutterland SPANIEN, einft gebietend über diefe und andere unermefsliche Reiche, hat keinen Stoff zum öffentlichen Nutzen geliefert. Es kann aber nicht anders feyn, als dafs zahlreiche hieroglyphifche Stücke in den Jahrhunderten dahin kamen und noch theilweife dort zu finden find (f. auch Prescott I, 116); fo wurden eine Anzahl zu Petri Martyr's Zeit hingebracht (*de Insulis nuper inventis* p. 368). Der gelehrte Jefuit Fabrega vermuthete auch Gemälde im Archiv von Simancas (*Cord.* I, 215). Sicher wiffen wir nur von mex. Hieroglyphen-Werken im Escurial ([1]): von einer Sammlung in einem Folio-Band, unterfucht von Waddilove (f. *Cord.* I, 216 und Robertfon *hist. of America* 1802 Vol. III. p. 403); einem Exemplar der Mendoza'fchen Sammlung (f. vorhin S. 42"), gefehn vom Marchefe Spineto (Presc. I, 116).

Das *Museo Borgiano* des Cardinals Borgia, zur Zeit von Humboldt's Reife zu VELETRI (*Cord.* I, 230), jetzt im *Collegium de propaganda fide* zu ROM, befitzt die prächtigfte aller Sammlungen mex. hierogl. Gemälde, den herrlichen *codex mexicanus,* von deffen Farbenpracht Prescott (I, 93-94) mit Entzücken redet. Er findet fich in Humb. *Cord.* pl. 15, 27 und 37; in Vol. III. von Kingsborough als No. 1. S. noch hiernächft Bologna (S. 47"). — Die Bibliothek des Vaticans zu Rom befitzt 2 *codices mexicani,* welche Humboldt an 4 Stellen der *Vues des Cord.* behandelt hat: pl. 13, 14, 26 und 60; Clavigero hat fie nicht gefehn (I, 23), aber Acofta erwähnt ihrer. S. über fie auch Gallatin 132-9. Im Kingsborough find fie wiedergegeben Vol. II. No. 1 und Vol. III. No. 4.

([1]) Humboldt nennt in den *Vues des Cord.* (1816 I, 215) 6 Sammlungen in Europa: Efcurial, Bologna, Veletri, Rom, Wien, Berlin.

Eine Sammlung befitzt das *Inftituto delle scienze e dell' arti* zu Bologna (*Cord.* I, 216-7); von diefem *codex mexicanus* befindet fich eine
Copie im *Museo Borgiano.* In Kingsborough Vol. II. No. 3.

Die Bodlejanifche Bibliothek zu Oxford befitzt: 1) die Mendoza'-
fche Sammlung (f. oben S. 42); 2) Gemälde der Sammlung von Sir Tho-
mas Bodley, in Kingsborough Vol. I. No. 4; 3) 2 Gemälde unter den *Selden
mss.*, im Kingsborough Vol. I. No. 5 und 6; 4) ein Gemälde, der Univerfität Oxford gefchenkt vom Erzbifchof Laud; im Kingsb. Vol. II. No. 2.

Paris hat nur fchwache Spuren hierogl. Gemälde aufzuweifen: die
grofse Bibliothek befafs zur Zeit von Humboldt's Rückkehr kein einziges
mex. Original-Manufcript (f. *Cord.* I, 220-1 und II, 294); aber fie befitzt
den *codex Telleriano-Remensis*: eine Copie, jedoch fehr werthvoll;
f. über ihn *Vues des Cord.* pl. 55 und 56, T. II. p. 295-303. Im Kingsborough ift er Vol. I. No. 2 abgebildet. Nach Gallatin (132) wäre der *codex Tellerianus* beinahe identifch mit dem *Vaticanus.*

Die kaif. Bibliothek zu Wien befitzt Ein Werk; f. über den *codex
Vindobonensis Cord.* I, 217-9. Es find 8 Gemälde. Humboldt hat bewiefen (I, 217-9), dafs fchwerlich die Angabe richtig feyn kann, nach welcher
die Sammlung urfprünglich vom Könige Emanuel von Portugal († 1521)
dem Papfte Clemens VII († 1534) gefchenkt feyn foll; fie kam nach manchem Wechfel an den Herzog von Sachfen-Eifenach, welcher damit 1677
dem Kaifer Leopold ein Gefchenk machte (f. Clav. I, 23). Im Kingsb. findet fich die Sammlung Vol. II. No. 4, in Humb. *Cord.* pl. 46-48.

Auf der Königl. Bibliothek zu Dresden befindet fich ein aztekifches
hierogl. Manufcript (f. *Cord.* I, 268-271); Humboldt wurde durch Aug.
Böttiger damit bekannt, der daffelbe auch in feiner Archäologie der Malerei
(1811) erwähnt hat. Prescott (I, 94) legt ihm eine hohe Bedeutung bei: er
findet es nicht genug beachtet; er meint, es fei fremdartig, vielleicht phone-
tifch, möglicherweife aus Mittel-Amerika. Es ift in Humb. *Cord.* pl. 45,
bei Kingsborough in Vol. III. No. 2.

Die Königl. Bibliothek zu Berlin befitzt verfchiedene aztekifche
hierogl. Gemälde, welche Humboldt während feines Aufenthaltes in Neufpanien erworben hat: Tributliften, Gefchlechtsregifter, die Gefchichte der
Wanderungen der Mexicaner, ein Procefsftück, einen Calender aus dem Anfang der Eroberung; f. Humb. *Vues des Cord.* pl. 12, 36, 38 und 57. Im

Kingsborough find diefe Gemälde (auch ein mex. Bas-Relief des Königl.
Antiken-Cabinets) gegeben in Vol. II. No. 5.

§ 14. Diefem fo noch vorhandenen Stoffe alter Gefchichte, Mythologie, Sitten und Einrichtungen Mexico's: für welchen fchwerlich, durch er-
gänzende Nachweifung, oder bedeutende Funde in Spanien und den trans-
atlantifchen Ländern, eine grofse Vermehrung zu erwarten feyn möchte; fo
wie dem gröfseren, den älteren Gefchichtfchreibern zugänglich gewefenen
Vorrathe, haben faft alle Schriftfteller: die Hiftoriker felbft, verfchiedene
Gelehrte, Archäologen, Clavigero, Humboldt, eine hohe Bedeutung beigelegt; fie haben ihre Auslegung angenommen und an ihre Wahrheit geglaubt.
Nur einige neue grofse Forfcher alter amerikanifcher Gefchichte, Gallatin
und Prescott, haben den ganzen Gegenftand einer fcharfen Kritik unterworfen, und haben den noch vorhandenen Schätzen mexicanifcher hieroglyphifcher Malerei einen fehr geringen Werth und geringe Glaubwürdigkeit
zugefprochen. Zunächft macht Gallatin darauf aufmerkfam (*ethnol. soc.*
I, 170): dafs wir kein einziges Document befitzen, welches fich auf ein anderes Volk als Stämme mexicanifcher Zunge bezöge. Dann bemerkt Prescott unfern gänzlichen Mangel an toltekifchen Manufcripten. Er urtheilt
(I, 11): von den Tolteken könne nichts mit Gewifsheit gewufst werden, weil
ihre eignen Documente untergegangen feien, und wir von diefem Volke nur
durch Traditionen der ihnen nachfolgenden Völker Kunde haben. Boturini
habe nie ein toltekifches Manufcript felbft gefehen; er habe nur von einem
gehört, das Ixtlilxochitl befafs (Bot., *Idea de una nueva historia general de
la America septentrional*, Madrid 1746 p. 110). Ein Schatz der Art, für
die toltekifche Gefchichte, von welchem wir Kunde haben, das *teoamoxtli*
(göttliche Buch), ift auch verloren gegangen. „Nie hat es ein Europäer gefehen", fagt Prescott (I, 96). Diefes Werk: enthaltend Cosmogonie, Chronologie, Gefchichte von Völkerwanderungen, Mythologie und Moral; wurde
von dem Aftrologen Huematzin im J. 660 (*Cord.* 1816 I, 249-250) oder
708 nach Chr. (II, 386) zu Tula, nach Ixtlilxochitl gegen Ende des 7ten Jahrh.
vom Arzt Huematzin zu Tezcuco (der Ort ift wenig glaublich), verfafst. Humboldt fragt: ob es zu Cortes Zeit wenigftens noch Copien davon gegeben
habe? ob daffelbe vielleicht in Yucatan durch die Mönche mit verbrannt fei?
Eine Copie foll im Befitz der tezcucanifchen Königsfamilie gewefen feyn
(Presc. I, 96) bei der Einnahme ihrer Hauptftadt. Prescott meint, es fei

vielleicht von Zumarraga mit vernichtet worden. Mitten unter diefen ver-
zweifelnden Äufserungen ift Friedrich von Waldeck mit der Behauptung
aufgetreten, dafs das *teoamoxtli* fich in feinem Befitz befinde (*Voyage
pittoresque et archéologique dans la province d'Yucatan pendant les années
1834 et 1836, par Fréd. de Waldeck. Paris et Londres* 1838 *fol. maj.*,
pag. VII). Hr. von Waldeck war, mit Unterftützung des Lords Kingsborough, 12 Jahre in Mexico, davon zwei Jahre zwifchen den Ruinen von Yucatan und der Gränze von Guatemala; und hegt viele felbftftändige und eigenthümliche Anfichten über das Alterthum von Amerika. Er hatte die Abficht ein Werk zu liefern über die alte Gefchichte von Mexico nach den von
ihm gefammelten Original-Quellen, fo wie „die wahre Chronologie der Tolteken und Azteken nach den von ihm überfetzten Denkmälern". Er hält das
Volk von Yucatan (die Mayas) für viel älter als die Tolteken (p. 44), und
meint, dafs fie den Tolteken und Azteken ihre Civilifation gegeben haben
(p. 72). Den Ruinen von Tixualajtun in Yucatan giebt er ein Alter von 3000
Jahren (p. 73).

Gallatin macht (*ethnol. soc.* I, 116) eine fcharfe Ausfcheidung des
Hiftorifchen aus den uns bekannten Überbleibfeln, und fagt von diefem: *It
will be seen that these* (die hift. Stücke) *afford but very scanty information.
All, with perhaps the exception of that of Boturini* (Eines Gemäldes), *are
compilations made subsequent to the conquest*; *and Mendoza's collection is the
only one of which the origin is ascertained.* Weiter fpricht er fehr gering-
fchätzig über den Inhalt der übrig gebliebenen Gemälde und die geringe
Gründung der alten mex. Gefchichte (f. 145ʳ-147); fie enthielten nur einen
dürftigen Gefchichtsbericht über 100 Jahre vor der Eroberung, kaum etwas
über frühere Zeit. Eben fo ftark äufsert fich Prescott über den Werth
der Quellen, auf welche die alten Gefchichtsfchreiber ihre Nachrichten gründeten. Von den Tolteken redend, fagt er (I, 11): *Of course, little can be
gleaned, with certainty, respecting a people whose written records have perished,
and who are known to us only through the traditionary legends of the nations that succeeded them;* und in der Anm.: (*Ixtlilxochitl*) *tells us, that his
account of the Toltec and Chichemec races was „derived from interpretation"
(probably of Tezcucan paintings), „and from the traditions of old men"; poor
authority for events which had passed centuries before. Indeed, he acknow-
ledges that their narratives were so full of absurdity and falsehood, that he*

was obliged to reject nine-tenths of them. (See his *Relaciones, MS.,* no. 5.)
The cause of truth would not have suffered much, probably, if he had re-
jected nine-tenths of the remainder. Humboldt's Bemerkung, dafs die aztekifchen Annalen mit gröfster Genauigkeit abgefafst feien, verfieht Prescott
(I, 88 Anm. 10) mit zarter Befchränkung: *Humboldt's remark ... must be*
received with some qualification. Er giebt zu bedenken: dafs in einem Jahre
manchmahl nur Eine Thatfache verzeichnet fei, bisweilen nur eine in zwölf
Jahren; dafs bei diefer Methode nur einige Hauptereigniffe bezeichnet werden konnten und die Sache fehr fragmentarifch bleiben mufste.

Gallatin fpricht feine Zweifel über die Richtigkeit der älteren Gefchichte und die Mangelhaftigkeit der hierogl. Gemälde (¹) wieder aus
I, 164ᵐʸ-5ᵐᵐ. „Wenn", fagt er, „in dem nächften Jahrhundert vor der Eroberung die Schriftfteller in der Zeitbeftimmung eines Ereigniffes von einander
abweichen, und diefs Zweifel über die Zuverläffigkeit der von ihnen gebrauch-
ten Urkunden erregt, wie viel mehr mufs folches von der alten Zeit gelten!
It is evident, that the accounts given by the several authors are not derived
from any contemporaneous historical records, and are purely traditional.
Facts may be misunderstood, or misrepresented by contemporaneous writers.
But men who keep a diary, Priests charged with the care of recording facts,
as they occur, cannot be mistaken as to the dates of such plain and simple
facts as the death of a king and the accession of his successor, which take
place in their own town and under their eyes. When, therefore, we find that
no two authors agree in that respect, and that the differences exceed fifty
and occasionally one hundred years; we may safely conclude that, within a few
years after the conquest, there did not exist a single original historical paint-
ing, in which events prior to the fifteenth century were faithfully recorded
under their proper date. — If, at the time after the conquest, when Men-
doza's collection and the Codex Tellerianus were compiled, or when some In-
dians first wrote histories of their country with our characters, there had ex-
isted one or more authentic painted chronological records contemporaneous
with the events recorded, the discrepancies of dates in those compilations and
histories could not have occurred. On the other hand, it cannot be doubted,

---

(¹) Waldeck (*voy. dans la prov. d'Yucatan* p. 46 und 47) geht noch weiter, und redet von der Falfchheit der mexicanifchen Handfchriften; er nimmt Anfertigung falfcher
Handfchriften u. f. w. durch die Mönche an.

that paintings or fragments of paintings had escaped destruction, which re-presented some actual events, without specifying the date, or some legendary traditions believed to be true. Weiter Gallatin p. 167: *No such original painting of a date corresponding with the period of the Toltec monarchy has ever been produced; and it may be doubted, whether any such was in existence at the time of the Spanish conquest.* Er hebt befonders hervor (fo 169): dafs wohl kein altes Zeugnifs vorhanden war, als die erften Gefchichtsfchreiber von Spaniern oder Eingebornen die alte Gefchichte fchrieben. (¹)

Im Gegenfatz zu diefem herabfetzenden Urtheile zollen die genannten Autoren doch auch eine theilweife Anerkennung. So fpricht Gallatin (I, 126 ᵐᶠ⁻ⁿᶠ) einem Gemälde Boturini's eine gewiffe Zuverläffigkeit und Bedeut-famkeit zu, und macht noch ein recht wichtiges anderes deffelben Befitzers bemerklich (144-5). Hieran fchliefst fich ein bedeutendes allgemeines Lob Prescott's (I,88): *they digested a complete system of chronology, and could specify with accuracy the dates of the most important events in their history.*

§ 15. Die zweite wichtige Quelle der alten mexicanifchen Gefchichts-fchreibung war, wie bei allen Völkern, die Tradition: die mündliche Über-lieferung (vgl. Presc. I, 88-89) von Gefchlecht zu Gefchlecht, unter dem Volke wie unter den Kundigen: durch Gefchichte, Sagen, Gefänge und Lieder. Die Lieder wurden in den Schulen gelehrt; es ift aber keine diefer aztekifchen Compofitionen auf uns gekommen (vgl. Prescott I,97). (²) Ixtlil-xochitl erklärt in feiner Gefch. der Chichimeken exprefs: dafs er fich auf hieroglyphifche Gemälde, auf Lieder, auf einheimifche Gefchichtsfchreiber und auf mündliche Nachrichten ftütze; f. näher Gallatin I, 161ᵃᵃ-2ᵃᵃ. Auch diefer hiftorifche Stoff wird von den Nordamerikanern nach Möglichkeit ver-kleinert. (³) Gallatin bemerkt, dafs die Schriftfteller über neue und alte Gefchichte Mexico's rein traditionellen Quellen folgten, dafs fie das meifte

---

(¹) *It may indeed be admitted that the imperfect system of writing of the Mexicans enabled them to record dates and names, and to give graphic descriptions of some facts. But there is not a shadow of proof that any of such ancient date were in existence at the time of Sahagun, or when the earliest Indian authors wrote with our characters.*

(²) Über die Wichtigkeit der Lieder (*cantares*) als hiftorifchen Stoffes f. Boturini *Catalogo* p. 94; *Idea* p. 2, 5-6; „... *los Cantares, que son dificiles de explicar, porque enouelven todo lo historico con continuadas alegorias"* (Cat. p. 95).

(³) Ihm gilt eigentlich der obige Ausdruck Prescott's (I,11; f. oben S. 50ᵃ) von der „Verwer-fung der neun Zehntel von neun Zehnteln".

H

ihres Stoffes mündlicher Mittheilung entnahmen. Eine Gattung feien Lieder gewefen, die uns aber nicht aufbehalten feien; in ihnen habe fich weniges, freilich mit Fabeln vermifcht, fortgepflanzt. I p. 156: *The account given by Fernando d'Alva shows clearly, that the knowledge of those events was not derived from any authentic painted records, kept at the time when the supposed events took place, but from a vague tradition disfigured by fables.* (¹)

Doch finden bei den ftrengen Kritikern die alten Gefchichtsfchreiber noch einigen Glauben. Dem Sahagun legt Gallatin grofse Wahrheit bei; er macht aber bemerklich, dafs derfelbe keine Jahre für Ereigniffe vor dem 12ten Jahrhundert angebe. Auch gefteht Gallatin (169) folgendes ein: dafs ein grofses Reich v o r den Mexicanern vorhanden war, und dafs zahlreiche Ruinen grofser Städte über Motezuma's Reich hinaus diefs beweifen.

Ich für mein Theil will, da ich in keine Unterfuchung der einzelnen Gegenftände und diefer Vorwürfe mich einlaffen kann, meine eigne Überzeugung hier dahin ausfprechen: dafs ich den hieroglyphifchen Gemälden und ihren Auslegungen, fo wie der alten überlieferten Gefchichte Anahuac's grofsen Werth und Glaubwürdigkeit beilege. Ich geftehe ein, dafs es, bei dem mannigfachen Auseinandergehen der vielfältigen Nachrichten und Angaben, bald in den Thatfachen, bald in den Daten (²), ein dorniges Unternehmen feyn würde aus dem vorhandenen Material eine alte Gefchichte zu fchreiben. Man kann die grofse Verfchiedenheit z. B. erkennen, wenn man von Clavigero's Werk zu dem Studium Sahagun's übergeht; man findet fich beinahe in eine fremde Welt verfetzt. Und beides find Autoren, welche

_____

(¹) Dagegen weifs B o t u r i n i nicht genugfam die Wahrhaftigkeit in den aztekifchen Gemälden und Liedern zu erheben, nur dafs die letzteren durch reiches Bilderwefen fchwierig zu verftehen feien; *Idea de una nueva historia general de la America septentrional* p. 5 - 6: *Aun mas admira la verdad y sencillez, con que los Historiadores antiguos, assi en las Pinturas como en los Cantares, referian las cosas dignas de memoria . . . . Podia tanto en ellos el amor à la verdad, que al Mentiroso se le cortaba el labio inferior, para que fuesse conocido en la Republica; y el Embustero pagaba su delito con la vida. Y no por esto* (p. 6) *dexan los referidos Cantares de traer consigo tan sublimes metaforas y continuadas alegorias, que dan mucho que entender para llegar à su verdadero sentido.*

(²) Man findet eine Zufammenftellung der divergirenden Zeit - Angaben zwifchen einigen Gefchichtsfchreibern für die wichtigen Ereigniffe aus dem Alterthum von Anahuac bei Humboldt und Gallatin I, 162-3.

ihr Gebäude auf einen reichen, alten und werthvollen Stoff gegründet haben. Aber für das allgemeine Urtheil erwäge man: dafs die hieroglyphische Malerei anerkanntermafsen den Zweck historischer Aufbewahrung von Ereignissen erfüllen konnte; dafs, was ihr an Sicherheit abging, durch die lebendige Überlieferung des Sinnes der Gemälde ersetzt wurde: man erwäge, dafs diese merkwürdige graphische Litteratur, ein Vortheil, welchen die Volksstämme Anahuac's vor vielen Völkern unsres alten Continents und vor den meisten der neuen Welt voraus hatten, seit alter Zeit Eigenthum dieser Völker, dafs sie zu einer Wissenschaft ausgebildet war, welche durch Lehre sorgfältig fortgepflanzt wurde; man erwäge den Reichthum der Documente dieser Art, welche bis zur Eroberung im Besitze der Nation waren: und man wird weder so geringschätzig über ihren Werth urtheilen noch so ungläubig gegen ihre Data seyn können. Man bedenke dann: dafs, wo die Documente fehlen, die Tradition eintrat, welche die Ereignisse wohl wenige Jahrhunderte hindurch erhalten konnte; dafs bei dem regen Eifer und dem Sinn für historische Fixirung und Aufbewahrung bei diesen Völkern das Überlieferte nicht als so unglaubhaft betrachtet werden darf. Wenn so zu dem Reichthum jenes, im Anfang und zum Theil auch noch lange nach der Eroberung vorhandenen, sinnbildlichen Materials die Überlieferung durch eine Menge gebildeter und unterrichteter Personen unter den Eingebornen hinzukam (unter denen ich die Glieder der Tetzcukischen Königsfamilie nenne), welche die ganze Fülle des lebendig im Lauf der Zeiten Erhaltenen zu übertragen vermochten; so kann ich nicht anders als den alten Historikern Mexico's, spanischen wie einheimischen, denen diese Quellen zuflossen, einen recht hohen Werth und Glaubwürdigkeit beilegen. Die Kritik mufs zwischen ihnen sondern und ausgleichen. Die Überlieferung, welche auch der Hieroglyphenkunde Unterstützung leiht, hat für die alte Welt von Anahuac denselben hohen und denselben bedingten Werth wie überall bei den in die Geschichts-Dämmerung eintretenden Völkern. Sie liefert einen ungeheuren, mit Irrthum und Fabeln gemischten, in Unbestimmtheit schwebenden Stoff, für den wir nicht dankbar genug seyn können. In Mexico hatte sie an der Hieroglyphik noch eine Stütze, die sie zu mehr Genauigkeit und Sicherheit zu führen vermochte.

H 2

V. Einwanderung von Norden.

§ 16. Ehe ich in dem diefen Abfchnitten zum Grunde liegenden Plane,
die alte Gefchichte und Landeskunde von Anahuac an dem Faden geographifcher Namen fragmentarifch zu durchlaufen, von den alten, fefshaften Völkern zu den von auswärts eingewanderten übergehen kann, mufs ich noch
bei einem wichtigen Punkte diefer Wanderungen länger verweilen: bei der
überall in den Völkerfagen und den Darftellungen der Gefchichtsfchreiber
wiederkehrenden angeblichen Einwanderung der Volksftämme von Norden
oder Nordweften her, und ihrem Weiter-Ziehen nach Süden. Ich ver-
miffe hierbei eine recht ernfte Kritik über die Quellen diefer Behauptung:
dafs, unabhängig von den perfönlichen Anfichten europäifcher Hiftoriker
und Archäologen, nachgewiefen werde, wo und wie in den alten hierogl.
Malereien vielmehr als in den Überlieferungen diefe Herkunft der Völker
von Norden beftimmt ausgedrückt ift. Diefe Herkunft aus dem Norden und
Nordweften ift nun von einigen Forfchern auf den amerikanifchen Continent
gedeutet worden; andere haben darin die Beftätigung einer Lieblings-Mei-
nung, der Abftammung und Überkunft der Amerikaner aus Afien, gefunden.
Die Einwanderung von Tolteken, Chichimeken, Nahuatlaken, und unter ihnen auch der Azteken, aus Nord- oder Nordweft hat Humboldt in feinen *Vues des Cordillères* (f. auch *Essai politique* I, 346-352) an zahlreichen
Stellen berührt, und ausführlich, mit voller Anhänglichkeit und Glauben
an die Sache, behandelt. (¹) Daffelbe findet man bei Clavigero. Auch
die Chiapaneken erzählten, dafs ihre Einwandrung von Norden her gefcheben

---

(¹) Ich fetze hier eine Stelle aus dem *Essai pol. sur la Nouv. Esp.* her (2ᵉ *éd.* T. I. 1825.
8° p. 346-7), welche Humboldt's, zugleich mit Vorficht vorgetragene, Meinung darlegt: *En
général, depuis le septième siècle jusqu'au treizième, la population paraît avoir continuellement
reflué vers le Guatimala. Des régions situées au nord du Rio Gila sortirent ces nations guer-
rières qui, les unes après les autres, inondèrent le pays d'Anahuac. Nous ignorons si c'était là
leur patrie primitive ou si, originaires de l'Asie ou de la côte nord-ouest de l'Amérique, ils
avaient traversé les savanes de Nabajoa et du Moqui, pour parvenir au Rio Gila. Les tableaux
hiéroglyphiques des Aztèques nous ont transmis la mémoire des époques principales qu'offre la
grande migration des peuples américains.* — Späterhin (*Essai pol.* I, 152): *Les migrations des
peuples américains s'étant constamment faites du nord au sud, du moins depuis le sixième jusqu'au douzième siècle ....*

fei (f. Clav. I, 151); in Soconusco trennten fie fich, gingen theils nach Chiapan, theils nach Nicaragua (vgl. unten § 44). Sahagun, der ebenfalls nicht
anders berichtet, als dafs die Wanderung von Norden herkam und nach dem
Süden ging (II, 266), deutet einen naturhiftorifchen, auch von uns augenblicklich aufzunehmenden, Grund an: das Suchen warmer und fruchtbarer
Länder; die Völker hätten, meint er, vielleicht durch ein Orakel geleitet,
das irdifche Paradies gefucht, und hätten es im Süden zu finden gehofft.
Die Herkunft von Norden wird auch von Gallatin und Prescott angenommen. Erfterer fagt (*ethnol. soc.* I, 166): *All these tribes, including the Chi-
chimecs, whose name merged into that of Acolhuas, appear to have come
from adjacent northern countries....* Von den Tolteken redend (203), erklärt er fich näher: *It is asserted that they came from the north: a vague
expression, and which may have been equally applied, by the Mexicans, to
a country immediately adjacent to the northern boundary limits of their empire, or to a more remote region.* Prescott läfst die Tolteken von Norden
kommen und in Anahuac einwandern, wahrfcheinlich vor dem Ende des
7ten Jahrh. (I, 11); die Chichimeken aus dem fernen Nordweften (I, 13), die
Mexicaner aus dem fernen Norden (I, 14). Man findet bei ihm die Zeugniffe für diefe Herkunft der Völker aus Nord oder Nordweft zufammengeftellt Vol. III. p. 350-2; (1) ferner find die amerikanifchen Traditionen gefammelt von Warden in dem Werke *antiquités mexicaines* P. II. (2) Die
Azteken kamen, nach der allgemeinen Annahme (z. B. von Clavigero, Humboldt; vgl. Gallatin I, 202), nach ihrem Auszuge aus Aztlan (f. oben S. 5),

(1) Hier einige Stellen Prescott's: *Traditions of a Western* (fo fagt er, abweichend
von allen übrigen, in der Zuneigung zu Afien) *or North-western origin were found among the
more barbarous tribes, and by the Mexicans were preserved both orally and in their hieroglyphi-
cal maps, where the different stages of their migration are carefully noted. But who at this
day shall read them? They are admitted to agree, however, in representing the populous North
as the prolific hive of the American races. In this quarter were placed their Aztlan and their
Huehuetlapallan, the bright abodes of their ancestors ... From this quarter the Toltecs ...*(etc.)
came successively up the great plateau of the Andes
(2) Baradère, de St. Priest u. A. *Antiquités Mexicaines,* T. I. II. Paris 1834. fol.
max. mit Atlas. *Partie II.* führt den befonderen Titel: *Recherches sur les antiquités de l'Amérique du nord et de l'Amérique du sud, et sur la population primitive de ces deux continents,
par M. Warden. ib. eod.* Auf pag. 185 sqq. finden fich: *traditions des Indiens d'Amérique
concernant leur origine;* die der Völker von Mexico p. 185-6.

vom Rio Gila (welcher in 32° 45' N. B. und 116° 43' W. L. von Paris in
den, bald darauf in die Nordfpitze des Meerbufens von Californien mün-
denden, Rio Colorado fich ergiefst): wo grofsartige Trümmer (die *casas
grandes*), noch jetzt vorhanden, auf ihren Aufenthalt gedeutet werden.
Einige Gemälde der Sammlung Boturini's im Pallafte des Vicekönigs (f.
Humboldt *Cord.* I, 228) „ftellen vor die Wandrung der Azteken vom Fluffe
Gila nach dem Thale von Tenochtitlan". Nach Clavigero, welcher diefe
Wanderung I, 158-161 sqq. behandelt, gingen die Azteken über den Rio
Colorado jenfeits des 35ten Breitengrades, bis zum Rio Gila, wo fie einige
Zeit verweilten; dann wandten fie fich füdöftlich, und blieben an einem
Orte unter dem 29ten Grad d. Br., 250 *miglia* von der Stadt Chihuahua, wo
fich andere *casas grandes* befinden. Die Örter, an welchen die Azteken
auf ihrer Wandrung von Aztlan bis zur Gründung von Tenochtitlan rafteten,
und die Städte, die fie dabei erbauten, findet man der Reihe nach aufgeführt von Humboldt in der Erläuterung zu der von ihm auf pl. 32 der *Vues
des Cord.* abgebildeten merkwürdigen hieroglyphifchen Gefchichte der Azteken von der Fluth des Coxcox an bis zur Gründung von Tenochtitlan (II,
180-2). Gallatin verwirft den Gila-Flufs; er fagt (I, 202): *The hypothesis, which places Aztlan in a remote country, in Asia, or even on the banks
of Rio Gila, are modern suggestions. Clavigero, who makes the Aztecs to
come from the Rio Gila, appears to have embraced that opinion principally
on account of the ruins of buildings. on the banks of that river and of others
farther south, generally called „*casa grande*", and which are supposed to
have been built by the Aztecs.* Eben fo läfst fich derfelbe vernehmen in
ethnol. soc. Vol. II, LXXXVI: *The traditions of the Mexicans respecting
the travels of the Azteques went no further than that they came from the
north or north-west, and, occasionally remaining several years in several
places, arrived, at the end of about* 150 *years, in the valley of Mexico. The
supposition, that they came from the Rio Gila, or any country north of it,
was a mere conjecture of the Spaniards: which does not appear to have been
sustained by any other fact than that of the ruins above mentioned.* An
einer andern Stelle (I, 206) fpricht er aus, dafs er nicht nördlicher gehn will
als das Thal von Neu-Mexico: *This presumed history of the Aztecs and
other tribes speaking the same language is only a conjecture, rendered probable by the fact, that no trace has been discovered of the Mexican language*

in countries lying farther north. But it seems to me, that any hypothesis, which would place their abodes further off than the valley of New Mexico, is altogether inadmissible.

Die Herleitung der amerikanifchen Bevölkerung aus Afien hat viele Fürfprecher gehabt. Auch Prescott neigt fich dazu (III, 350). Gallatin hält diefelbe für fehr wahrfcheinlich (I, 158"); meint aber, dafs die Völker diefen Urfprung in der langen Zeit vergeffen haben mufsten. Die Einwanderung fetzt er höchft früh; bleibt aber dabei, dafs alle Wahrfcheinlichkeiten auf Afien hinweifen (I, 174""). Er führt diefs in einer langen, forgfältigen Erörterung aus I, 174 sqq. Aber dafs Aztlan in Afien liegen folle, hält er für thöricht; es fei eine Einbildung Boturini's und anderer Neueren gewefen (I, 204ᵃ⁻ᵃᵃ).

§ 17. Ich habe bei meinem Studium des mexicanifchen Wortfchatzes nach Spuren gefucht, welche auf alte Wohnfitze der Mexicaner hindeuteten. Ich führe zwei Wörter an, die Aufmerkfamkeit erregen können:

ATEMOZTLI (Herabkommen des Waffers, von *atl* Waffer und *temo* herabfteigen) heifst der 18ᵗᵉ Monat des mex. Jahrs, vom 15 Dec. bis 3 Januar; was für die Tropen durchaus nicht pafst. Denn die Regenzeit beginnt in den dortigen Gegenden im allgemeinen erft Ende Mai oder Anfang Juni. Schon Clavigero hat den Namen für eine Hinweifung auf frühere veränderte Wohnfitze der Mexicaner gehalten, und für entfprungen in jenen nördlichen Gegenden. Sahagun erläutert aber, ohne einen Anftofs zu nehmen, ganz einfach die Etymologie fo: „weil zu jener Zeit die erften Donner und Regen zu feyn pflegten". Diefs ift aber nicht gegründet; wohl kann man Donner und Regen gelegentlich im Februar und März dort erleben: aber, fo verfchieden die Climate find, doch nie in jenen 2 Monaten. Von der atlantifchen Küfte Mexico's fagt Humboldt (*relation historique du voyage aux régions équinoxiales*): im December und Januar fällt kein Tropfen Regen; im Februar, April und Mai wenig. In der *tierra fria* giebt es im Dec. und Jan. gelegentlich einen leichten Reif (Mühlenpf.); auf den hohen Plateaus find periodifche Regen nur vom Mai bis Sept., zwifchen 22-30° Br. find fie noch feltner. In den feuchten Waldgegenden des Rio Negro (Humb. *rel. hist.*) regnet es 9 Monate lang, aber der December und Januar find trocken. Die obige Deutung des Namens wird bekräftigt durch die Hieroglyphe des Monates: Waffer auf der Treppe eines Gebäudes.

CIHUATLAMPA nach Weſten zu, *cihuatlampa ehecatl* Weſt-
wind. Die Wort-Ableitung führt auf *cihuatl* Weib, verbunden mit der Orts-
Partikel *tlan* und der Poſtpoſ. *pa* gegen; alſo: gegen das Weiberland hin oder
von da her. Es giebt aber auch zwei Örter *Cihuatlan* (ſ. unten § 60): einen
alten Ort am ſtillen Meere, etwas ſüdlich von Zacatollan; und einen ſüdlich von Tabasco, nach der Oſtküſte zu: ſo daſs die Weltgegend in dem
mexicaniſchen Ausdruck auch heiſsen kann: gegen Cihuatlan hin. ([1]) Ein
ganz ähnlicher Fall findet ſich in *huitztlampa ehecatl*, Südwind, und
mehreren in dieſer Richtung liegenden Örtern *Huitztlan* (ich nenne unten
§ 72 ſechs Örter des Namens in Guatemala): wo es gleich zweifelhaft bleibt,
ob der Wind: gegen das Dornenland hin oder von ihm her, oder: gegen,
von Huitztlan gemeint iſt. ([2]) Im erſteren Falle würden die Örter nach der
Weltgegend; im letzteren, durch irgend eine Beziehung, nach Weib und
Dorn ihre Namen erhalten haben. Das Letztere, ſo daſs die Weltgegend
nach jenen Örtern genannt ſei, iſt die wahrſcheinlichere Annahme. — Die
Huitztlan liegen gerade im Süden von Mexico, das Cihuatlan der Südſee
weicht von der weſtlichen Richtung ein wenig nach Süden ab; auch haben beide
Örter gerade keine Rolle in der mexicaniſchen Geſchichte geſpielt, doch konnten wohl eher Handelsverbindungen auf den Gebrauch derſelben führen. Wer
weiſs aber auch, ob nicht andere, mit uns unbekannten Beziehungen, denſelben
Namen geführt haben? und ob die Benennung der Weltgegenden gerade von
der Stadt Mexico ausgegangen iſt? Eine ganz ähnliche Bewandtniſs hat
es mit *AMILPAMPA EHECATL* Südwind. Der Ausdruck kann herkommen von *amilli*: Waſſer-Grundſtück, am Waſſer (am Meere oder Fluſſe)
belegenes, oder wäſſriges Grundſtück oder Acker; er kann aber auch unmittelbar von einem Orte Amilpan herkommen, wozu das, ſüdlich vom mexicaniſchen Thale gelegene Städtchen *Guautla de las Amilpas* paſſen würde,

---

([1]) Sahagun II,253 erklärt den Namen des Windes (auch *Cioatecaiotl*) durch: Wind, der
von da her weht, wo die Weiber wohnen; und in den Weſten verlegten (ſo ſagt er) dieſe
Völker den Wohnſitz der Göttinnen, welche *Cioapipilti* (richtig: *cihuapipiltin* = junge
Mädchen) genannt wurden.

([2]) Auch dieſen Wind leitet Sahagun (*l c.*) von Göttinnen ab: *viento que sopla de aquella
parte donde fuéron las diosas* Vitznahoa; letzterer Name würde in *Huitznahua* zu corrigiren ſeyn. Ich weiſs nur anzugeben Huitznahua, eine Vorſtadt des alten Mexico; und einen
Fürſten Huitznahuatl, Herrn von Huexotla zur Zeit des Nezahualcoyotl.

wenn feine Lage nicht zu nahe wäre, um eine Bedeutung zu gewinnen. — Der Norden, welcher uns gerade wichtig ift, gewährt keinen uns hier intereffirenden Auffchlufs: *mictlampa*, nach oder von Norden, bedeutet eigentlich und daneben: nach der Hölle, dem Todtenreiche (*mictlan*) hin, oder von da her (fo deutet es Sahagun II, 253); es kann aber eben fo auch heifsen: nach einem Orte Mictlan hin: deren wir zwei kennen (f. unten § 62): in Oaxaca (Mitla) und bei Vera Cruz; und deren es noch mehrere gegeben haben kann.

§ 18. Ich gehe nun über zu den verfchiedenen Beftimmungen, Unterfuchungen und Kritiken der Gegend im Norden von Anahuac, von welcher die Wanderung diefer Völker ausgegangen feyn, oder wo diefelben einen längeren Aufenthalt bei ihrem Weiterrücken nach Süden genommen haben könnten. Man hat dabei vorzüglich die Frage verfolgt: ob in den höheren Gegenden des mexicanifchen Nordens unter den Indianer-Stämmen Spuren höherer Bildung, als fie gemeinhin haben, aufzufinden feien. Sehr ausführlich hat den ganzen Gegenftand discutirt, und alle Gegenden und Berichte durchmuftert Gallatin in den *Transact. of the Amer. ethnol. soc.* Vol. II. 1848 p. LIII-XCVII, CLXIX-CLXXIII. Humboldt, in den *Vues des Cord.* (1816. 8° T. II. p. 179), fetzt die alte Heimath über den 42ten Breitengrad hinaus: *il est presque certain qu'il faut chercher la première patrie des peuples mexicains, Aztlan, Huchuetlapallan et Amaquemecan, au moins au nord du 42e degré de latitude.*

§ 19. Die Gegend des Gila-Fluffes (f. oben S. 56°) hat am meiften die Betrachtung auf fich gezogen. An den Ufern deffelben (in der Provinz Sonora) find Trümmer volkreicher Städte zu fehen; und zwar zunächft am füdlichen Ufer, unter etwa 33°$\frac{1}{4}$ N. B., eine *legua* vom Fluffe entfernt, in einer grofsen und fchönen Ebene: ausgedehnte Ruinen, welche zwei kühne Mönche, Francifco Garces und Pedro Font, auf einer grofsen Landreife im J. 1773 auffanden und der Letztere befchrieb (f. Humb. *Essai polit.* II, 241-4). Er erkannte dafelbft, einen Raum von mehr als einer *legua* nach verfchiedenen Richtungen bedeckend ([1]), die Trümmer „einer alten aztekifchen Stadt", in deren Mitte ein grofses Gebäude, *Casa grande* dort genannt.

([1]) Die fpanifchen Worte find: *las ruinas de las casas se extienden mas de una legua al Oriente, y á los demas vientos*; Humboldt fagt: beinahe eine Quadrat-*lieue*.

I

Garces entdeckte die Spuren eines künftlichen Canals, welcher die Waffer des Gila nach der Stadt leitete. Die ganze umliegende Ebene ift bedeckt mit zerbrochenen Thongefäfsen, wobei fich auch auffallend Stücke von Obfidian (*itztli*) befinden. Gallatin (II, LXXXVI^{nf}-VII^a), welcher eine Carte der Thäler vom Rio Grande und Rio Gila liefert (*ib.* nach p. LII, zufammengeftellt von Squier), ftatuirt, wie Humboldt (f. diefen *Essai pol.* II, 243^{mn}-4), eine Civilifation am Gila. Da in einem Bilde Boturini's ein Mann in einem Boote über einen Strom fetzt, fo liefs Bot. die Azteken (aus Afien kommend und an der amerikanifchen Weftküfte herabziehend) über den füdlichen Theil des Meerbufens von Californien fetzen. Clavigero fah in dem Flufs den Rio Colorado von Californien; Gallatin fetzt dem entgegen (f. I, 128): dafs das ganze Land zwifchen diefem Fluffe und der califorifchen Gebirgskette eine unfruchtbare Wüste ift; und dafs die Azteken, wenn fie aus einem Lande nördlich vom Gila kamen, füdwärts nicht den Colorado paffiren konnten. Clav. läfst die Azteken nach einem Aufenthalte am Gila Culiacan erreichen. In der Nähe der Stadt und des Fluffes Culiacan (25° N. B.), meint Gallatin (*ib.*), könne die Landung oder der erfte Aufenthalt der Azteken gewefen feyn. — Prescott (III, 351-2) fagt: *Along the rio Gila, remains of populous towns are to be seen, quite worthy of the Aztecs in their style of architecture.* Mühlenpfordt's Angaben find etwas abweichend: er fetzt die Ruinen (II, 435-6) „jenfeits des Gila, am San Francifco: welcher, ein bedeutender Strom, von NO. dem Gila zuftrömt"; er nennt fie *Casas de Piedras*, und fügt hinzu, dafs die umwohnenden Indier fie *Hottái-Ki* nennen; an einer andern Stelle (538) fagt er: „am Ufer des Rio de San Francifco finden fich die ... Ruinen ... von den Spaniern *Casas Grandes*, von den Indiern aber *Hottai-Ki* genannt."

Es erfcheint mir nicht unpaffend den fpanifchen Original-Bericht über das Trümmerfeld und die *Casa grande* am Rio Gila, wie er fich in der *Cronica seráfica y apostólica del colegio de propag. fide de la Santa Cruz de Querétaro* des *Fray Juan Domingo Arricivita* (*Mex.* 1792. *fol.* p. 462) findet, hierher zu fetzen. Es war im Beginn der 2ten Expedition, welche der mex. Vicekönig nach dem Hafen S. Francifco fandte. Die leitenden Perfonen waren der Capitän (fungirend hier als Oberftlieut.) Anfa, und die 3 Padres: Pedro Font, Francifco Garzes und Tomas Eyzarch. Die Expedition war am 20 April von dem Prefidio de Horcafitas aufgebrochen, konnte aber erſt am 21 October ſich von dem Pref. de Tubac aus in Marſch ſetzen, nachdem der ganze Zug von Soldaten, Familien, Pferden und Maulthieren zuſammengebracht war. Hier ſliefsen Garzes und Eyzarch hinzu. Man nahm den Weg über *S. Xavier del Bac*, gelangte am 29 zum *cerro de Tacca*, und benachrichtigte von da aus die *Pimas Gileños*: worauf am folgenden Tage die Gouverneure von 3 Ortſchaften mit vielen Indiern, alle zu Pferde, bei den Spaniern erſchienen. Nun heifst es weiter: *Llegaron á una laguna cerca del rio Gila, y al otro dia* 31 *mandó el Comandante que descansara la gente; y con esto tuvieron lugar los Padres para ir á ver la Casa grande que llaman de Moctezuma, acompañados de algunos Indios y del Gobernador de Uturicut: quien contaba una historia ó tradicion que conservan de sus antepasados, que toda se reduce á patrañas* (Märchen) *mezcladas confusamente con algunas verdades católicas. El sitio donde está la casa, es llano por todas partes, dista del Gila una legua; y las ruinas de las casas que formaban la poblacion, se extienden mas de una legua al Oriente, y á los demas vientos; todo el terreno está sembrado de pedazos de ollas, jarros y otras vasijas: unas ordinarias; otras pintadas de blanco, azul, colorado y otros colores. Es la casa quadrilonga, y puesta exáctamente á los quatro vientos cardinales; y á su rededor hay ruinas que parecen de muralla que cubria la casa, y otros edificios, en cuyas esquinas parece habia castillos ó atalayas, pues en una se conserva un pedazo con divisiones, y un alto. Tenia la casa de Norte á Sur* 420 *pies geométricos, de Oriente á Poniente* 260; *lo interior de ella eran cinco salas de* 26 *pies de largo y* 10 *de ancho, y las dos de los extremos tenian* 38 *de largo y* 12 *de ancho: todas tenian de alto* 11 *pies; lo grueso de las paredes era de quatro pies, y estaban muy bien enjarradas. Todo el edificio era de tapia fabricada con caxones de varios tamaños; le venia del rio Gila y de bien léjos una azequia muy grande, con lo que tenia abundancia de agua la Poblacion. No se le encuentran vestigios de escaleras, aunque se conoce que la casa tenia tres altos; y acaso serian de madera, y se destruirian en la quemazon que de ella* (p. 463) *hicieron los Apaches. Se observó la altura del Polo en aquel sitio, y pareció estar en treinta y tres y medio* ($33\frac{1}{2}$) *grados.*

Am 1 Nov. gelangte die Expedition nach dem *Pueblo de Uturicut*, am 2 Nov. machte ſie 4 *leguas* bis zum *Pueblo de Sutaquison. Hay en solo este corto distrito cinco Pueblos, que tienen como* 2500 *almas; hacen gran-*

*des siembras de trigo, maiz, algodon, calabazas y otras frutas, para cuyo
cultivo tienen con buenas azequias cercadas sus milpas, y andan vestidos con
mantas que hacen ellos de algodon ó de la lana de sus orejas.... A las dos
leguas de allí pararon en una laguna de tan mala agua que enfermó á algunos, y la llamaron del Hospital; y caminando siempre á orillas del rio
Gila llegaron al parage de la Agua-caliente* (wo 2 Ruhetage genommen wurden),   *siendo el Pueblo de Indios Cocomaricopas ... A los tres dias de
camino vadearon el rio Gila, y el dia* 15 *descansaron en Rancherias de los
mismos Indios ... Caminando muy moderadas jornadas ....* (464) *á los
tres dias volvieron á vadear el rio Gila, y á los diez llegaron al cerro del
Metate ...* Nach 3 Tagen ging die Expedition zum 3ten Mahle durch den
Gila, und gelangte am andern Tage zu einer grofsen *enramada,* wo fie die
Cocomaricopas und Yumas verfammelt fand. *Una legua de este parage
está la junta de los dos rios ....*

Über ähnliche Bauten von Städten als die eben befchriebenen, bei
benachbarten Stämmen, haben fchon die Reifenden des vorigen Jahrhunderts Kunde gegeben. Humboldt berichtet darüber (*Essai pol.* II,
253-4): „Von den nomadifchen, fcheuen Indianern, welche die Savannen
öftlich von Neu-Mexico durchftreifen, ftechen ab Stämme weftlich vom Rio
del Norte, zwifchen den Flüffen Gila und Colorado. Der Miffionar Garces
hat 1773 das Land der Moqui-Indier, welches der Flufs Yaquefila durch-
ftrömt, befucht. Er war erftaunt da eine indifche Stadt zu finden mit zwei
grofsen Plätzen, Häufer von mehreren Stockwerken, und gerade laufende,
einander parallele Strafsen. Das Volk verfammelte fich alle Abend auf den
flachen Dächern der Häufer. Die Bauart der Häufer des Moqui ift diefelbe
als die der *Casas grandes* am Ufer des Rio Gila. Die Indier, welche den
nördlichen Theil von Neu-Mexico bewohnen, geben auch ihren Häufern
eine beträchtliche Höhe, um die Annäherung ihrer Feinde zu entdecken.
Alles fcheint in diefen Gegenden Spuren von der Cultur der alten Mexicaner
anzuzeigen. Die indifchen Traditionen lehren uns fogar, dafs 20 *leguas*
nördlich vom Moqui, an der Mündung des Rio Zaguananas, die Ufer des
Nabajoa die erfte Wohnung der Azteken nach ihrem Auszuge aus Aztlan
waren. Wenn man die Civilifation betrachtet, welche auf mehreren Punkten der Nordweft-Küfte Amerika's, am Moqui und an den Ufern des Gila,
herrfcht; fo würde man (ich wage es hier zu wiederholen) verfucht feyn zu

glauben, dafs bei der Wanderung der Tolteken, Acolhuer und Azteken mehrere Stämme fich von der grofsen Maffe des Volks getrennt hätten, um fich
in diefen nördlichen Gegenden feftzufetzen."— Von diefer Civilifation fagt
Gallatin (*ethnol. soc.* II, LIV): *It was much farther north, in the upper
valley of the Rio del Norte from lat.* 31° *to* 38°, *and in a portion at least
of the country drained by the great Rio Colorado of the West, that Indians
were found who, though* 700 *miles distant from the Mexicans and separated
by wild tribes, had attained a degree of civilization, inferior indeed in most
respects to that of Mexico and Guatimala, but very superior to that of any
other native tribe of North America.*

§ 20. Die Gegend diefer Ruinen am Gila-Fluffe und viele andere
nördliche Landftriche find neuerdings, und befonders feit der nordamerikanifchen Invafion, welche dem unglücklichen mexicanifchen Lande thränen-
reiche Opfer abgedrungen hat, von Nordamerikanern und Anderen fo man-
nigfach durchforfcht worden; und die genauen Befchreibungen der Ruinen,
die Berichte über neue Funde von Trümmern überall, wie über alle Örtlichkeiten und die Völkerftämme, haben fich fo gemehrt und mehren fich täg-
lich: dafs ich auf diefen neuen Stoff hier durchaus nicht ausführlich eingehen
darf. Nur einiges werde ich im Nachfolgenden kurz anführen. Lieut.
Hardy (*travels in the interior of Mexico in* 1825-28, *Lond.* 1829) fagt,
nach der, unten zu gebenden Schilderung einer anderen Gruppe, nichts weiter über die Überbleibfel am Gila als die kahle Nachricht (p. 466): *On the
south bank of the Rio Gila there is another specimen of these singular
ruins.* — Lieut. James H. Simpfon, von deffen Zuge durch das Navajo-
Land (in Cap. R. B. Marcy's *route from Fort Smith to Santa Fe, Wash.*
1850. 8°) ich anderwärts (oben S. 14*ⁿᶠ*) fchon geredet, befpricht (p. 83-
85) eine Reihe von Ruinen, welche er nordweftlich von Santa Fé, zwifchen
36 und 37° N. B. und in 108° W. L., am Rio Chaco (der fich in den San
Juan ergiefst) entdeckt hat, und von denen er meint, dafs fie vielleicht die
von Humboldt feien, welche diefer für aztekifche und für einen früheren
Wohnort der Azteken erkläre. Wenn fie nicht den hohen Stand der aztekifchen Kunft verrathen, bemerkt er, fo könnten fich die Azteken fpäter
mehr ausgebildet haben. Wenn die zertrümmerten Bauwerke von *Casas
grandes* in Chihuahua, welche Wislizenus befchreibe (f. unten S. 66), von
adobes und Holz feien, fo feien die von Chaco von Stein, und daher jenen

ungleich. Simpfon bezweifelt mit Gallatin den aztekifchen Urfprung der *Casas grandes* am Gila, aber er möchte Chaco für aztekifch halten. — Der Major William H. Emory (von dem Corps der topographifchen Ingenieure, *corps of topographical engineers*, der Vereinigten Staaten) handelt über die Ruinen und die Volksftämme am Gila im *Append.* (p. 130-4) feiner *Notes of a military reconnaissance, from fort Leavenworth, in Missouri, to San Diego, in California (Wash.* 1848. 8°, mit einer fehr grofsen Carte von dem Laufe des Gila und eines Theiles des Rio Colorado und Rio del Norte) (¹); er ift der Meinung, dafs fie von den Indianern der Gegend, den Pimos, herrühren. Simpfon vermuthet, dafs vielleicht die Ruinen von Chaco, nicht die am Gila, die letzte Station der Azteken feien, ehe fie an die Eroberung von Anahuac gingen.

Emory hat an anderen Stellen am Gila-Fluffe, wie es fcheint, am nördlichen Ufer, Ruinenfelder gefunden (vgl. Gallatin II, XC-III). Die erften erfchienen in 109° 20′ W. L. Von da bis zu dem Dorfe der Pimos, in 160 *miles* gerader Entfernung, fanden fich die Trümmer in grofser Menge („*they were sufficient to indicate a very great former population*"). An einer Stelle, zwifchen 111° und 112° W. L., ift ein langes und breites Thal von 20 *miles* Erftreckung grofsentheils mit Trümmern von Gebäuden und zerbrochenem Gefchirr bedeckt. (²)

Ruxton (George F. Ruxton, *adventures in Mexico and the Rocky Mountains, Lond.* 1847. 8° min.) erwähnt (p. 194) die Trümmer von 5 Städten unter den Moqui („*in the country of the Moquis are the remains of*

(¹) Diefer kurze Bericht Emory's (1847) wurde hervorgerufen durch einen Brief Gallatin's (abgedruckt p. 127-130), welchen das Erfcheinen von Castañedas Buch über Quivira und die alte Expedition nach dem Gila (1540-42) zu Fragen über die dortige Gegend veranlafst hatte.

(²) Emory's Bericht lautet fo (*notes of a military reconnaissance* p. 133-4): *The ruins on the Gila were first seen at camp* 81... *Wherever the mountains did not impinge too close on the river and shut out the valley, they were seen in great abundance, enough, I should think* (134), *to indicate a former population of at least one hundred thousand; and in one place, between camps* 91 *and* 97, *there is a long wide valley, twenty miles in length, much of which is covered with the ruins of buildings and broken pottery.* — *These ruins are uniformly of the same kind; not one stone now remains on the top of the other; and they are only discoverable by the broken pottery around them, and stone laid in regular order, showing the trace of the foundation of a house.* ... *The stone are unhewn* etc.

five cities of considerable extent"); über die Ruinen am Gila fpricht er
p. 194-5.

Nördlich vom Gila findet fich nichts, was eine alte Civilifation ver-
riethe; aber an der Nordweft-Küfte, zwifchen Nutka und dem Cook-Fluffe,
befonders unter dem 57° N. B., zeigen nach Humboldt (*Essai pol.* I, 348)
in der Norfolk-Bai und im Cox-Canal die Eingebornen einen entfchiede-
nen Gefchmack für hieroglyphifche Gemälde. De Fleurieu hat fie für Ab-
kömmlinge einer mexicanifchen Colonie halten wollen, welche zur Zeit der
fpan. Eroberung hierher geflüchtet. Humboldt ift eher geneigt zu glauben
(349), dafs bei der Wanderung von Tolteken und Azteken einige Stämme
an den Küften von Neu-Norfolk und Neu-Cornwall zurückblieben. Denn
das Nachbleiben einzelner Stämme in den nördlichen Regionen, die fich von
der allgemeinen Wanderung nach Süden getrennt hatten, ift das zweite Element, welches die Forfchung in diefen Ländern im Auge haben mufste und
welches eine Verwandtfchaft erklären konnte.

§ 21. Eine zweite Gruppe von Ruinen, auch *Casas grandes* genannt, weift
Humboldt nach (*Essai pol.* II, 243) in Neu-Biscaya (Durango), zwifchen
dem Prefidio von Yanos und dem von San Buenaventura. „Sie werden von
den Eingebornen als die dritte Wohnung der Azteken bezeichnet; in der fehr
unfichern Annahme: dafs das aztekifche Volk auf feiner Wanderung von
Aztlan nach Tula und dem Thale von Tenochtitlan drei Stationen machte:
die erfte am See Teguyo (füdlich von der fabelhaften Stadt Quivira, dem
mex. Dorado!), die 2ᵗᵉ am Rio Gila und die 3ᵗᵉ um Yanos."— Mühlenpfordt
(II, 525) fetzt diefe Trümmer, die er *Casas de Piedras* oder *Casas grandes*
nennt, in den Staat Chihuahua: in die Nähe des Prefidio *de Casas Grandes*, zwifchen die Prefidios San Buenaventura und Llanos; er nennt hier auch
(520) einen *Rio de Casas Grandes*. — Der Lieut. R. W. H. Hardy, der
diefe Ruinen von *Casas Grandes* befucht hat (f. feine *travels in the interior
of Mexico in* 1825-28, *Lond.* 1829. 8° p. 464-6), fchildert fie als von
grofser Ausdehnung (gröfserer als die am Gila). Meilenweit fand er die
Gegend mit Überreften von Bauwerken, mit Thongefchirr, Obfidian u. a. bedeckt. Er reifte von Chihuahua dort hin, über den Sancho Ramos; er fah
den *Rio de Casas Grandes*, und kam nach *Casas Grandes* (464): welches er
beftimmt als entfernt 8 *leagues* von Ramos und 16 von Llanos. Hier find
Ruinen, fagt er, deren Urheber von Norden gekommen feyn follen. *The*

country here (p. 465), *for the extent of several leagues, is covered with the ruins of buildings capable of containing a population of at least* 20,000 *or* 30,000 *souls.* Da die Ruinengruppe, den obigen geogr. Daten nach, in 30°¼ N. B. liegen mufs (Clav., oben S. 56ᵃᶠ, fagt 29°); fo ift es unerklärlich, wie Prescott (III, 352) bei der Anführung von Hardy's Berichte fie in 33° N. B. fetzen konnte. — A. Wislizenus (in feinem *Memoir of a tour to northern Mexico,... in* 1846 *and* 47, *Wash.* 1848. 8° *c. tab.*) hat uns, nach den Nachrichten Anderer, die er aber nicht nennt, einen Bericht über die Ruinen diefer *Casas Grandes* (der 3ᵗᵉⁿ Station der Azteken, wie er auch fagt, wenn man die am Gila die 2ᵗᵉ nennt) geliefert (p. 59-60), da er felbft, febr gegen feinen Wunfch, verhindert war fie zu befuchen. Diefer Bericht lautet: *In the northwestern part of the State of Chihahua some old ruins are found, built, no doubt, by a cultivated Indian tribe that has passed away. They are known as* Casas Grandes, *and lie near the village and creek of the same name, between* Janos *and* Galeana. *Ruins of large houses exist here: built of adobes and wood; squared, three stories high; with a gallery of wood, and staircase from the outside; with very small rooms and narrow doors in the upper stories, but without entrance in the lower. A canal led the water of a spring to the place. A sort of watch-tower stands two leagues southwest of it, on an elevation commanding a wide view. Along the creeks Casas Grandes and Janos a long line of Indian mounds extends, in some of which earthen vessels, painted white, blue and violet, have been found; also weapons, and instruments of stone, but none of iron. The same artificial construction of houses is yet found amongst the Moqui Indians, northwest of the State of Chihuahua...... The ruins of Casas Grandes are only distant about four days' travel from Cosihuiriachi, and I felt very anxious to examine them; but as the government of Chihuahua, following the precedent of Dr. Francia in Paraguay, considered a scientific exploration of the country as endangering the welfare of the republic, I had to forego the pleasure, and to confine myself to the reports given to me in relation to it.*

§ 22. Eine grofse Gruppe von Ruinen, febr ausgedehnt und merkwürdig, findet fich in Zacatecas: genannt *los Edificios,* 2 *leguas* nördlich vom Flecken Villanueva, 12 *leguas* SSW von der Stadt Zacatecas und eine kleine *legua* nördlich von der Hacienda *la Quemada*; unter 22° 26′ 36″ N. B.

und 105° 1′ 15″ W. L. (¹) Sie bedecken Hügel bis zu 7406 Fufs Höhe über
dem Meere. (²) Clavigero (I, 161) erklärt fie auch für Refle der aztekifchen
Wanderung nach Süden, für die Slation Chicomozloc (f. unten § 28). Befchreibungen haben geliefert: Cap. G. F. Lyon, *Journal of a residence and
tour in Mexico* (Vol. I. II. *Lond.* 1826. 8°); Jofepb Burkart, Aufenthalt
und Reifen in Mexico in den Jahren 1825 bis 1834 (2 Bde. Stultg. 1836. 8°)
Bd. II. S. 97-106; genaue Abbildungen Carl Nebel (welcher nach Burkart die Trümmer befuchte) in feinem Prachtwerke: *Voyage pittoresque et
archéologique dans la partie la plus intéressante du Mexique* (*Paris* 1836.
fol. max.). Vgl. noch Mühlenpfordt II, 492. Capitän Lyon's Bericht über
die Ruinen von la Quemada findet man wieder abgedruckt in Brantz Mayer,
Mexico, aztec, spanish and republican; Hartford 1852. 8°, Vol. II. p. 317-
323. Burkart hat die Ruinen von *los Edificios* verfchiedene Mahle befucht. Er entwarf mit feinem Begleiter de Berghes einen Grundrifs und eine
Anficht von denfelben, welche Letzterer auf einem fchönen Blatte ausführte.
Eine Linien-Zeichnung diefes Grundriffes nebft einer Befchreibung der Gebäude fandte Burkart 1830 an den geheimen Staatsrath Niebuhr, der fie
zum Druck beftimmte, aber durch feinen Tod daran verhindert wurde: fo
dafs diefe gröfsere Arbeit für das Publikum verloren fcheint. Wir haben
dafür von Burkart nur den kleinen Grundrifs auf Tafel X feines 2ᵗᵉⁿ Bandes
und feinen kürzeren Bericht.

§ 23. Der zweite Punkt, welchen die Forfchung in diefen nördlichen
Gegenden Mexico's verfolgt hat, ift gewefen: ob nicht in irgend einer der
dortigen Sprachen eine mit der aztekifchen verwandte aufgefunden würde.
Vater's Mithridates hat dazu Hoffnungen gemacht, die noch Prescott erfüllen. Letzterer fagt (III, 351): „in den nordweftlichen Diftricten Neufpaniens, 1000 *miles* von der Hauptftadt entfernt, find Dialecte entdeckt worden, welche eine innige Verwandtfchaft mit der mexicanifchen Sprache

---

(¹) Alles diefs find Beftimmungen Burkart's; nur die Länge ift eine Berechnung Mühlenpfordt's nach Burkart's Angabe: 3° 35′ 45″ W. L. von Mexico, welches die Länge der *hacienda*
Quemada ift; die der *edificios*, d. h. vielmehr des Kreuzes auf dem höchften Berge der *edificios*
(von welchem Kreuze auch die obige Breite: 22° 26′ 36″ gilt), ift diefer beinahe gleich; die
Breite der Hacienda ift aber 22° 22′ 45″ N.

(²) So nach Mühlenpfordt. Nach Burkart aber liegt die Hacienda Quemada 6147 rheinl.
Fufs über dem Meere, und das Kreuz auf dem höchften Berge bei *Edificios* 7191 folcher Fufse.

K

zeigen"; und zwar in der Provinz Sonora, am californifchen Meerbufen.
Diefs beruht nun auf Vater's Behauptung von der Verwandtfchaft der
Cora- und Tarahumara-Sprache mit der mexicanifchen (Cora in den
Miffionen von Nayarit). Er fpricht fie ganz beftimmt von beiden aus,
von der Cora zugleich im Grammatifchen: zunächft Mithrid. III, 3. (1816)
S. 87; dann wieder 131 und 143. Die Wort-Ähnlichkeiten liefert er 87-88;
und es läfst fich nicht läugnen, dafs darunter einige auffallende find: was den
Verf. des Cora-Wörterbuchs, Ortega, auch bewogen hat folche Wörter für
aufgenommen aus der mex. Sprache, aber fehr früh, zu erklären. Er fagt
(*Prologo* § 3): *Muchos vocablos de la lengua Mexicana y algunos de la
Castellana los han* corisado, *haziendolos proprios de su idioma tan antigua-
mente, que ya oy en dia corren y se tienen por Coras.* Er führt an *tatoani*
(mex. *tlatoani*), *governador del pueblo; muatati* (mex. *metlatl*), und *pe-
xuvi* wiegen (fpan. *pesar*). Ich unterlaffe es, von meiner Seite über den Gegenftand hier irgend etwas zu fagen, weil ich ihn ein ander Mahl zu behandeln gedenke. Ich weife aber noch auf die Merkwürdigkeit hin, dafs ein
Volksftamm in Cinaloa, der zu den Coras gehören foll, Hueicolhues heifst
(f. Mühlenpf. II, 402" und unten § 29). Ferner hat Alex. von Humboldt
in noch höherem Norden auf äufsere Laut-Ähnlichkeiten der Sprachen mit
der aztekifchen hingewiefen, was Vater (Mithr. III, 3. 210-2) zu weiteren
Behauptungen veranlafst hat. Humboldt bemerkt (*Essai pol.* T. II. 1827
p. 279-280), wie er „bei einer genauen Prüfung der im Nutka-Sunde und
zu Monterey aufgenommenen Wortfammlungen verwundert gewefen fei
über das Zufammentreffen der Laute und die dem Mexicanifchen ähnlichen
Endungen mehrerer Wörter; wie: in der Nutka-Sprache *apquixitl* umarmen,
temextixitl küffen, *cocotl* Fifchotter, *hitltzitl* feufzen, *tzitzimitz* Erde,
inicoatzimitl Name eines Monats; aber im ganzen feien die Sprachen von Neu-
Californien und der Quadra-Infel wefentlich vom Aztekifchen verfchieden":
was er durch Vergleichung der Zahlen 1-10 in der Escelen-, Rumfen- und
Nutka-Sprache zeigt. Solche Ähnlichkeiten meint Vater auch in Sprachen
im Norfolk-Sunde bis zur Beringsftrafse zu finden; namentlich in der der
Kolufchen, und auffallend häufig in der der Ugaljachmutzen; von
einer kurzen Wortvergleichung zwifchen beiden Sprachen und der mex.
(212-3) fagt er: „man wird kaum abläugnen können, dafs manchen der an-
zuführenden Berührungen ein gemeinfchaftlicher Stammlaut zum Grunde

liegen könne." Prescott äufsert darauf (III, 352): „Das Land nördlich vom Rio Colorado ift nur unvollkommen erforfcht; aber in höheren Breiten, bei Nutka, finden fich noch Volksftämme, die der Endung und dem allgemeinen Klange der Wörter nach bedeutende Ähnlichkeit mit dem Mex. zeigen." Von ihrem Wortvorrath fagt er, zu weit gehend: *showing the probability of a common origin of many of the words in each.* — Jene kurze Lifte Vaters 212-3 enthält wirklich einiges verführerifche; man kann aber daraus nur wieder lernen, wie eine abfichtliche, alle Vortheile wahrnehmende Aufftellung täufchen kann. Ich habe die übrigen lexicalifchen Sammlungen der beiden grofsen Sprachen, der Kolofchen und der Kinai (Ugaljachmuzen), geprüft, und kann behaupten: dafs zwifchen ihnen und der mexicanifchen in Wörtern und Grammatik keine Verwandtfchaft exiftirt, beide Sprachen gänzlich vom Mex. verfchieden find, und in Wörtern fich kaum ein paar zufällige Ähnlichkeiten finden, die keinen bedeutenden Werth haben; wie Kolofch.: *te* Stein (mex. *tetl*; fchon bei Vater), Kinai: *kanin* Haus (mex. *calli*). Ähnlichkeiten Vater's verfchwinden, wenn man fie näher prüft; wenn er z. B. für Erde *tlatka* angiebt (freilich immer noch weit vom mex. *tlalli* entfernt), fo finden wir bei andern Gewährsmännern *tlekkak* und ähnliche Formen. Mit der Kolofchen-Sprache find wir durch eine verdienftvolle Leiftung Iwan Wenjaminow's, Priefters in Unalafchka, näher bekannt geworden, dem wir eine kurze Grammatik und ein ruffifch-kolofchifches kleines Wörterbuch verdanken: Замѣчанія о Колошенскомъ и Кадьякскомъ языкахъ. St. Petersb. 1846. 8°.

Den Urtheilen Vater's und Prescott's ftehen andere und entfcheidendere entgegen, dabin gehend: dafs in den Sprachen des Nordens keine Verwandtfchaft mit der aztekifchen aufzufinden fei. Diefs fagt fchon Humboldt von denen an den Flüffen Gila und Colorado (*Essai pol.* II, 254): *Cependant la langue que parlent les Indiens du Moqui, les Yabipais, qui portent de longues barbes, et ceux qui habitent les plaines voisines du Rio Colorado, diffère essentiellement de la langue mexicaine. Voyez le témoignage de plusieurs moines missionnaires, qui étaient très versés dans la connaissance de la langue aztèque* (*Chronica serafica del colegio de Queretaro* p. 408). Das hier genannte Buch führt den Titel: *Crónica seráfica y apostólica del colegio de propaganda fide de la Sta. Cruz de Querétaro por Juan Domingo Arriciffita. Parte II. Mex.* 1792. *fol.* (Der Titel des Iten Theils iſt: *Chronica apostolica, y seraphica de todos los colegios de propaganda fide de esta Nueva-España. Escrita por el R. P. Fr. Isidro Felis de Espinosa. Mex.* 1746. *fol.*) In jener *Parte* II. wird p. 408 bemerkt, daſs der Pater die Rufe und Stimmen der feindlichen Indier am Gila nicht verſtand; p. 419 vom Lande der Yumas, über die Verſchiedenheit der dortigen Sprachen: *no siendo posible llevar interprete por la variedad de idiomas, solo se acompañó de un Indio Papago.* Den Pimas predigte Pater Garzes durch einen Dolmetſcher (420); *no se entienden los Indios ni ellos entienden á uno.* An einer anderen Stelle (p. 461-2) heiſst es im allgemeinen von dieſen Länderſtrecken: *El Padre Garzes habia visto que de ningun modo se podria explicar con los Indios de tanta variedad de Naciones é idiomas, para los que era imposible hallar Interpretes, sino con figuras* (deſshalb nahm er zu einer neuen Expedition ein Bild der heiligen Jungfrau auf Leinwand mit). Es werden in der Gegend, neben den Cocomaricopas, auch genannt die Quiquimas (421), die Opas (425). Anderwärts nennt er auf der Strecke vom Gila bis zu den Moqui die Stämme: Cajuenches, Cucapa (469), Tallicuamais (470), Yavipais (471), Quemaya (471), Jamajabs (472), Chemevet (473); und viele weiter.

Der ehrwürdige Forſcher nordamerikaniſcher Sprachen, Albert Gallatin, erſcheint auch darin grofs, daſs er nicht ſo leicht in Sprachverwandtſchaften eingeht; er lehnt die nord-mexicaniſchen Affinitäten ganz ab, auch die tarahumariſche. Er ſagt zunächſt *ethnol. soc.* I. (1845) p. 4: *As the Toltecs and Aztecs are said to have come into the valley of Mexico from the north, it would be interesting to know, whether any trace of their language can be discovered amongst the native Indians in that quarter. No such discovery has as yet been made; and the words contained in the only grammar of any of those northern Indians which I have obtained, that of the Tarahumaras, have no resemblance with the Mexican.* Dann p. 203, vom Rio Gila redend: *No trace of the Mexican language has been discovered in any part of that region. Castenada* (sic) *mentions three languages in the vicinity of Culiacan: the Tahu, the Pacasa and the Acaxa; and we have a grammar of the Tarahumar, spoken in the same region. This has not in its words any affinity with the Mexican; and the people who speak it, have a decimal arithmetic. It seems probable that the Indians of New Mexico and of the country south of it, as far at least as Culiacan, were not of the same stock or family as the Mexicans or Toltecs, though they must have received their agriculture from these nations.* S. ferner *ethnol. soc.* II, LXXXVI-VIII; dann LXXXIX-XCII: „Abwärts den Gila, von 108° 45' L. bis zu feiner Mündung, eine Strecke von 350 *miles* in gerader Linie, findet man nur 2 indianifche Stämme: nahe bei einander, an der Mündung des Salinas, in 112°L., die Pijmos und Coco-Maricopas. Die Pijmos find alte Bewohner; ihre Tradition fagt, dafs fie von Norden kamen. .... Die Coco-Maricopas wollen von Weften gekommen feyn. Sedelmayer, welcher die Gegend des Gila 1744-8 befuchte, fand an dem Azule, einem Nebenfluffe deffelben, die Nijoras; weftlicher die Yumas am Colorado, füdlich vom Gila, welche einen Dialect der Sprache der Coco-Maricopas redeten. Diefe 3 Stämme und zwei andere find friedlich, und bilden einen Gegenfatz zu den nördlicheren wilden Völkern." Vom Lieut. (jetzt Major) Emory erhielt Gallatin einige Wörter der Coco-Maricopas (abgedruckt *ethnol. soc.* II, CIX), und äufsert über fie (XCII und CVIII), dafs fie „keine Verwandtfchaft oder Zufammenhang mit irgend einer andern, ihm bekannten indifchen Sprache haben." Ich kann daffelbe für die aztekifche Sprache bejahen, wünfchte aber das Verzeichnifs etwas gröfser. Es enthält nur die Zahlen von 1-10, ganz fremdartig; und 10 Subftantiva, an deren zweien fich aber künfteln läfst. In *seniact* Frau (*woman*) fällt *ct*, ähnlich der mex. Endung *tl*, auf; und das Wort hat immer eine gewiffe Ähnlichkeit mit dem mex. *cihuatl*; *comerse* Kind ift auch etwas ähnlich dem mex. *conetl.* Vorläufig find diefe Analogien nur ein Beweis, wie leicht fich Ähnlichkeiten zwifchen Sprachen auffinden laffen, wenn man darauf ausgeht und, feinen Gefichtskreis abfichtlich fo viel als möglich befchränkend, die Gedanken fcharf auf einzelne Punkte richtet. Dem Lieut. Simpfon verdanken wir, wie ich fchon oben (S. 14^{mf}-15^{aa}) ausgeführt habe, neue und beftimmtere Nachrichten über die Stämme und Sprachen der Gila-Gegend, der Navajos und fogenannten Pueblo-Indianer(¹). Ich habe auf den Wunfch Carl Ritter's,

---

(¹) Es find Stämme, welche Gregg unter dem Namen der „7 *Pueblos* von *Moqui*" zufammengefafst hat. Über die Navajos, zwifchen 36° und 38° N. B., 150 *miles* weftlich von S. Fé, berichtet Gregg (vgl. Gallatin *ethnol. soc.* II, LXXXVIII); er hält fie für Eines Stammes mit den Moqui, wenn nicht gar für die Moqui felber. Dann erwähnt er des *Pueblo of Zuñi* am Rio Colorado, 150 *miles* weftlich vom Rio del Norte. — Ruxton fpricht (p. 195) von 5 „*pueblos in the Moqui*", von welchen er 4 nennt: *Orayxa, Masanais, Jongoapi, Gualpi.*

der, bei feinem allfeitigen Interelle für jede neue Aufklärung auf dem Gebiete der Völkerkunde, mich auf Simpfon's Forfchungen aufmerkfam machte,
die Wortverzeichnilfe diefer Stämme bei Simpfon geprüft, und danach die
Sprachen gänzlich fremd der aztekifchen gefunden. Ruxton (George
F. Ruxton, *adventures in Mexico and the Rocky Mountains, Lond.* 1847.
8° *min.*) hat (p. 194) über die Apache-Sprache, zu welcher er die Indianer von
Nord-Mexico überhaupt, nebft den Pueblos und Navajos, rechnet, ein flüch-
tiges und leichtfinniges Urtheil gefällt, wie wir es fo fehr gewohnt find. Er
fagt: *The Indians of Northern Mexico, including the Pueblos, belong to the
same family — the Apache; from which branch the Navajos, Apaches Co-
yoteros, Mescaleros, Moquis, Yubipias, Maricopas, Chiricaquis, Chemegua-
bas, Yumayas (the two last tribes of the Moqui), and the Nijoras, a small
tribe on the Gila. All these speak dialects of the same language, more or
less approximating to the Apache ... They likewise understand each other's
tongue. What relation this language bears to the Mexican, is unknown; but
my impression is, that it will be found to assimilate greatly, if not to be iden-
tical.* Simpfon, in der feltnen und rühmenswerthen Haltung, die ich von
ihm fchon erwähnt habe, bemerkt dazu (Marcy, *route to Santa Fe* p. 64):
this sweeping declaration of Ruxton, grossly erroneous as it is ... Den Meinungen diefes und Gregg's (*commerce of the Prairies* Vol. I. p. 269) über
die Pueblo-Dialecte fetzt er entgegen (p. 115-6): dafs ja z. B. die Sprachen
der Tefuques und der Zuñis ganz von einander verfchieden feien, und alfo
nicht von Einem Stamme entlproffen feyn können. „Sie könnten alfo nicht
beide aztekifchen Urfprungs feyn. Und fo fei es mit allen anderen Pueblos."

§ 24. Wenn Sagen und Meinungen fo einftimmig den Norden und
Nordweften von oder über Neufpanien als die Heimath oder das Eingangs-
thor der fpäteren Völkerwelt von Anahuac bezeichnen, fo fehlt es doch nicht
an einer Überzeugung vom Gegentheil. Eine Abhandlung, betitelt *Teatro
Critico Americano*, des *Dr.* Paul Felix Cabrera in Neu-Guatemala, gefchrieben 1794 und gegründet auf die Unterfuchungen des Capitäns Don Antonio del Rio an Ort und Stelle: deren Überfetzungen, englifch London
1822 und deutfch zweimahl: Meiningen 1823 und Berlin 1832, (¹) weite Ver-

---

(¹) 1) *Description of the Ruins of an ancient City, discovered near Palenque, in the kingdom of
Guatemala, in Spanish America; transl. from the orig. ms. report of capt. Don Antonio del Rio:*

breitung gefunden haben; stellt die paradoxe Behauptung auf: dafs in den bekannten, bei der Stadt Palenque in der Nähe von Neu-Guatemala befindli-
chen Ruinen, welche im J. 1787 auf Befehl des Königs von Spanien durch
den Capitän Don Antonio del Rio näher unterfucht worden find, die Trümmer der alten Stadt Huehuetlapallan, des Vaterlandes der Tolteken, zu fuchen
feien. Der Autor erklärt diefelbe für eine phönicifche oder carthagifche Colonie; er läfst von diefer grofsen Centralftadt die ganze amerikanifche Bevölkerung ausgehn, und zieht daraus den Schlufs: dafs die Bewohner Amerika's von
Phöniciern und Carthagern abftammen. (^{2}) Auch Juarros (*historia de Guatemala* II,55) fagt (von Chiapa redend): *Mas lo que no tiene duda, es que
esta Provincia fué habitada de gente muy poderosa y culta, y que tuvo co-
mercio con los Egipcios, como lo comprueban las suntuosas Ciudades de Culhuacan y Tulhá, cuyos vestigios se ven cerca de los Pueblos de Palenque y
Ocosingo.* Ich werde auf diefe Seltfamkeit von Juarros, welcher in den Ruinen bei Palenque die alte Stadt Colhuacan und in den Trümmern bei
Ocofingo das alte Tula erkennen will, unten bei Colhuacan (§ 29 und § 44)
wieder zurückkommen. Laffen wir die Thorheiten von Phöniciern und Ägyp-

---

*followed by teatro critico Americano; or, a critical investigation and research into the History of
the Americans, by Dr. Paul Felix Cabrera. Lond.* 1822. 4°.

2) Huehuetlapallan, Amerika's grofse Urftadt in dem Königreiche Guatimala. Neu entdeckt von Cap. Don Antonio del Rio und als eine Phönicifch-Cananäifche u. Carthagifche
Pflanzftadt erwiefen von *Dr.* Paul Felix Cabrera. Aus d. Engl. des H. Berthoud. Meiningen
1823. 8° *c.* 17 *tabb.*

3) Befchreibung einer alten Stadt, die in Guatimala (Neufpanien), unfern Palenque entdeckt worden ift. Nach der engl. Überfetzung der fpanifchen Originalhandfchrift des Cap.
Don Ant. del Rio [und *Dr.* Paul Felix Cabrera's *Teatro critico Americano,* oder Löfung des
grofsen hiftorifchen Problems der Bevölkerung Amerika's. Von J. H. von Minutoli. Berl. 1832.
8°. Mit 14 Taf. fol.

In den Jahren 1805-1807 find die Ruinen von Palenque und Mitla von dem Capitän Du-
paix unterfucht worden, deffen Zeichnungen und Befchreibung im 4ten und 5ten Bande des grofsartigen mexicanifchen Alterthums-Werkes des Lords Kingsborough veröffentlicht find. Die
Kupfer nehmen faft das ganze Vol. IV. (London 1831) ein; die Erläuterungen zu den Kupfern,
und die Befchreibung der Alterthümer, der Ruinenftätten und Monumente fteht Vol. V. pag. 207-
343.

(^{2}) Waldeck (*Voyage pittoresque et archéologique dans la prov. d'Yucatan, par Fréd. de
Waldeck. Par. et Londr.* 1838. *fol. maj.*) erklärt die Benennung Huehuetlapallan für die Ruinen
bei Palenque für abgefchmackt (p. 45); er erkennt aber in ihnen afiatifche Baukunft (p. 71). S.
wieder bei ihm von afiatifcher Ähnlichkeit p. 104, von einer Ähnlichkeit mit den Hebräern p. 99.

tern bei Seite: fo können die grofsartigen Ruinen von Städten, welche in früherer und in neuefter Zeit an fo verfchiedenen Stellen im Reiche Guatemala
und in Yucatan aufgefunden find, wohl etwas den Sinn abwenden von einer
Befetzung diefer Central-Gegenden durch eine allgemeine Einwanderung aus
Norden; und können ihn hinlenken, wenigftens auf die Annahme einer reichen unvordenklichen Bevölkerung, deren Urfprung und Herkunft wir auf
fehr verfchiedenen Wegen zu erforfchen fuchen können.

VI. Wanderungen und ältefte Gefchichte.

§ 25. Nach Beendigung diefer einleitenden Capitel kann ich auf den
zweiten Theil meiner Darftellung des alten Anahuac, auf die ältefte Gefchichte
und die Wanderungen der Völker, eingehn. Diefe ältefte Gefchichte
ermangelt nicht fehr alter, mythifcher Daten, wie hoher Zahlen von Jahren.
Wir haben oben fchon (S. 17^{aa}) aus Ixtlilxochitl eine Zerftörung Cholula's
um Chrifti Geburt oder 299 nach Chriftus gefehen; wir finden unten (S. 77^{nf})
feinen Bericht von der Ankunft der Tolteken in Huehuetlapallan im J. 387.
Die hieroglyphifchen Annalen der Azteken zählten, wie Humboldt in der
Erläuterung der, auf pl. 32 feiner *Vues des Cord.* dargeftellten, hierogl.
Gefchichte (T. II. 1816 p. 175-6) bemerkt, nach Einer Berechnung, vom An-
fange des 1ten Weltalters (*tlalton atiuh*) bis zur 4ten Weltzerftörung (zu Ende
des *atonatiuh*), zur Fluth des Coxcox, 18,028 Jahre. In der Gefchichte
Quetzalcoatl's (f. Humb. *Cord.* I, 110) wird einer Hungersnoth in der Pro-
vinz Culan erwähnt, welche nach der Zeitberechnung des Paters Rios 13,060
Jahre nach Erfchaffung der Welt eintrat.

Ich nenne noch einige Quellen für diefe alte Zeit. Über die ältefte
Bevölkerung von Amerika handelt Clavigero's (f. über feine *storia an-*
tica del Messico oben S. 5^{m}) 1te Differtation, T. IV. p. 9-44; über die
ältefte Gefchichte von Mexico die 2te: *ib.* p. 45-64. Eine wefentlich verfchiedene und eigenthümliche Darftellung der Völker, auch viele andere
Namen, liefert Bernardino de Sahagun in libro X cap. 29 (T. III. p. 106-
147) feiner *Historia general de las cosas de Nueva España. (Dala*
á luz con notas y suplementos Carlos Maria de Bustamante. T. I. II. III.
Mexico 1829. 29. 30. 4° min. Über einen 4ten Band f. gleich hiernach.) Don
Fernando de Alva Ixtlilxochitl, ein Nachkomme aus dem Gefchlechte

der Könige von Tezcuco (f. Clav. I, 10-11 und Gallatin *ethnol. soc.* I, 150), indifcher Dolmetfcher des Vicekönigreichs Neufpanien (*interprete del virreinato*), fchrieb gegen Ende des 16ten Jahrhunderts eine Reihe werthvoller hiftorifcher Werke über die alten Völker und Reiche Anahuac's, welche Boturini befafs (f. deffen *Calalogo del Museo Indiano* p. 2, 6-7) und von denen einige jetzt gedruckt find. ([1])— Sehr wichtig ift auch Mariano de Echevarria y Ve y t i a (f. Prescott I, 20; fchon erwähnt von Alex. von Humboldt, *vues des Cord.*, Folio-Ausg., Par. 1810, pag. 183): geboren 1718, ausgebildet in Europa; ein Freund Boturini's, deffen Sammlungen er benutzte; geftorben 1780. Von feinen Werken ift nur gedruckt die: *historia antigua de Mexico,* Mexico 1836; welche aber mit dem Jahre 1450 abbricht, indem der Tod den Verfaffer an der Vollendung hinderte. In Vol. VIII. Kingsborough's (1848) p. 161-217 ift abgedruckt: Veitia, *historia del origen de las gentes que poblaron la America septentrional, que llaman la Nueva-España.* — Durch den 9ten Band diefes grofsen Werks ift uns auch, wie einige Jahre früher ftückweife in franzöfifcher Überfetzung in den *nouvelles annales des voyages* (*histoire du Mexique, trad. par Ternaux-Compans*), ein andrer alter Gefchichtsfchreiber von Mexico bekannt geworden. Fernando de Alvarado Tezozomoc, ein mexicanifcher Indianer, fchrieb um 1598 unter dem Titel *Cronica mexicana* eine vollftändige Gefchichte von Anahuac, welche fich handfchriftlich im Jefuiten-Collegium von San

---

([1]) Der Name *IXTLILXOCHITL* bedeutet: Vanillen-Geficht; er ift zufammengefetzt aus *ixtli* Geficht und *tlilxochitl* Vanille: wörtlich: fchwarze Blume, von *tlilli* fchwarze Farbe und *xochitl* Blume. Zuerft gab von ihm Bustamante eine kleine Schrift heraus als 4ten Band feiner Ausgabe Sahagun's: *horribles crueldades de los conquistadores de México, y de los Indios que los auxiliaron para subyugarlo á la corona de Castilla. ó sea Memoria. Publicala por suplemento á la historia del padre Sahagun, Carlos Maria de Bustamante. Mex.* 1829. 8°. Dann lernten wir, durch Ternaux-Compans's verdienftvolle Bemühungen, feine Gefchichte der Chichimeken in einer franzöfifchen Überfetzung kennen: *Histoire des Chichimèques ou des anciens rois de Tezcuco, trad. sur le ms. espagnol.* P. I. II. Par. 1840. 8°; gehörend zu der langen Reihe der: *Voyages, relations et mémoires originaux pour servir à l'histoire de la découverte de l'Amérique, publiés en français par H. Ternaux-Compans.* 1848 erfchien fie nebft einem zweiten Werke des Autors im 9ten Bande des Kingsborough in der Original-Sprache: *historia Chichimeca* p. 197-316; *relaciones historicas* p. 321-468: eine Schrift in mehreren Serien, zum Theil wie verfchiedene Bearbeitungen derfelben Gegenftände: der alten Völker von Anahuac, der Gefchichte der Chichimeken und des Reiches Acolhuacan, der Eroberung durch Cortes.

L

Pedro y Pablo zu Mexico befand (Clav. I, 11). Der 2te Theil aber, die Gefchichte der fpanifchen Eroberung enthaltend, fcheint verloren gegangen; fchon Boturini konnte fich nur den 1ten Theil verfchaffen. Von Boturini's Manufcripte des 1ten Theils machte Veytia im J. 1755 eine Abfchrift, und von diefer Abfchrift Veytia's ift der Abdruck in Vol. IX. (1848) p. 1-196 des Kingsborough gemacht. Diefer erfte Theil der *Cronica mexicana* beginnt mit der Ankunft der Azteken im mexicanifchen Thal und führt die alte Gefchichte des Landes fort bis zum Erfcheinen des Cortes an der Küfte.

§ 26. Die Gefchichte der mexicanifchen Völkerbewegung hebt an mit den **Tolteken**. Die Etymologie des Namens ift ohne Werth für die Sache. Derfelbe bedeutet nichts als: ein Einwohner von Tollan, und *Tollan* bedeutet: Ort der Binfen, Platz mit Binfen bewachfen, *juncetum*. Die appellative Bedeutung von *tollecatl* als: eines gefchickten Arbeiters; eines Künftlers, Meifters, oder Handwerkers überhaupt (Molina: *oficial de arte mecanica, maestro*); ift als eine fpätere, von der Kunftfertigkeit des Volkes hergeleitete zu betrachten.

TOLLAN (von *tolin* Binfe): 1) ein uraltes Reich, das Vaterland der Tolteken, das man im nördlichen Amerika fucht; 2) die Hauptftadt diefes Volkes nach feiner Einwanderung in Anahuac, jetzt **Tula** genannt, jenfeits des nördlichen Randes des mexicanifchen Thals; auch Flufs eben da, der auch Motezuma heifst und in den Panuco geht; und Thal. Hier waren zur Zeit der Eroberung bedeutende Baurefte zu fehen (f. Prescott I, 12; Sahagun lib. X cap. 29; über die Sonderbarkeit des Juarros, welcher die Trümmer bei Ocofingo in der Prov. Ciudad Real von Chiapa für die alte Stadt **Tula** hält, habe ich S. 73[mm] und unten (S. 86[aa]-87[m]) gehandelt. 3) ein Miffionsort in Potofi (f. § 37). Davon giebt es 2 Diminutiv-Formen, Klein-Tula bedeutend: *Tulantongo* (wie wohl Haffel's *Tulantango* zu verbeffern ift; mexicanifch *Tollantonco*), ein Ort bei Tezcuco; und *Tollantzinco*: eine Station der Tolteken; jetzt *Tulancingo*, *villa* in Queretaro.

TOLTECATL (Gentile von *Tollan*: Einwohner von Tula), das erfte der in Anahuac eingewanderten Völker, von denen die Gefchichte Kunde hat, und das merkwürdigfte aller vor den Azteken. Aus ihrem Vaterlande Huehuetlapallan vertrieben, traten fie 596 ihre Wanderung nach Süden an, auf der fie an mehreren Orten fich länger verweil-

ten; nach 104 Jahren nach Tollantzinco kamen, da 20 Jahre blieben, und endlich die Stadt Tula gründeten: welches die Hauptſtadt
ihrer, seit 667 ſie regierenden Könige und ihres in Anahuac geſtifteten
Reiches wurde. Alles, was den ſpäteren Völkern von Anahuac nütz-
lich war; alle ihre Künſte; alles, was ihre Cultur ausmachte: leiteten
ſie von ihnen ab. Von mildem Charakter, ſo erzählten ſie, nicht für
den Krieg gemacht, in Städten unter Geſetzen lebend: führten die Tolteken den Anbau des Mais, Chile, der Baumwolle ein; ſie verſtanden
das Schmelzen des Goldes und Silbers, die Bearbeitung der Edelſteine,
die Sculptur und Baukunſt; ſie bauten die Pyramiden von Cholula und
Teotihuacan. Ihnen verdankten die ſpäteren Bewohner ihre Zeitrechnung, ihren Calender, ihre Hieroglyphen. Ihr Name bezeichnete noch
ſpät einen Künſtler. Langjährige Dürre, Hungersnoth und Seuchen
vernichteten dieſes Volk im J. 1052 (*Vues des Cord.* II, 388: 1051),
nachdem acht Könige nach einander es beherrſcht hatten. Einige von
ihnen gingen nach Yucatan und Guatemala, geringe Trümmer bewohnten das verödete Anahuac (¹): bis mehr als ein Jahrhundert ſpäter die
Chichimeken, und nach ihnen die Nahuatlaken, beſonders die Azteken,
und Acolhuer (Colhuer) unter ihnen anlangten: unter denen ſich ihr
Name verlor. Sie ſprachen die aztekiſche Sprache. — Die Pyramide
von Cholula hatte auch den Namen *Toltecatl* (der Toltek).

Ich will die vorſtehenden Notizen noch durch einige Zuſätze und Varianten vervollſtändigen. Nach einigen Angaben (ſ. *Vues des Cord.* I,
204) erzählten die Tolteken, ſie ſeien aus dem Nordweſt-Lande Huehuetlapallan verjagt; ſie verlieſsen es 544 nach Chr., und erſchienen zu-
erſt am Meerbuſen von Californien; ſie gelangten (*Cord.* II, 386; vgl.
Essai pol. I, 347) 648 nach Tollantzinco in Anahuac und 670 nach Tula.
Ixtlilxochitl berichtet in ſeiner Geſchichte der Chichimeken (vgl.
Gallatin *ethnol. soc.* I, 151) ſo: „Aus ihrem Vaterlande vertrieben, kamen die Tolteken, nach langer Schifffahrt die Küſte von Californien
herab, im J. 387 nach Chr. nach Huehuetlapallan; dann ſegelten ſie an
Xalisco entlang, durchzogen mehrere Provinzen und kamen nach Toch-

---

(¹) „Zwei Kinder des letzten Königs und einige toltekiſche Familien blieben im Lande
Anahuac" (*Cord.* II, 388).

tepec an die Südfee. Hierauf fiedelten fie fich in Tollantzinco an uud
gründeten die Stadt Tollan 510 oder 439 nach Chr., wobei fie auch
ihren erften König wählten. Unter 9 Königen blühte das Reich und
dehnte fich ungeheuer aus. Der Untergang des Reiches und Volkes
war 959 nach Chriftus. Der Überreft floh nach anderen Ländern, bis
Nicaragua." Diefer Untergang der Tolteken (über den man noch die
Kritik Gallatin's I, 166$^{m/}$-7^{nn} nachfehen kann) wird von Sahagun in
den Anfang des 13ten Jahrh., von Buftamante in das Jahr 1116 gefetzt. Veytia hat ausführlich die Wanderungen der Tolteken erzählt
hist. antig. lib. II cap. 21-33.

In einer Örtlichkeit lebt noch der Name des Tolteken-Volkes fort:
Toltecamila, ein Real in der Provinz Puebla, ift = Toltecamilla
Tolteken-Grundftück, Ort des Tolteken-Ackers, Tolteken-Feld (*Tol-
tecatl* und die Ortsform von *milli*, Grundftück).

Tʟᴀᴘᴀʟʟᴀɴ: nach dem jetzigen Zuftande der Sprache abzulei-
ten von *tlapalli* Farbe, befonders rothe, dem *part.pass.* von *pa* färben;
fo dafs der Name bedeutete: Ort der Farbe oder rother Ort. Aus
mehreren Derivatis fpringen aber noch andere Bedeutungen von *tlapalli* hervor, als: Stärke, Seite u. f. w. Ich will folche Derivata angeben: *tlapaltic* 1) roth 2) heftig, ftark; *tlapaloa* wagen 2) grüfsen;
tlapalihui ein erwachfener junger Menfch 2) Feldarbeiter; *tlapaliuhca* heftig, ftark, männlich; *tlapaltilia* ftärken 2) fich anftrengen etc.;
centlapal von Einer Seite; *ixtlapal* queer, von der Seite; *atlapalli* und *amatlapalli* Flügel 2) Blatt; *azcatlapalli* Flügel des
Vogels. Die Deutung des Namens kann daher auf mannigfaltige Weife
gefchehen. — Tlapallan (oder Tlapalla) wird das Land genannt,
nach welchem Quetzalcoatl reifen wollte; Alex. v. Humboldt vermuthet, dafs es Huehuetlapallan fei.

Hᴜᴇʜᴜᴇᴛʟᴀᴘᴀʟʟᴀɴ erklärt man gewöhnlich: Alt-Tlapallan,
von *huehue.* Es fteht jedoch dahin, ob *huehue*, das nur: Greis, alter Mann heifst, in Zufammenfetzungen alt heifsen könne; *huehuetlat-
quitl*, Familiengut (*patrimonio*), macht es wahrfcheinlich; vielleicht
auch *huehuetlatolli*, Gefchichte alter Zeiten: doch kann hierin auch
noch blofs Greis liegen (Erzählung von Greifen). Huehuetlapallan
heifst das Vaterland der Tolteken: nach Clav.'s Vermuthung ein Ort im

alten Reiche Tollan, welchen fie im Jahre 544 unferer Zeitrechnung
verliefsen, worauf fie die Wanderung nach dem mexicanifchen Thale
antraten. Diefer Ort wird nördlich von Anahuac gefucht; Alex. von
Humboldt verfetzt ihn noch genauer an die Nordweft-Küfte von Amerika, über den californifchen Meerbufen und über 42° N. Br. Über
die fonderbare Idee eines Mannes in Neu-Guatemala, des *Dr.* Paul Felix Cabrera, es mit den Ruinen bei Palenque zu identificiren und von
diefen die Bevölkerung Amerika's herzuleiten, habe ich oben (S. 72^{mm}-
73^{a}) fchon gefprochen.

§ 27. Mehrere Jahrhunderte nach den Tolteken (deren Blüthe Prescott auf 400 Jahre rechnet) wanderten, in kurzen Zwifchenräumen nach einander, eine ganze Anzahl von Völkerftämmen aus Norden in Anahuac ein,
zwifchen denen wir einen Zufammenhang fuchen können und grofsentheils
überliefert erhalten haben. Gallatin fetzt fie fogar mit den Tolteken in
nächfte Verbindung. Er ftellt (I, 203^r) die Vermutbungen auf: die Azteken,
Acolhuer u. f. w. möchten Colonien der Tolteken gewefen feyn; oder ein
zurückgebliebener Theil derfelben, nachdem die grofse Maffe nach Anahuac
gezogen war; oder endlich (205^{mm}) eine Ausdehnung der Tolteken, vielleicht der nördlichfte Theil jener Monarchie.

Die Wanderung eröffneten, 100 Jahre nach dem Untergange der Tolteken, die Chichimeken:

CHICHIMECATL (von *chichi* Hund abgeleitet; vielleicht aufzufaf-
fen als Gentile eines Ortsnamens *Chichimecan*, Ort der Hunde, dem
Plur. von *chichi* mit *can*; vgl. unten S. 81^{aa-mm} meine Erörterung über
die Endung *mecatl*): ein rohes Jägervolk, wahrfcheinlich Eines Stammes und Einer Sprache mit den Nahuatlaken (alfo die aztekifche redend; f. Humb. *Cord.* 1816 T. II. p. 389), welches unter feinem Könige Xolotl aus feinem Vaterlande Amaquemecan nach Süden wanderte und fich im Jahre 1170 unfrer Zeitrechnung im mexicanifchen
Thale unter den wenigen Trümmern der Tolteken niederliefs. Die
Hauptftadt ihres Reichs war zuerft Tenayuca, kurz nachher aber Tezcuco.
Als bald darauf die Acolhuer bei ihnen anlangten, verloren fie an diefer
Stelle an diefe gebildetere Nation ihren Namen und verfchmolzen mit
ihr, obgleich aus ihnen die Herrfcherfamilie von Acolhuacan immer
war. — Ein grofser Theil von ihnen blieb aber unvermifcht und in feiner

urfprünglichen Rohheit; und nahm einen grofsen Landftrich nordweftlich vom mexicanifchen Thale, nördlich von Michuacan, weftlich
neben den Otomiten, ein: wo fie fich noch jetzt: in Michuacan, Guadalaxara, im füdlichen Durango und in einigen Miffionen von San Luis
Potofi; befinden. Nach Gallatin (I, 206ᵃ) gaben die Spanier fpäter diefen Namen unbeftimmt allen wilden Stämmen des Nordweftens von Mexico bis Culiacan. — Der merkwürdige Gefchichtsfchreiber der Chichimeken, Don Fernando de Alva Ixtlilxochitl, ftellt die Verhältniffe
diefes Volkes etwas anders dar (vgl. Gallatin I, 152). Ihm zufolge erfchienen die Chichimeken 5 Jahre nach dem Untergange der Tolteken,
im J. 963, unter Xolotl: von Norden, von Chicomoztoc, herkommend;
und fiedelten fich um den See Tezcuco und im mexicanifchen Thale
an. Sie unterwarfen die wenigen Tolteken, welche unter dem Namen
von Culhuas am See wohnen geblieben waren. Nach ihm hätten die
Chichimeken nicht aztekifch gefprochen (vgl. Gallatin 159ᵃᵃ): eine Anficht, in welcher er von allen Schriftftellern (¹) abweicht und die Gallatin
nicht theilt. Nach Ixtlilxochitl war der chichimekifche König Techo-
tlalatzin (Gall. 154), welcher 1253 zur Regierung kam, der Erfte, der
das *nahuatl* oder die mex. Sprache fprach; er befahl den Chichimeken, befonders den Beamten, fich diefer Sprache zu bedienen, und
begünftigte überhaupt die Tolteken fehr. Über das Volk der Chichimeken und die Dunkelheit in ihrer Gefchichte f. noch Gallatin I,
205ᵐ-6ᵃᵃ. Waldeck (*voy. dans la prov. d'Yucatan* p. 23) zweifelt an
den Chichimeken, weil ihre Sprache keine Spuren hinterlaffen habe.

A MAQUEMECAN: 1) grofse Stadt der mexicanifchen Urgefchichte,
Vaterland der Chichimeken; fie wird, eben fo wie Aztlan und Huehuetlapallan, nördlich von Anahuac gefucht; 2) alte Stadt, jetzt *Mecameca* genannt, bei Puebla. — Die Etymologie ift nicht fehr deutlich;
dem Worte fteht zur Seite *Aztaquemecan* (ein alter Ort bei Otumba).
Der erfte Theil ift bei letzterem *aztatl* weifser Reiher, bei diefem
am atl Papier (urfprünglich von der Maguey-Pflanze) oder *amaitl* Lagune, Haff (eigentlich: Meeresarm); den Meeresarm könnte Jemand
trefflich paffend finden für den Meerbufen von Californien. Der zweite
Theil, wenn er mit *qu,* wie gewöhnlich gefchieht, gefchrieben werden

---

(¹) Aufser Boturini, der daffelbe annimmt; f. unten § 30 *Tlaxcallan.*

foll, müfste entweder auf *quemi* anziehen oder tragen (ein Kleidungs-
ftück; *tlaquemitl* Kleid, Zeug) gedeutet werden (*can* bleibt ficher
die Ortsendung); oder man müfste einen Verfuch machen ihn aus der
Poftpof. *c*, dem Poffeffiv-Charakter *e* und der Plural-Endung *me* zu-
fammenzufetzen (Ort der Befitzer oder Inhaber des Meerbufens): was
mir etwas zu kühn fcheint. Die Endung *mecatl* tritt uns in Völkernamen
(vgl. oben S. 16*m/-n* *Olmecatl* und das eben dagewefene *Chichimecatl*, 79*n*), fo wie hier *mecan* in Ortsnamen öfter als eine Schwierigkeit
entgegen. Man kann nicht wohl wagen eine Flexions-Endung, wie das
plurale *me* ift, mit Ableitungs-Endungen, wie das gentile *catl* und die
Ortsendung *can* find, zu verfehen: da die Derivation durch Endungen
am reinen Stamme (ohne *me*) gefchehen müfste; obgleich diefe grofse
Anomalie und diefe Gefetzlofigkeit, — als welche auch der Eingang von
Flexionsformen und Pluralen in die Compofition anzufehen ift —, fich
in den Sprachen, und eben fo in der mexicanifchen, nicht wegläugnen
läfst. (¹) Auf der andern Seite trägt man Bedenken, in jenen Namen geradezu das Subft. *mecatl* Strick zu finden, das allerdings auch von der
Gefchlechtsreihe gebraucht werden könnte, wie das Abftractum *meca-
yotl* geradezu Gefchlechtslinie bedeutet (vgl. noch *calmecatl* langer
Gang, Corridor: von *calli* Haus; alfo *mecatl =* lange Reihe); man
müfste dann *Chichimecatl* deuten als: Einer von dem Gefchlechte
der *Chichi* oder Hunde. Gelegentlich kann *mecatl* übrigens Gentil-
form von Ortsnamen auf *man* feyn, wie: *Acolmecatl*, ein Einwohner
aus *Acolman*. Aber von *mecatl* kann man nicht *mecan* am Ende von
Ortsnamen, wie hier, ableiten. Ich neige mich daher dazu beide Städtenamen mit *c* ftatt mit *q* zu fchreiben: *Amacuemecan, Aztacuemecan*; wobei wieder zwei Etymologien für den zweiten Theil möglich
find. Man kann nämlich darin das Wort *cueitl* Weiberrock finden,
in welchem *itl* wegfallende Endung ift; man müfste dann *me* wieder als
Plural-Endung anfehn. (²) *amacueitl* könnte ein Rock aus Maguey-

---

(¹) So fcheint Totomehuacan (Dorf in Puebla) wirklich vom Plural *totome* Vögel
(*sing. tototl*) gebildet zu feyn; aber ganz beweifend ift der Ortsname Totomixtlahuaca,
Real in der Diputacion Sultepec: ein Compofitum aus *totome* Vögel und *ixtlahuaca* (auch
ixtlahuatl) Flur, Savanne: Flur oder Savanne der Vögel.

(²) Ich bemerke, wie die Auffaffung des *me* als der Plural-Endung noch die Schwierig-

Papier, *aztacueitl* eine ähnliche Benennung feyn; oder man müfste den Namen febr bildlich nehmen, indem man in *ama* das Wort *amaitl* Meeresbucht fuchte. Für die letztere Deutung, fo fchwierig und gewagt fie erfcheint, fpricht *Amacuecan* Name eines alten Ortes am See Chapala, den wir ganz einfach durch *amaitl* Lagune und *cueitl* Weiberrock fcheinen löfen zu müffen; und der auch eine Rechtfertigung für die Schreibung *Amacuemecan* mit *cu* entbält. Dennoch können wir auch das, überall fo wenig paffende *cueitl* aufgeben, und uns zur Erklärung diefer drei Namen auf einen alten Stamm *cue* flützen, den ich hier nicht näher entwickeln will. Ich ziehe aber eine andere Etymologie obiger zwei Ortsnamen vor: nämlich die von *cuemitl* Ackerland; einem Subft., abgeleitet vom Verbum *cuema* fäen. *cencuemitl* ift die aufgeworfene Erde, der Erd-Rücken zwifchen zwei Furchen; es bedeutet auch: ein Gefchwader, Schwadron. Man hat nur den Anftofs des *e* flatt *i*, und die Frage zu überwinden, ob von *cuemitl* die Ortsform nicht *cuencan* lauten müfste? *Amacuemecan* würde alfo feyn: Acker oder Gefilde der Lagune oder des Meerarmes, *Aztacuemecan*: Reiher-Gefilde.

§ 28. Über 100 Jahre nach den Chichimeken, im J. 1178 nach Humboldt (*Cord.* II, 389; *Essai pol.* I, 347), kamen die Stämme der Nahuatlaken (f. fie entwickelt oben S. 8ᵐ-9ᵐ) nach Anabuac: d. b. nur 6 Stämme, indem zu Chicomoztoc, wie fchon oben angegeben (S. 7 Anm. 1), die. Azteken fich von den übrigen Stämmen trennten, noch länger hier weilten und die 6 anderen Stämme vorausrückten. Der Name diefer Station auf der gemeinfamen Wanderung ift bezeichnend, er bedeutet: die 7 Höhlen, und ift aus *chicome* fieben und *oztotl* oder *oztoc* Höhle zufammengefetzt. Clavigero (I, 161) fucht diefe Station in den Ruinen „eines grofsen Gebäudes", welche fich, wie fchon oben (S. 67ᵃ) erzählt, 20 *miglia* füdlich von der Stadt Zacatecas befinden. Übrigens ift Chicomoztotl (auch: die 7 Höblen) nach einigen Sagen der Name des Wohnfitzes des erften Menfchen.

Acht Jahre nach Anfiedlung der Chichimeken in Tenayucan, fo lautet die von Clavigero angeführte Sage, kamen 6 Häuptlinge, wobl die 6

---

keit hat, dafs fie, wie jede Plural-Endung, nur an Belebtes treten kann; man hätte daher hier nur noch die Ausflucht, der Compofition *amacueitl* einen perfönlichen Sinn zu geben: ein fo Bekleideter.

Stämme der Nahuatlaken bezeichnend, aus einem Lande nicht weit von
Amaquemecan, wahrfcheinlich aus Aztlan. Da keine oder eine mannigfaltige Beftimmung zwifchen den 6 Stämmen in der Zeit der Einwanderung gemacht wird, fo will ich ihre Reihe, die wir bald fo: Xochimilker, Chalker,
Tepaneken, Colhuer (Acolhuer), Tlahuiken, Tlascalteken; bald (Clav. I,
161) fo: Xochimilker, Tepaneken, Colhuer (Acolhuer), Chalker, Tlahuiken,
Tlascalteken u. f. w. gegeben finden; alphabetifch einrichten, und die 6 (7) hier
zufammenfaffen. Die meiften Namen find nur Ableitungen (*Gentilia*) von den
Städten, welche die Stämme nach ihrer Niederlaffung in Anahuac bewohnten.

C H A L C O ift abgeleitet von einem Stammworte *challi*, das wir nur
aus feinen Derivatis kennen. Der Name, für den wir noch die, freilich
unfrer Deutung anheim gegebene, Hieroglyphe zum Anhalt haben (f.
Clav. II, Tafel 3 nach p. 192 No. 2), wird nach Überlieferungen (f.
Clav. II, 253 und Alex. von Humboldt) zwar Ort der Edelfteine oder:
in dem Edelfteine (fo Clav.) überfetzt; diefe Deutung fcheint mir aber
nur aus dem Worte *chalchihuitl* entnommen (bedeutend: Smaragd,
befonders roher, unbearbeiteter; auch Edelftein gemeinhin): von welchem es ganz ungewifs ift, ob es von *challi* abgeleitet oder mit ihm in
Verbindung gefetzt werden darf. Clav. tadelt den Acofta, welcher den Namen durch: in den Mündern (*in oribus*) überfetzt. Acofta's Deutung fteht
aber doch dem wirklichen *challi*, wie es als 2tes Glied der Compofition
erfcheint, näher; *camachalli* (von *camatl* Mund) heifst: Kinnbacken,
tenchalli (von *tentli* Lippe) Bart (als Körpertheil). Als *primum compositi* finden wir das unbekannte Wort in *chalcuitlatl* (*challi+cuitlatl*
Koth, *merda*), einem Kraute (*hierba de la golondrina*). Andere Formen hat man eher zu dem Stamme *chalani* zu ziehen, welcher: zer-
brechen (*v. n.*) und in Ableitungen zugleich ein klapperndes Geräufch
bezeichnet; *quachachal* Grofskopf (von *quaitl* Scheitel, Kopf)
kann man zu beiden rechnen. — Chalco, Stadt und See im mex. Thale,
war im Alterthum ein bedeutender Staat unter mexicanifcher Hoheit.
Die Chalker find ein Stamm der Nahuatlaken. Die *Venta de Chalco*
ift eine Venta bei der Stadt Mexico.

§ 29. Ich werde hier die Colhuer und Acolhuer neben einander
behandeln, obwohl nur eines diefer Völker zu den Nahuatlaken gehört, das
andere nicht. Denn ich habe von einer grofsen Verwirrung zu reden, in

M

welche die Schriftsteller zwei verschiedene Stämme, die Colhuer und Acolhuer (letzterer Name ist der erstere mit dem Zusatz von *atl* Wasser: Wasser-
Colhuer), mit einander gebracht haben. Die Verwirrung schwebt besonders
darüber, dafs einige die Colhuer, andere die Acolhuer zu einem Stamm der
Nahuatlaken machen; aufserdem giebt es aber auch Verwechslungen des
einen Volkes mit dem andern ohne Rückficht auf diesen Punkt. Die verschie-
denen Nachrichten lassen Eine Nation unter den 6 Stämmen der Nahuatlaken
im J. 1178 in Anahuac einwandern, oder allein zu anderer Zeit, oder schon
früher da wohnen; oder mit den Azteken zusammen im J. 1196 kommen. Was Colhuer und Colhuacan an fich waren: ein kleines Reich vor
der Ankunft der Azteken, dem diese eine Zeit lang als Knechte unterworfen
waren und welches später unter mexicanifche Hoheit kam; und was Acolhuer und Acolhuacan an fich: das Reich Tezcuco: ist nicht zweifelhaft; nur
ob die Gründer diefes oder jenes Reichs Nahuatlaken, oder ein Stamm neben
oder vor ihnen waren. Clavigero fagt exprefs (I, 152), dafs die spanischen
Geschichtsschreiber die Colhuer meift mit den Acolhuern verwechseln. Er
zählt die Colhuer zu den Nahuatlaken (I, 151, 152, 161). Prescott (I, 15
Anm. 22) bemerkt, dafs Humboldt und die meiften Schriftsteller nach ihm
Colhuer und Acolhuer verwechseln. Die zwei von ihm nachgewiesenen
Stellen in Humboldt's *Essai politique* betreffen aber nicht die Frage wegen
der Nahuatlaken; fondern Humboldt hat nur, an beiden Stellen, bei Einem
Factum Acolhuer ftatt Colhuer geschrieben: indem er nämlich T. I. p. 414
fagt, dafs im J. 1314 die Mexicaner in die Sklaverei der Acolhuer verfielen;
und T. II. p. 37 noch weiter geht, fagend, dafs die Mexicaner „in die Sklaverei der Könige von Tezcuco oder Acolhuacan fielen". Es ist ein allgemeines Verfehen von ihm; er wollte fagen: in die Sklaverei der Colhuer oder
der Könige von Colhuacan (nicht Tezcuco). Diefer Irrthum berührt die
Frage nicht, ob die Colhuer oder Acolhuer der nahuatlakifche Stamm waren. An mehreren Stellen der *Vues des Cord.* nennt Humboldt die Acolhuer neben den Nahuatlaken, aber er fügt auch die Azteken bei: fo dafs er
durch diefe Stellen noch nicht ausfpricht, er nehme die Acolhuer für einen
verfchiedenen Volksftamm. So zählt er *Cord.* I, 257-8 auf als Einer Sprache:
Tolteken, Chichimeken, Nahuatlaken, Acolhuer, Tlascalteken, Azteken;
I, 96 diefelben ohne Nahuatlaken; im *Essai pol.* I, 353 nennt er zufammen:
Tolteken, Chichimeken, Acolhuer, Nahuatlaken. In Wirklichkeit aber be-

trachtet er die Acolhuer als Nahuatlaken (fo in den *Cord.* II, 389 und *Essai pol.* I, 413). Er weicht darin von Clavigero ab; ift aber im Einklange mit Sahagun, welcher (III, 145) die Acolhuer zu den Nahuatlaken rechnet. Auch Gallatin ift diefer Meinung (*ethnol. soc.* I, 204-5); nach ihm waren die Colhuer kein Stamm der Nahuatlaken: „*they were clearly distinguished from the Acolhuas*".

COLHUA heifst der eine Volksftamm: nach Clav. Nahuatlaken; nach Sahagun, Humboldt und Gallatin nicht Nahuatlaken. Die Etymologie läfst fich fchwerlich beftimmen: es kann von *coloa* krümmen kommen, darauf kann man die Hieroglyphe für Colhuacan — nach Clav. ein buckliger Berg (nach Gallatin I, 205 jedoch *a horned mountain*) — deuten; aber was kann *col* alles, befonders im Dunkel der Zeit, feyn! Entfchieden unglücklich ift Gallatin in der Deutung gewefen, die er verfucht (I, 204-5), indem er *colhua* für den Plural von *colli* Grofsvater erklärt und durch „Vorfahren" überfetzt. Wenn *colli* auch aztekifch Grofsvater heifst, fo folgt daraus nicht, dafs fein Plural Vorfahren bedeute; im Gegentheil find die Verwandtfchafts-Benennungen in den amerikanifchen Sprachen fehr fpeciell und in ihrem Bereich fehr bebefchränkt. Ferner ift *colhuan* (immer doch noch nicht *colhua!*) nur der Plural für *pronomina possessiva*, nicht für das Wort allein; endlich ift *Colhua* als Singular zu betrachten: und fragte es fich noch, wie der Plural (die Colhuer) laute. Ich bemerke noch für die Etymologie, dafs *hua* die Poffeffiv-Endung feyn kann, bedeutend: Befitzer.— Die Colhuer gründeten im mex. Thale die Stadt und das Reich Colhuacan, vor dem Erfcheinen der Azteken in diefer Gegend: welche Nation felbft eine Zeit lang in ihrer Sklaverei fchmachtete; fpäter kam der Staat unter mex. Hoheit. Nach Ixtlilxochitl waren die Colhuer Überbleibfel der Tolteken, welche am mex. See wohnten; fie wurden den Chichimeken zinsbar, blieben aber ein eigenes Reich. Nach ihm plünderten die Azteken kurz nach ihrer Niederlaffung in Mexico die Stadt der Colhuer.

COLHUACAN (Ortsform von *Colhua*) hiefs: 1) fchon der Berg oder das Gebirge der mex. Urgefchichte, wo der Kahn des Coxcox nach der grofsen Fluth auf das Trockene kam; 2) der eben bei Colhua erwähnte Staat und die Stadt im mex. Thale. — Daraus ift ohne Zwei-

M 2

fel entſtanden Culiacan: das alte *Huei-Colhuacan* (Station der
Nahuatlaken), *villa* in Cinaloa, in 24° 40′ N. B. und 109° W. L. von
Paris (ſ. Humb. *Essai pol.* II, 245 und Mühlenpf. II, 407-8); zugleich
Fluſs (*rio de Culiacan*) in derſelben Gegend [Haſſel, Ward], welcher
ſich in das ſtille Meer ergieſst.   Nuno de Guzman legte 1530 in Culiacan eine Colonie an. — Culhuacan nennt auch unerklärlicherweiſe
Juarros (in der oben S. 73ᵐ angegebenen Stelle), und nach ihm Culiacan die Geographie von Haſſel, die alte Stadt, deren Trümmer bei
Palenque zu ſehen ſind.   Auf dieſelbe Weiſe erklärt er die Trümmer
bei Ocoſingo, nahe bei Palenque (in der Prov. Ciudad Real von Chiapa),
für die alte Stadt Tulhá (Tula). (¹) Ich ſetze eine merkwürdige, zweite
Stelle über dieſe zwei Ruinenſtätten (*Hist. de Guat.* I, 14) hierher,
wo Juarros (aber hier nur berichtend) bemerkt, daſs man in beiden
Städten eine ägyptiſche Colonie hat finden wollen: *Sto. Domingo P a-
lenque, pueblo de dicha Provincia de Tzendales, en los confines de la
Intendencia de Ciudad Real y Yucatan.   Es cabezera de curato; de
clima benigno y sano, pero de corto vecindario.   Se hà hecho famoso
por haberse encontrado en tierras de su juridiccion los vestigios de una
Ciudad muy opulenta, que se le ha dado el nombre de Ciu dad del Palenque: corte sin duda de algun Imperio, aun de las Historias desco-
nocido.   Se hallaba la expresada Metropoli qual otra Herculanea, sino,
como ésta sepultada baxo las cenizas del Vesubio, sí escondida en un
vasto desierto: hasta que á mediado el siglo 18°. habiendose internado
en la citada soledad algunos Españoles, se hallaron, no sin grande ad-
miracion, delante la fachada de una soberbia Ciudad, de 6 Leguas de
circunferencia: á cuya extension correspondia la solidez de sus edificios,
la suntuosidad de sus Palacios, y la magnificencia de las obras públicas:
testificando su mucha antiguedad los Fanos, Aras, Númenes, Lapidas y
Celaturas, que se ven en ella.   Los geroglificos, simbolos y emblemas,
que se han encontrado en sus Templos, enteramente semejantes á los de
los Egipcios, han hecho pensar que alguna Colonia de estos fundó la
Ciudad del Palenque ó de Culhuacan. El mismo juicio se ha hecho*

(¹) Auch Waldeck ſieht bei Ocozingo die Ruinen von Tulhâ (*voy. dans la prov. d'Yucatan*
p. 46-47).

de la de Tulhá, cuyas ruinas se ven cerca del Pueblo de Ocosingo, en el mismo partido. — Über die Gröfse diefer Trümmer fagt er an jener anderen Stelle (II,55): *las suntuosas Ciudades de Culhuacan y Tulhá, cuyos vestigios se ven cerca de los Pueblos de Palenque y Ocosingo; especialmente en la primera se admiran todavia algunos edificios, que nos persuaden, que la Ciudad de Culhuacan competia en magnificencia con las primeras Cortes de la Europa. Llama la atencion la suntuosidad de sus Templos, en los que se observan muchos vestigios de la fabula: se ven en ellos geroglíficos, simbolos y empresas de la Mitologia; se encuentran tambien rastros de soberbios Palacios; se halla casi entero un famoso equeducto* (sic), *de tanta capacidad, que puede un hombre pascarse por èl. Pero quando llegaron los Españoles, ya habia decaido esta Provincia de su antiguo explendor, pues no encontraron Ciudad alguna, ni edificio que llamase la atencion, ni civilidad y policía en sus habitadores.*

C. S. Rafinesque (f. deffen *Atlantic journal, Philad.* 1832-33. 8° p.5) giebt der Ruinenftadt bei Palenque, mit grofser Zuverficht, den Namen Otolum. Er fpricht (in einem Briefe an Champollion aus Philadelphia vom Januar 1832, dem erften von dreien) von den „*monuments of Otolum, near Palenque, the American Thebes";* er erwähnt wieder der „*antiquities fifteen miles from Palenque, which are wrongly called by that name";* hinzufügend: „*I have restored to them the true name of Otolum, which is yet the name of the stream running through the ruins."*— Man ahndet nicht, wohin diefs gehen will! es bringt den Autor zu Tula: alfo Tula bei Palenque, das Andere bei Ocozingo finden! So fagt er in einem 2ten Briefe an Champollion (Philad. Febr. 1832, im *Atlantic journal* p. 43): *We find among the ancient dialects of Chiapa, Yucatan and Guatimala the branches of the ancient speech of Otolum. Nay, Otolum was perhaps the ancient TOL or TOLA, seat of the Toltecas* (¹) *(people of Tol) and their empire.* Diefe Deutung

---

(¹) Diefs hindert aber den Verf. nicht, anderwärts (p. 129) zu fagen: *Colhuacan (meaning holy old place) is the name given by the Mexicans to the immense ruin of Otolum near Palenque;* und p. 196: *On the River Tulija, which means water of TUL, near the ruins and navigable, is a stone bridge ...* Diefe letzte Stelle ift aus dem fogenannten 3ten Briefe an Champollion: *Some remarks on the Ruins of Otolum near Palenque (Atl. journ.* p. 195-6); derfelbe war im März des J. 1832 gefchrieben.

gehört aber wieder zu einem fehr grofsartigen Phantafiebilde, wie fie
diefem vielfeiligen und thätigen nordamerikanifchen Naturforfcher eigen
find, wenn er fich auf dem Gebiete der Völker- und Sprachen-Verhält-
niffe bewegt; zu einer Zufammenfaffung der neuen mit der alten Welt
unter der Ägide der Atlantis! In einem Auffatze, betitelt: *the Atlantic Nations of America,* fagt Prof. Rafinesque (*Atlantic journal* p. 8)
fo: *The Ocean separating Europe and Africa from America is yet called
the Atlantic ocean, our litoral states are called the Atlantic states.
The Atlantes of North Africa, who gave their name to the Atlas mountains, and whose descendants exist there as yet under the names of
Tuarics, Berbers, Shelluh, Showiah etc., were one of the primitive nations of both continents. They came to America soon after the flood,
if not before; colonised and named the Ocean and the islands in it, as
well as America, which was called the G reat Atlantis, or rather
ATALA, meaning the first or main land. This name is preserved
in Hindu traditions. The Atlantes were not the only primitive colonists
of America, but they were the most conspicuous and civilized. Their
true name was Atalans. They may have been the founders of Otolum
and many other ancient cities. Their descendants exist to this day in
America, under the names of Talas or Tarascas, Atalalas, Matalans,
Talegawis, Otalis or Tsulukis, Talahuicas, Chontalas or Tsendalas etc.,
from Carolina to Guatimala.... This could be proved in many ways,
and by their languages compared with those of their African brethren,
Tuarics, Guanches etc., after a separation of nearly 5000 years. But
the proofs would fill a volume.... It remains (p. 9) here to survey the
genuine branch of Atalans, eldest perhaps of the American Atlantes.
Among this, the best known (and yet hardly known) are the Tarascas
of Michuacan in West Mexico   Their true name is TALA, and
TALA, S, CA, meaning T a l a, self, t h e, or in our idiom t h e v e r y-
self T a l a. —* Die Gätulier find (p. 41): *GE-TULA, or Tulas of the
plains. —* In einem Auffatze: *the Cradle of Mankind or the Imalaya
Mountains: But the collective name (p. 102) of these lofty regions was
very anciently designated by appellations — the roots of which were
TAL, TOL, TUL, meaning tall, high, ... as it does yet in many languages, the English, Chinese and Arabic for instance. Such were*

TOLO, T'IALA, TALAIIA, TULAN etc. in the old Sanscrit and primitive languages of Asia. Whence came the Asiatic ATLAS and also the ATLANTES of the Greeks, who, spreading thro' the world Westerly, gave these names to many other places and nations. Some of these ancient and modern names will be mentioned as examples: Talaha ancient name of Tulan or Turan Tolotes, Scolotes, the ancient Scythians and Turks ... Telinga ... Patala Out of Asia these names abound also, since the Talas or Atlantes occupied or conquered Europe and Africa, nay went to America in very early times... In Greece they became Atalantes, Talautians of Epirus, Aetolians .... They gave name to Italy, Aitala meaning land eminent These African (p. 103) and Spanish Atlantes gave their name to the Atlantic Ocean and to the great Atlantis or America! called in the Hindu books Atala or Tala-tolo, the fourth world, where dwelt giants or powerful men. — America is also filled with their names and deeds from Mexico and Carolina to Peru. The Tol-tecas people of Tol, and Aztlan, Otolum near Palenque, many towns of Tula and Tolu. The Talas of Michuacan, the Matalans, Atalans, Tulukis etc. of North America etc.

Hueicolhues (fpanifche Form; die grofsen Colhuer, von *huei* grofs), nach Mühlenpfordt (II, 402") ein Volksftamm in der Prov. Cinaloa, der zu den Coras gehören foll; die Merkwürdigkeit diefes Namens, wenn er auch nur von *Hueicolhuacan* abgeleitet feyn follte, habe ich fchon oben (S. 68ᵐᵐ) hervorgehoben.

Hueicolhuacan (Grofs-Colhuacan), eine Station der Nahuatlaken auf ihrer Wanderung: das jetzige Culiacan in Cinaloa (f. vorhin S. 86ᵉ), am Meerbufen von Californien.

Acolhua (*Colhua* mit Vorfatz von *atl*: Waffer-Colhuer; doch könnte man den Namen auch unabhängig conftruiren: Volk von der Krümmung der Waffer; wenn man nämlich in *col* das Verbum *coloa* krümmen annehmen will; von *acolli* Schulter kann es nicht wohl kommen): ein Volk, das zur Zeit des Königs Xolotl aus dem Lande *Teo-Acolhuacan* zu den Chichimeken wanderte, die fich mit ihnen verfchmolzen und diefelbe Benennung annahmen. Über ihre Verbindung mit den Chichimeken und Tolteken f. Humb. *Cord.* 1816 II, 390. Hum-

boldt, der die Acolhuer zu einem der 7 Stämme der Nahuatlaken macht,
läfst fie mit den Azteken zufammen im J. 1196 in Anahuac erfcheinen
(*Essai pol.* I, 347). „Einige Jahre nach den 6 Häuptlingen" (Führern der
6 Stämme der Nahuatlaken ohne die Azteken; f. oben S. 82ᵐ-83ᵃ), berichtet Clavigero, „kamen 3 Häuptlinge mit einem acolhuifchen Heere;
ihr Vaterland war Teo-Acolhuacan bei Amaquemecan." Nach Ixtlilxochitl in feiner Gefch. der Chichimeken (vgl. Gallatin I, 152) langten
die Acolhuer 47 Jahre nach des Chichimeken Xolotl Niederlaffung in
Anahuac, 1011, aus einem fernen Theile von Michuacan kommend, im
mexicanifchen Thale an und vereinigten fich mit den Chichimeken. Sie
waren mit diefen gleichen Urfprungs, und beftanden aus 3 Stämmen:
den Tecpaneken (f. über diefe unten S. 92), Otomiten und eigentli-
chen Acolhuern; fprachen verfchiedene Sprachen und hatten befondre
Oberhäupter. S. weiter über die Gefchichte von Acolhuacan Gallatin
I, 152 sqq. Prescott erkennt in den Azteken und Acolhuern die
wichtigften der Stämme, welche fchnell auf die Chichimeken in der
Einwanderung folgten: alles Stämme von bedeutender Civilifation, derfelben Sprache und vielleicht deffelben Stammes mit den Tolteken.
Er meint (I, 13): „dafs die Acolhuer wohl die Bildung der wenigen zu-
rückgebliebenen Tolteken annahmen, und fie den Chichimeken mit-
theilten, von denen ein grofser Theil fich mit ihnen vermifchte." Die
Acolhuer wurden 1418 von den Tepaneken angegriffen und unterjocht,
nachher aber wieder befreit (vgl. weiter unten S. 92ᵐ Tepanecatl,
auch Presc. I, 146). — Von dem Volksnamen *Acolhua* foll herkommen
ULUA, der Name des Caftells von Vera Cruz, *San Juan de Ulua.*
Als nämlich Cortes auf diefer kleinen Infel gelandet war, fanden die
Spanier einige frifch geopferte Leichname dafelbft; und da fie die Ein-
gebornen nach der Urfach diefer Graufamkeit fragten, riefen diefe aus:
Acolhua, indem fie nach Weften zeigten: womit fie fagen wollten, es
fei auf Befehl der Mexicaner (bei den fernen Völkern hatte der Name
Acolhua eine fehr allgemeine Bedeutung) gefchehen. Diefes *Acolhua*
corrumpirten die Spanier, und nannten die Infel wie das nachher auf
derfelben gebaute Caftell *San Juan de Ulua.* So lautet diefer Bericht. —
Ulua heifst auch ein Flufs in Honduras (Juarros I, 38), welcher von
Comayagua herkommt und in den Meerbufen geht. Ob er mit Col-

huern eine Beziehung hat oder einer einheimifchen Sprache entfproffen
ift, bleibt unbekannt; den Namen mit einem fpanifchen Perfonennamen
zufammenzuftellen, hat immer die letzte Wahrfcheinlichkeit, weil diefer *Ulloa* heifst.

ACOLHUACAN (Ortsform von *Acolhua*): das berühmte Reich der
Acolhuer im mexicanifchen Thale, deffen Hauptftadt Tezcuco war.
Es war eine Ingredienz des Landes Anahuac; und ftand unter eigenen
Königen: oft Verwandten der Könige von Mexico, und gewöhnlich im
Bunde mit denfelben. Es wurde, gleich Mexico, im Jahre 1521 von
Cortes erobert, worauf der Name erlifcht.

TEOACOLHUACAN (Götter - oder göttliches *Acolhuacan, Acolhuacan* der Götter): ein altes Reich, in der Nähe von Amaquemecan
zu fuchen, das Vaterland der Acolhuer.

TETZCOCO: über die Etymologie läfst fich nichts fcheres fagen,
fo zuverfichtlich auch Prescott (I, 13), wohl nach Ixtlilxochitl, den Namen durch *place of detention* überfetzt: weil mehrere Völkerftämme hier
geraftet hätten. +*tetz* ift ein Stamm, der, vielleicht mit *tetl* Stein zufam-
menhangend, in vielen Derivatis (oder auch fecundären Stammwörtern)
und in mehreren Compofitis erfcheint; z. B. in den *deriv.*: *tetzahua* dick
werden oder machen; *tetzahuia* erfchrecken, beunruhigen 2) für ein
Wahrzeichen halten: wovon *tetzahuitl* erfchreckliche Sache 2) Wahrzeichen, Vorbedeutung; *tetzacatl* und *tetzicatl* unfruchtbar (von Ge-
fchlechtern); *tetetzoa* glätten, hobeln; *tetzilihui* Fieberfchauer haben;
composita: *tetzcaltetl* Alabafter, *tetzcaltic* fehr glatt, polirt, *tlal-
tetzmulli* (vorn *tlalli* Erde) Geftrüpp, Reisbüfchel, *tetzmitl* eine
Pflanze; dazu mehrere Ortsnamen. Ein einfaches Wort *tetzco* kennen
wir nicht; + *tetzcan* erfcheint als *secundum* in *ultetzcan* Bremfe
(*primum*: *ulli* Gummi). Soll man in dem vorderen *co* (da das End-*co*
wohl gewifs die Poftpofition ift) einen zweiten Stamm fuchen, fo tappen
wir dabei ganz im Finftern. — *Tetzcoco*, jetzt Tezcuco: *villa*, See,
und in denfelben fich ergiefsender Flufs im mexicanifchen Thale, öftlich von Mexico; war im Alterthume eine fehr grofse und bedeutende
Stadt: feit Quinatzin die Hauptftadt des Reiches Acolhuacan, und Mit-
telpunkt aller der Cultur, womit diefe gebildete Dynaftie fich umgab;
das Athen von Anahuac. Sie öffnete dem Eroberer Cortes friedlich

N

ihre Thore, ehe Mexico fiel, und war fein Stützpunkt bei der Belagerung diefer Hauptftadt. Jetzt ift fie die Hauptftadt des Staates Mexico,
indem Mexico für eine Stadt der Föderation gehalten wird. Das Gentile ift *Tetzcocatl*, ein Einwohner von Tezcuco [Hervas]. — Wir fehen das End-*co* verfchwinden, wie es immer bei der Poftpofition gefchieht, in der Diminutiv-Form *Tetzcotzinco* (Klein-Tezcuco): einem
Landhaufe der Könige von Acolhuacan, wahrfcheinlich in der Nähe von
Tezcuco gelegen.

§ 30. T*epanecatl* (Gentile eines Ortsnamens *Tepan* fteiniger Ort,
von *tetl*), aber auch T*ecpanecatl* (welches *gentile* von *tecpan* fürft-
licher oder königlicher Pallaft ift; *tecpan* nannte fich auch ein Stadtviertel des alten Mexico; f. unten § 42): hiefs nach den meiften Berichten ein
mächtiger Stamm der Nahuatlaken, welcher nach Ixtlilxochitl (f. diefen
näher) mit den Acolhuern kam. Nur ihre eigne Erzählung (f. Torquemada und Humb. *Cord.* I, 164) weicht davon ab, nach der fie nicht von
aztekifcher Abkunft, fondern Nachkommen der „acolhuifchen" Könige
waren, welche vor der Ankunft der Azteken Anahuac beherrfcht hatten.
Diefer Angabe folgend, nennt Humboldt die Tepaneken *Cord.* II, 386
und *Essai pol.* I, 411 mit unter den uralten Völkern Mexico's. — Vor
der Ankunft der Azteken ftifteten die Tepaneken das Reich von Azcapozalco, hielten diefe lange Zeit tributär; und bildeten, durch die
Ufurpation des Reiches Acolhuacan, eine bedeutende Macht: bis fie
durch die vereinten Waffen der alten Königsfamilie von Tezcuco und
der Mexicaner 1425 derfelben beraubt, ihr Reich zerftört und fie Mexico unterworfen wurden. Kurze Zeit nachher bildete jedoch der mexicanifche König Itzcoatl aus dem gröfsten Theile ihres Landes das
Königreich Tlacopan, das dann in engfter Verbindung mit dem Reiche
Mexico blieb; der übrige Theil war Mexico unmittelbar unterworfen.

A*zcapotzalco* ift eine alte Stadt im mex. Thale, einft Hauptftadt des Reiches der Tepaneken. — Der Name bedeutet: Ort der Amei-
fenhaufen, *azcaputzalli*. Letzteres Compofitum ift von *azcatl* Ameife
und dem nur als *sec. compositi* vorkommenden +*potzalli*, das mit
pozahua und *popotzoa* auffchwellen, wie mit *poxahuac* aufgetrie-
ben, fchwammig Einen, mehrfach verzweigten, Stamm bildet; *tozam-
potzalli* heifst ein Maulwurfshaufen (von *tozan* Maulwurf), *quauh-*

putzalli (von *quahuitl* Baum) ein wild verwachfenes Gefträuch oder Wald.

TLACOPAN (Ortsform entweder von *tlacotl* Ruthe, Reis, auch Laudanum-Baum; oder von *tlacotli* Sklav, Knecht): im Alterthume Stadt und kleines Königreich weftlich von Mexico, das von Itzcoatl nach dem Tode des Maxtlaton errichtet wurde, und einige Städte der Tepaneken und die Dörfer der Mazahuer begriff. Vor der Eroberung Mexico's nahm Cortes den König gefangen und die Stadt ein. Nach der Stadt ging der, nach ihr benannte, weftliche Damm von Mexico über den See Tezcuco. Ein Einwohner der Stadt oder des Reiches heifst *Tlacopanecatl* [Vet.]. Die Stadt heifst jetzt Tacuba und ift *villa* in der Provinz Mexico. — 2) Tacuba heifst auch ein Dorf in der Provinz Sonfonate (f. unten § 60).

TLAHUICATL (Gentile von *tlahuitl* Zinnober: weil in dem Lande fich viel Zinnober fand) wird die mexicanifche Form für das Volk der Tlahuiken feyn. Daffelbe war ein Stamm der Nahuatlaken; und hatte nach der Einwanderung einen grofsen Landftrich, welcher von den füdlichen Bergen des mexicanifchen Thals anfing und bis zu den Cohuixken füdlich fich erftreckte, inne; diefes Land hiefs *Tlahuican*: und war unabhängig, bis Itzcoatl den gröfsten Theil deffelben Mexico unterwarf. Die Hauptftadt des Landes war Quauhuahuac.

TLAXCALLAN (von *tlaxcalli*: Ort des Brodtes oder der *tortillas*: weil das Land fehr ergiebig an Mais war; *tlaxcalli* felbft ift nichts als das *partic. pass.* von *ixca*, backen, braten), jetzt Tlascala. Die Tlascaler (*sing. Tlaxcaltecatl*) waren ein Stamm der Nahuatlaken. (¹)

<hr>

(¹) In einer Stelle des *Essai pol.* (I, 353) läfst Humboldt aber die Einwohner von Tlascala von den Chichimeken abftammen. — In Rückficht auf die Sprache der Tlascaler (Teochichimeken), Chichimeken und anderer Nahuatlaken äufsert Boturini, im Einklange übrigens mit Ixtlilxochitl (f. oben S. 80^{m-mf}, 90^m), eine den meiften anderen Nachrichten entgegengefetzte Anficht (vgl. oben S. 79^{nn}, 90^{mm}). Er wirft nämlich an einer Stelle feiner *Idea* die Behauptung auf: dafs die aztekifche Sprache (das *nahuatl*) nur den Tolteken eigen gewefen, und von den fpäteren Bewohnern Anahuac's (fogar den Mexicanern!), mit Ablegung ihrer eigenen Idiome, als eine fremde angenommen fei. *Ni hay lengua*, fagt er (p. 96), *que en lo cortesano, en lo pulido, en lo tierno, y en lo realzado de sus Metaforas se pueda igualar à esta, como que fuè labrada à golpes de Poesía en el decurso de las dos Edades, Divina y Heroica, por una Nacion tan ingeniosa y cientifica como la Tultèca; motivo por el qual las Naciones Chichimèca, Mexicàna y Teo-*

Sie liefsen ſich anfangs in Poyauhtlan nieder; von da aber durch andere
Stämme der Nahuatlaken vertrieben, theilten ſie ſich: einige ſiedelten
ſich in Tollantzinco und Quauhchinanco, andere um Quauhquechollan
an, die dann den Namen Tlascaler verloren; die Hauptmaſſe des Stammes ging aber durch Cholula, vertrieb die Olmeken und Xicallanken,
und baute die Stadt T l a s c a l a. Durch Tapferkeit und Kriegsluſt,
durch die ſie ſich vor allen Völkern von Anahuac auszeichneten, dehn-
ten ſie ihr Gebiet aus: das nunmehr in vier Cantone, jeden unter einem
Oberherrn, getheilt wurde und die berühmte Republik von T l a s c a l a
bildete, regiert durch dieſe vier Häupter und einen Senat der Edeln.
Sie behaupteten ſich in wechſelnder Feindſchaft und Kriegen mit den
Mexicanern, Cholulern und Huexotzinken: immer mit den einen gegen
die anderen verbündet; auch in dem letzten grofsen Kriege, den Motezuma II gegen ſie führte. Der energiſche Beiſtand, welchen ſie dem
Cortes während der ganzen Eroberung leiſteten und ohne den dieſelbe
ſchwerlich gelungen wäre, hat ihren Namen berühmt gemacht, und ver-
ſchaffte dem kleinen Gebiete von Tlascala unter der ſpaniſchen Herrſchaft viele Begünſtigungen und einen Schein von Freiheit. Auch noch
jetzt iſt das Gebiet von Tlascala vom Staate Puebla, von dem es rings
umſchloſſen wird, getrennt, und bildet ein Territorium der vereinigten
Staaten von Mexico. 2) iſt Tlascala ein Dorf in Neu - Leon, 30 *leguas*
nördlich von Monterey (ſ. unten § 36 und § 60); das Dimin. *Tlasca-
lilla* ſ. bei San Luis Potoſi (§ 37).

X o c h i m i l c o (von *xochitl* Blume und *milli* Grundſtück: Ort
der Blumenfelder; Blumenfeld, Blumenplan): im Alterthume eine Stadt,
und zwar die gröfste im mexicaniſchen Thal nach Mexico und Tezcuco;
am See Chalco, mit ſchwimmenden Gärten auf dem See, auf denen man
eine bedeutende Blumenzucht trieb (daher der Name). Jetzt iſt ſie ein
Dorf; und hat der See ſich in zwei beſondere Seen getrennt, wovon der
eine Xochimilco heifst. Die Xochimilker waren einer der ſieben Stämme
der Nahuatlaken, und wurden unter Itzcoatl Mexico unterworfen.

§ 31. Einige Zeit nach dieſen ſechs Stämmen der Nahuatlaken, nach
Humboldt (*Cord.* II, 389; *Essai pol.* I, 347) im J. 1196, langte der mäch-

tigſte und wichtigſte, 7ᵗᵉ Stamm derſelben, die Azteken, in Anahuac (in Tula) an. S. ihren Artikel oben (S. 6ᵐ′-7ᵐ′). Im Jahre 1325 der chriſtlichen Zeitrechnung gründeten ſie im mexicaniſchen Thale ihre Hauptſtadt Mexico oder Tenochtitlan:

Mexico: vom Kriegsgotte *Mexitli*, der Hauptgottheit der Nation, benannt, mit dem Orts-Suffix *co*: Ort des Mexitli oder ſeines Tempels; für dieſe Etymologie entſcheidet ſich Clav., und ſie iſt gewiſs richtig; andere Verſuche es abzuleiten, zu unwahrſcheinlich, um ſie hier anzuführen, kann man nachſehn bei Clav. I, 168 und 169 Anm. So nannten die Azteken ihre im Jahre 1325 nach Chr. um das Heiligthum, den nachherigen groſsen Tempel, ihres Gottes Mexitli oder Huitzilopochtli ſich bildende Stadt: die nach gerade zu einer ungeheuren Gröſse anwuchs, und die Hauptſtadt des groſsen mexicaniſchen Reiches wie der Sitz ſeiner Könige wurde. Die Mexicaner ſelbſt ſcheinen ſie mehr Tenochtitlan genannt zu haben: wenigſtens den einen Theil, Tlatelolco nicht mit begriffen; und es ſcheinen die Spanier erſt den Namen Mexico allgemein gemacht zu haben. Die alte Stadt lag auf einer Inſel am weſtlichen Ende des Sees Tezcuco, und war durch drei Dämme: in Norden, Weſten und Süden, mit dem feſten Lande verbunden. (¹) — 1519 am 21 April (dem grünen Donnerſtage) landete Cortes mit ſeinen Spaniern an

---

(¹) Ich verzeichne hier einige Wörter der aztekiſchen Sprache, welche auf dieſe Waſſerlage der alten Stadt Mexico Bezug haben oder dieſer Beſonderheit ihre Entſtehung verdanken: *ATZAQUA* (aus *atl* Waſſer und *tzaqua*: verſchlieſsen, zumachen, zuſtopfen; zuſammengeſetzt) bedeutet: Waſſer abſangen, ſtauen (damit es nicht herausgehe; daher *atzaqualoni* Zapfen in einem Teiche), und als *reflexivum*: ſich inſelartig gegen das Waſſer abſchlieſsen, ſich eine Inſel machen. Von dieſem Verbum *atzaqua* ſind abgeleitet: *Atzaqualco* (das *part. pass.* mit der Ortsendung *co*; Bed. = Inſel), ein Quartier der alten Stadt Mexico; *Atzaccan* (unmittelbar vom Stamme *atzaqua*, mit Verkürzung, abgel.: mit der Ortsendung *can*; Bed. ebenfalls = Inſel), ein Ort bei Hernandez; und namentlich *CEMATZAQUALTIN*: eine merkwürdige Form, welche ſpaniſch durch *una vecindad* [Mol.], ein Revier, überſetzt wird. Es iſt von dem *participium* oder Subſt. *atzaqualli* durch das Präfix *cen* (vor Vocalen *cem*): welches zuſammen, auch ganz anzeigt; aber auch 2) eine bloſse Nebenform von *ce*, eins, iſt: abgeleitet; und von dieſer Bildung iſt der Plural (auf *tin*) genommen. Der Sinn des Wortes iſt: die Geſammtheit einer durch Waſſer abgeſchloſſenen Häuferzahl; Häuſer, die mit einander Eine Inſel bilden, und ihre Bewohner. Wenn die Bedeutung des Wortes, wie die Überſetzung *una vecindad* anzeigt, allgemein die eines Stadtquartiers iſt; ſo kann der Ausdruck (wegen des *atl*) nur aus der beſonderen Lage der aztekiſchen Hauptſtadt entſtanden ſeyn. Vielleicht hat er aber nur in dieſer Hauptſtadt ſelbſt Geltung gehabt.

der Küfte von Veracruz (Clav. III,15), und hielt nach verfchiedenen Unterhandlungen am 8 November (Clav. III,79) einen friedlichen Einzug in die Stadt; verliefs fie 1520, von den Mexicanern hart verfolgt, in der Nacht des 1 Juli (¹) (*noche triste*); und nahm fie am 13 Auguft 1521 (²) nach einer mühfeligen Belagerung mit Sturm ein, von wo an fich die fpanifche Herrfchaft datirt. Die jetzige Stadt liegt auf dem feften Lande, indem der See fich weit nach Often, nach Tezcuco zu, zurückgezogen hat; fie liegt an der Stelle der alten Stadt, ift aber als eine ganz neue zu betrachten: indem von den alten Gebäuden nichts übrig geblieben ift; fondern, was nicht in der Belagerung zertrümmert war, zum Behufe des, 1525 von Cortes begonnenen Neubaues, niedergeriffen wurde. Die Einwohner der Stadt hiefsen fchon im Alterthume Mexicaner (*Mexicatl*); fchwerlich nannte man aber fo die Bewohner des ganzen Reiches, und das Reich felbft Mexico: wie die Spanier gethan haben, die fo alle die Länder nannten, welche dem Vicekönig von Neufpanien unterworfen waren (die bei weitem nicht alle zu der alten Krone von Mexico gehörten); fo wie man jetzt fo die aus denfelben, mit Hinzunahme der Chiapas von Guatemala, gebildete Republik nennt.

TENOCHTITLAN (von *tetl* Stein und *nochtli* Nopal: Ort des Stein-Nopals): der Name, welchen die Stadt Mexico, wenigftens der eine Theil, Tlatelolco nicht mit inbegriffen, bei den alten Mexicanern felbft hatte. Das Orakel hatte den Azteken geboten ihre Wandrung da zu beendigen, wo fie einen Adler auf einer aus einem Stein hervorgewachfenen Nopal-Pflanze finden würden; diefs fanden fie an der

---

ATZOTZONA, wörtlich: Waffer fchlagen (von *tzotzona* fchlagen 2) [*v.r.*] fich an etwas ftofsen), bedeutet: die Grundlagen einer Mauer legen durch ftampfen der Erde (*hacer cimiento de pared sobre la tierra pisándola mucho, sin abrir zanja*); wohl auch: durch einrammen von Pfählen, und wohl überhaupt vorzüglich oder allein im Wafferbau (es bedeutet auch zweitens: Wäfche wafchen durch fchlagen gegen einen Stein, wie es noch jetzt im Lande Sitte ift); davon kommt *ATZOTZONTLI*, Grundmauer oder Grundpfahl eines Gebäudes in einem See (*estaca de cimiento de edificio, donde hay laguna*). Die fpan. Überfetzung des Verbums ift wieder allgemein, ohne Rückficht auf *atl*; aber die Ausdrücke werden wieder entweder allein von der Stadt Mexico gelten; oder, wenn fie allgemeiner find, aus ihrer befonderen Bauart entftanden feyn.

(¹) Bernal Diaz fetzt den 10 Juli, an welchem Tage aber Cortes nach feinem eignen Bericht in Tlascala eintraf; f. Clav. III,135-6.

(²) Clav. III, 227 und 232.

Stelle, wo fie Mexico erbauten: und daher kommt der Name. (S. darüber auch Prescott I, 15-16*.) Ein folcher Nopal auf einem Stein
(aber ohne Adler, der im Namen nicht vorkommt) war die Hieroglyphe
der Stadt Mexico. Die neue Republik hat den Adler auf dem Nopal
zu ihrem Wappen gemacht. — Tenochker (wahrfcheinlich mexicanifch *Tenochcatl*) nannten fich die Bewohner des einen Theils der
Stadt, zum Unterfchiede von den Tlatelolkern.

TLATELOLCO, ein Theil der alten Stadt Mexico. Schon auf der
Wanderung brach Zwietracht unter den Azteken aus. Nachdem Tenochtitlan erbaut war, fonderte fich die andere Parthei ganz ab, und
baute 1338 auf einer anderen Infel des Sees Tezcuco die Stadt Tla te-
lolco (wohl nicht, wie es fcheinen kann, abzuleiten von *tlatelli* kleine
Anhöhe, grofser Erdhaufen; und dem Stamm von *ololoa*: rund machen 2) fammeln, aufhäufen [vgl. *olli*]: wegen eines Erdhaufens oder
einer Schanze, welche fie errichteten; fondern es liegt wahrfcheinlich
tlatelli nicht unmittelbar, und *ololoa* gar nicht darin, was auch
Xaltilolco beftätigt: und es ift vielmehr das ganze Wort *partic. pass.*
eines in Derivatis erfcheinenden Stammes +*teloa* oder +*tiloa* (¹)), zu-

---

(¹) +*teloa*, +*tiloa* erfcheint als 2ᵗᵉʳ Theil in *mateloa, matiloa* (vorn *maitl*, Hand):
mit der Hand reiben, verwunden; mit Salben beftreichen, falben (davon *decomposita*: *quech-*
mateloa oder — *tiloa, ix-a-matiloa, ix-mamatiloa*); und reduplicirt als *teteloa*:
mit dem Ellbogen ftofsen. *tlatelolli* wäre das regelmäfsige *partic. pass.* von diefem uns ent-
fchwundenen Verbum *teloa*, und von *tlatelolli* ift der Stadtname *Tlatelolco* die Ortsform.
Das *pron. tla* (etwas), welches für das einfache Wort nothwendig ift, verfchwindet, wenn ein
wirkliches Subft. vorn antritt; daher find directe Derivata von *tlatelolli, tlatelolco* die
Ortsnamen *Xaltilolco* (vorn *xalli*, Sand), früherer Name für Tlatelolco; und *Ocotelolco*
(*primum*: *ocotl* Fichte), einer der 4 Cantone von Tlascala. Von *teloa* ift ein nächftes Derivatum +*teliuhcatl*, +*tiliuhcatl* (als entfpringend aus einem *verbum neutrum telihui*,
unmittelbarem Ausfluffe der activen Form *teloa*), welches als *secundum* in *ix-teliuhcatl*,
ix-tiliuhcatl Backe (*primum*: *ixtli* Geficht) auftritt.

    Das Subft. +*telli*, +*tilli* erfcheint als *SECUNDUM*: mit dem *pron. tla* in *tlatelli*,
tlatilli kleine Anhöhe, grofser Erdhaufen (davon wieder, durch Vorfatz von *calli* Haus:
callatelli Weiler, *Callatillan* Dorf bei Atlatlauca); mit *tetl* Stein, oder auch nur reduplicirt, in +*tetelli*, das nur vorkommt: *a*) mit Vorfätzen: *tlalli* Erde in *tlaltetelli* Erdhaufen *b*) in Ortsformen: *tetella* rauhe, gebirgige Gegend (auch 3 Ortsnamen in Mexico: *Te-*
tela del Volcan, Tetela de Xonotla oder *de Tonatla, Tetela del Rio*); +*tetelco*
in einem Worte *xantetelco* (vorn: *xamitl* Backftein); mit *tzintli* (*podex*) in + *tzin-*
telli, das *primum* in zwei *compositis* ift: *tzintel-macahua* und *tzintel-aqui-ti-huetzi*,

erſt Xaltilolco genannt (mit Vorſatz von *xalli* Sand): welche zwar mit Tenochtitlan Eine Stadt bildete, aber politiſch ganz davon getrennt war und unter eigenen Königen ſtand. Die öfter wieder ausbrechenden alten Zwiſtigkeiten und Kämpfe zwiſchen beiden Theilen endeten unter Axayacatl mit der völligen Unterwerfung von Tlatelolco: das einen mexicaniſchen Statthalter erhielt. Tlatelolco war berühmt wegen ſeines groſsen Marktes; es war der letzte Zufluchtsort der Mexicaner, als Cortes die Stadt ſtürmte: und ſeine Einnahme vollendete die Eroberung der Hauptſtadt.

§ 32. Ich nenne noch zwei Dependenzien von dem Reiche Mexico: einen Staat, Tepeyacac; und eine ſehr kleine Gemeinſchaft, Iztapalapan: Tepeyacac (von *tepetl* Berg und *yacatl* 1) Naſe 2) Spitze: auf der Spitze des Berges): 1) im Alterthume groſse Stadt und Staat unter mexicaniſcher Hoheit, von den Spaniern eine Zeit lang *Segura de la Frontera* genannt; jetzt Tepeaca, *ciudad* in der Provinz Puebla; 2) Berg unweit der Stadt Mexico, wo jetzt die prächtige Kirche von *Nuestra Señora de Guadalupe* liegt. Dieſe Stelle lag in der alten Zeit am Ufer des Sees Tezcuco: daher der nördliche Damm, welcher die Stadt Mexico mit dem feſten Lande verband, der Damm von Tepeyacac hiefs. Tepeyacac, auch Guadalupe genannt, iſt auch ein kleiner Fluſs, der in den See Tezcuco geht.

Itztapalapan bedeutet: an dem Waſſer der Steinplatten; von *itztapalli* groſser Quaderſtein, zum pflaſtern gebraucht [*losa para enlosar*], Steinplatte; *apan* von *atl* Waſſer. Clav. ſchreibt meiſt *Iztap.*; die Ableitung iſt aber zu einfach, als daſs die Richtigkeit der Schreibart *Itzt.* bezweifelt werden könnte. Es war im Alterthume eine bedeu-

---

saltar y caer de nalgas; mit *cintli* Maisähre (wenn es nicht wieder *tzintelli* iſt) in *Zintelapa*, Dorf in Chiapa. **+***telli*, **+***tilli* erſcheint ferner als *primum*: mit *chihua* machen, thun, in *telchihua*: verachten, verabſcheuen, verfluchen 2) verſpotten; mit *icza* treten in *telicza* von hinten treten; mit *quetza*: aufrichten, aufſtehn 2) ſtehn bleiben, in *telquetza*: ſtutzend ſtehen bleiben; auch in *telpochtli*, *telpocatl* Jüngling erweiſt es ſich als *primum*, wenn man dieſes mit *ichpochtli* Jungfrau und *ichpocatl* junges Mädchen zuſammenhält. **+***telli*, **+***tilli* erſcheint drittens, als Grundlage, in den *derivatis* (die theilweiſe auch aus *teloa* ſelbſt haben hervorgehn können): *telhuia* einen Stoſs, ein Schnippchen geben; *teltia* ſtolpern; **+***teltic*, *sec.* in *quechteltic* krumm- oder ſteifhälſig (*pr.: quechtli* Hals); **+***telquic*, *sec.* oder reduplicirt in *tetelquic* von rauhem Geſchmack.

tende Stadt bei Tezcuco, unter einem Vafallen der Könige von Mexico;
jetzt Dorf.

Ich nenne auch noch einen kleinen Staat, welcher unter der Hoheit
von A c o l h u a c a n ftand:

XALTOCCAN (von *xalli* Sand, und *toctli*: grünes Maisblatt, die
grüne Maispflanze, das grüne Maisfeld; alfo: Ort des fandigen Mais-
feldes; doch ift -+- *toctli* [mit Vorfätzen] auch Participial-Form des
Stamm-Verbums *toca* [von dem auch jenes Subft. herkommt], wie das
wirkliche *partic. tlatoctli* beweift: in die Erde gefcharrt, begraben
2) gefäet, gepflanzt): im Alterthume Stadt und kleiner Staat des Reiches
Acolhuacan, auf einer Infel des nach ihr benannten Sees. Jetzt heifst
der See S. Cristobal, und wird durch den Damm von Xaltocan in zwei
Theile getheilt: deren nördlicher der See von Xaltocan heifst; in dem
auch der Ort, ein Dorf, liegt. — Ein Einwohner des Ortes heifst *Xal-
tocatl* [Vet.], beffer *Xaltoccatl*.

§ 33. Nachdem ich fo die Reihe der alten und neuen Völker: derer,
welche das grofse Land Mexico von alter Zeit her bewohnten; und derer,
welche nach Gefchichts-Überlieferungen von Norden eingewandert find; in
einzelnen geographifchen und hiftorifchen, zugleich etymologifchen Artikeln
durchlaufen bin; und bei den eingewanderten Völkern, Nahuatlaken oder
Nicht-Nahuatlaken, die Namen ihrer Staaten und Hauptftädte genannt habe:
bleiben mir in der Behandlung des alten Landes von Anahuac noch drei
Staaten, welche Theile deffelben waren und aztekifche Namen tragen, übrig:
indem fie in keiner Verbindung mit einem Völkernamen ftehn. Diefe find:
das taraskifche Königreich M i c h u a c a n, und die Republiken C h o l o l l a n
und H u e x o t z i n c o:

MICHHUACAN ift abgel. von *michhua*, Fifcher, der Poffeffiv-
Form von *michin* Fifch; alfo: Land der Fifcher. So erklärt es auch
Hervas (14); Vetancurt (13, *b*) überfetzt *michhua* aber nur: Herr der
Fifche; und führt noch eine andere Ableitung an: von *michin* und
huaqui trocknen, wo es *Michhuaccan* zu fchreiben wäre; alfo: Ort
der trockenen Fifche. Vetancurt bemerkt dabei, dafs eine Art getrock-
neter Fifche aus der Provinz kam, *charari* genannt. Michuacan, wie
es jetzt (immer ohne *h*) gefchrieben wird, war ein Theil des alten Anahuac, nordweftlich von Mexico; ein unabhängiges Reich, in dem die

O

Hauptnalion die Tarasken waren, unter eigenen Königen. Es ift merkwürdig, dafs die Gefchichte keine Kriege zwifchen diefem und dem mexicanifchen Reiche erwähnt: daher wir auch von ihm faft nichts wiffen.
Die Einwohner befafsen viel Gefchicklichkeit und Kunftfleifs. Als Cortes Mexico erobert hatte, unterwarf fich ihm der König Catzontzin frei-
willig; doch foll nach Guerra hier Nuño de Guzman unendliche Grau-
famkeiten verübt haben. Die nachherige Intendanz Valladolid umfafste fo ziemlich diefes Land, aus der der jetzige Staat Michuacan entftanden ift.

CHOLOLLAN [jetzt *Cholula*] ift abgel. vom Verbum *choloa*, bedeutend: 1) fpringen, auch vom Waffer; 2) fliehen. Der Name kann
alfo bedeuten: Ort, wo das Waffer fpringt, Ort der Flucht oder auch:
der Flüchtlinge; in letzter Art erklärt es Hervas. Cholula war eine
berühmte alte Stadt und Republik neben Tlascala: mit diefem in faft
fortwährender Feindfchaft, obgleich beide Staaten vom Stamme der
Tlascaler bevölkert waren. Jetzt ift es *ciudad* in der Provinz Puebla.—
Ein Einwohner von Cholula heifst *Chololtecatl*. Ich habe diefe gentilitifche Form in den Ortsnamen Choluteca u. f. w. bei Guatemala
weiter verfolgt (f. § 47).

HUEXOTZINCO ift die Diminutiv-Form eines, auch als Ortsnamens vorkommenden Appellativums *huexotla* Weidengehölz (durch
die Local-Endung *tla* von *huexotl* Weide abgeleitet); alfo: kleines
Weidengehölz, kleine Weidenpflanzung. — Huexotzinco war im Alterthume eine Stadt und befondere Republik des Landes Anahuac, an
der füdlichen Gränze von Tlascala, an der Weftfeite von Cholula; jetzt
ift es ein Dorf in der Provinz oder dem Staate Puebla.

VII. Verbreitung aztekifcher Ortsnamen im allgemeinen und im nördlichen Mexico.

§ 34. Den Reichthum der über zwei grofse Länder der neuen Welt
geftreuten aztekifchen Ortsnamen zu zeigen, ift, wie ich fchon einmahl
bemerkt habe, Ein Zweck der gegenwärtigen Schrift. Er wird mehr in der
fpäteren Fortfetzung als in diefem erften Theile fichtbar werden. Die näch-

ften Urfachen, die fich darbieten, reichen nicht aus, um die Intenfität diefer Verbreitung zu erklären: die dichte Befetzung von Provinzen mit folchen Namen, in denen hauptfächlich oder allein ganz andere Sprachen geredet werden; und die, wenn auch fpärlichere Zerftreuung derfelben in weite Ferne, in den höheren N o r d e n v o n M e x i c o und bis nahe in den füdlichften Theil des Reiches G u a t e m a l a. In diefer Beziehung gilt auch fchon Humboldt's Angabe (f. die Stelle oben S. 11ᵐᶠ): dafs die aztekifche Sprache verbreitet fei vom 37° N. B. bis nach N i c a r a g u a. Als Beifpiele der ftarken Befetzung von Provinzen, in denen fremdartige Sprachen herrfchen, führe ich an: Oaxaca, Michuacan, und die ganze nördliche Hälfte Guatemala's. Der einzelnen Beweife, dafs in Örtern aztekifchen Namens a n d e r e S p r a c h e n gefprochen werden (fowohl in Mexico als in Guatemala), giebt es fo viele, fie bieten fich fo fehr überall dar, dafs es nicht nöthig wäre dergleichen anzuführen; doch will ich einige hier wie beiläufig bemerken. Zu C o t z u m a l g u a p a m (wohl *Cozamaloapan*, am Regenbogen-Waffer) in Guatemala (Prov. Itzcuintla) wird die Sprache Cachiquel gefprochen (Juarros II, 9), in S. Antonio de S u c h i l t e p e q u e s die Sprache Zutugil. „Das Gebiet der M a m e s (fagt Juarros eben da) begriff, was jetzt der Bezirk (*partido*) G u e g u e t e n a n g o ift, einen Theil des Bezirks Q u e z a l t e n a n g o und die Provinz S o c o n u s c o; denn in allen diefen Gegenden ift die Sprache M a m oder P o c o m a n einheimifch (*es la materna*). Befonders merkwürdig ift aber, dafs die Sprache Pocoman als eigne (*como propia*) in fehr entfernten Ortfchaften der genannten Provinzen der Mames gefprochen wird, als da find: *Amatitan*, *Mixco* und *Petepa*; in der Provinz Sacatepeques: *Chalchuapa*; in der Prov. S. Salvador: *Mita*, *Jalapa* und *Xilotepeque*; in der Prov. *Chiquimula*." Alle die genannten Örter und Bezirke, füge ich hinzu, find aztekifche Namen. Perfönlich kann ich bezeugen, dafs in den Gebirgen von Oaxaca, in denen ich eine längere Zeit gewohnt habe, in der *Sierra* von I ftl a n, wir umringt waren von Örtern aztekifchen Namens: *Istlan, Capulalpan, S. Miguel de Amatlan, S. Catalina de Ixtepexi, S. Juan Chicomesuchil* u. f. w.; obgleich in diefen Örtern und diefem Berglande nur die *Zapoteca serrana*, die zapotekifche Sprache vom Gebirge, gefprochen wird. Wenn folche Namen unter fo vielen fremden Zungen angetroffen werden; fo bleibt es unerklärlich, dafs in Y u c a t a n, in dem Lande der Maya-Sprache, wohin doch auch Trümmer der Tolteken im 11ᵗᵉⁿ Jahrhundert gelangten, kein einziger aztekifcher

Ortsname aufzufinden iſt. ([1]) Ich ziehe alles in Rechnung, was ſich unmittelbar und als gewöhnlich darbietet, um das Erſcheinen aztekiſcher Ortsnamen
an befremdender Stelle zu erklären: die Macht und den weiten Bereich der
mexicaniſchen Herrſchaft, alte und neue Colonien, die Wanderungen der
Völker, Vordringen der Hauptmaſſe und Zurückbleiben einzelner Abtheilungen; es konnte alles nicht ſo viel wirken. Soll man als einen Hauptgrund
annehmen, daſs die in weiter Ferne nach Norden und Süden liegenden Örter
bei den herrſchenden Mexicanern Namen hatten, welche die Spanier bei der
Fortſetzung der Eroberung durch die begleitenden aztekiſchen Hülfstruppen
vorzugsweiſe kennen lernten? ([2]) man kann der Sache eine ſo groſse Ausdehnung nicht einräumen. Soll man annehmen, daſs von den frühen Wanderungen von Norden her und nach Süden hin unter anderen Völkern zahlreiche
aztekiſche Ortſchaften entſtanden, oder ſpäter durch Colonien dahin verpflanzt
wurden, welche den aztekiſchen Ortsnamen beſtehen lieſsen, wenn ſie auch
bald die Sprache der Nachbaren annahmen? Es kann nicht mein Geſchäft
ſeyn hier die Vermuthungen und Möglichkeiten zu erſchöpfen; ich wollte
nur durch Hervorhebung der Thatſache: einer das Maaſs bekannter Urſachen bedeutend überſchreitenden Häufung und Erſtreckung aztekiſcher
Ortsnamen, Veranlaſſung geben, daſs alle die obwaltenden Urſachen ver-
ſchiedentlich erwogen würden und noch verborgenen Gründen nachgeſpürt
würde: da es deren geben kann, welche neue und wichtige Auffchlüſse über
die Bevölkerung des groſsen Continents zu gewähren vermögen. Ich behandle hier ſpeciell, als etwas vorzüglich merkwürdiges, die äuſserſten En-
den dieſer Namen-Erſtreckung: das Vorkommen aztekiſcher Ortsnamen in
den nördlicheren Theilen des Landes Mexico, und in den zwei groſsen
ſüdlichen Provinzen des Reiches Guatemala: Honduras und Nicaragua.

([1]) Doch nennen die neueren Ruinen-Entdecker (Stephens und Catherwood) Mayapan
(*Maya* mit der aztek. Poſtpoſ. *pan*: Maya-Ort, Maya-Land) als eine alte Stadt. Fried. von
Waldeck (*Voy. dans la prov. d'Yucatan* p. 23) weiſs ſogar von ihr zu ſagen, daſs ſie im J. 1160
nach Chr. entſtanden und im J. 1420 durch die Indianer zerſtört worden ſei.

([2]) Nach der Darſtellung von Juarros (ſ. § 41) ſollen die mexicaniſchen Hülfsvölker, welche
Pedro de Alvarado begleiteten, der Hauptſtadt der Cachiquelen von einer geringen Zufälligkeit
den Namen Quauhtemallan (Guatemala) gegeben haben; wenn die Sache in dieſem Falle von
uns etwas bezweifelt werden kann, ſo lernen wir doch dadurch eine Nebengattung der oben aus-
geſprochenen Namengebung kennen.

Die in Guatemala obwaltenden Verhältniffe und befonderen Urfachen werde ich in einer eignen Einleitung entwickeln.

§ 35. Im mexicanifchen Norden ift unfer Augenmerk gerichtet: auf Spuren der alten Heimath, oder alter Wohnfitze und Stationen der Völker aztekifcher Zunge bei ihrer Wanderung aus dem Norden nach dem Süden; auf Spuren zurückgebliebener Stämme derfelben; auf Colonien der Azteken: in den Zeiten ihrer Herrfchaft, oder während und nach der fpanifchen Eroberung ausgefandt, ausgezogen oder auf Zügen angefiedelt. Wir wiffen z. B. (f. Humboldt, *Vues des Cord.* II, 387), dafs fchon früh von Cholula Colonien ausgefandt wurden in die Mixteca, Zapoteca, nach Tabasco und Campeche. Die neue Geographie weift nach (vgl. Mühlenpfordt I, 209) Colonien der Azteken: mehrere im Staate Queretaro, Guanaxuato; Colonien von Azteken, namentlich Tlascalteken, im Staate San Luis Potofi; von Azteken an den Gränzen von Neu-Leon und Tamaulipas; wenige aztekifche Coloniften in den Staaten Durango und Chihuahua. Wenn uns nur das noch Herrfchen der aztekifchen Sprache an einzelnen folchen vom grofsen Centrum weit abgetrennten oder im fremden Lande liegenden Örtern; oder, da diefelbe häufig der fremden oder der fpanifchen Sprache gewichen feyn wird, das ehemalige Herrfchen derfelben: fpeciell berichtet würde! mit Sammlung von Schriftftücken aus dem Munde der Bewohner, aus denen wir fo vieles über den gegenwärtigen Zuftand und die Abartung oder Ausartung des Idioms, wie für die reine Azteken-Sprache überhaupt lernen könnten!

In dem ehemahligen Vicekönigreich Neufpanien, der jetzigen Republik Mexico, find *a*) voll von aztekifchen Ortsnamen: die Hauptfitze der aztekifchen Sprache: die Intendanzen (jetzt Staaten) Mexico, Puebla, Veracruz; *b*) es find entweder reich an folchen oder liefern doch viele Beifpiele folgende Provinzen, in denen gröfstentheils oder theilweife andere Sprachen herrfchen: Queretaro, Oaxaca, Tabasco, Tamaulipas, Michuacan oder Valladolid, Guadalaxara (jetzt Staat Xalisco genannt). Gar keine kommen vor in Yucatan, in beiden Californien, und in dem ganzen hohen Norden des Landes: in Neu-Mexico, wie in dem grofsen öftlichen Lande der freien Indianer (Coahuila und Texas).

Ich behandle hier fpeciell und im Gegenfatz zu den eben genannten diejenigen Provinzen (Staaten), in denen das Vorkommen aztekifcher Ortsnamen eine Merkwürdigkeit oder Seltenheit ift; und gehe dabei von Süden nach Norden. Unter folchen Ortsnamen darf aber eine kleine, von mir fpäter zu behandelnde, Claffe nicht als beweifend angenommen werden: aztekifche Wörter, welche als häufige Gegenftände des Landes in die fpanifche Sprache übergegangen find; namentlich fpanifche Formen oder fpanifche Derivata derfelben; z. B. in Durango: *Chalchihuites, Mezquital, Tunal;* in Zacatecas *Chiquihuitillo;* der Rancho *Chocolate* bei Altamira in Tamaulipas. Sie wurden den Örtern meift von den Spaniern beigelegt. Solche Namen können im höchften Norden vorkommen. Weil jedoch die Möglichkeit nicht ausgefchloffen ift, dafs (befonders bei einfachen Formen: dem fpan. *sing.* oder *plur.*) gelegentlich der aztekifche Name fich fchon vorfand (z. B. *Xacal, Jacal*); fo führe ich diefe Ortsnamen mit auf, verfehe fie aber mit einem Stern. Ein Fragezeichen fetze ich vor Namen, deren aztekifcher Urfprung zweifelhaft ift. Angefichts des Schweigens der Hauptquellen, wenn ich einer gelegentlichen Autorität folge, kann es wohl feyn, dafs ich diefe Provinzen mit einigen Örtern bereichert habe, welche andern Provinzen angehören und nur durch eine Verwechslung ihnen zugezählt find. Man wird auch manchen Wechfel zwifchen den Hauptquellen der Geographie des Landes bemerken.

§ 36. Im Staate GUANAXUATO finden fich die aztekifchen Namen: *Capulin (Kirfche), Real in der Diputacion Guanaxuato; Guachichiles, ein Volksftamm in Guanaxuato und Guadalaxara, deffen Namen ich für den Vogelnamen *quachichil* (mit rothem Kopf: von *quaitl* Kopf und *chichiltic* roth) halte: nach Lichtenftein eine Art *fringilla*, nach Molina Sperling (*parral ó gorrion*); Tolotlan wird noch als ein alter Ort genannt (von *toloa* 1) krümmen, beugen 2) verfchlingen).

In ZACATECAS: Atotonilco (Ort des warmen Waffers) Hacienda bei Sombrerete [Ward]; f. noch 3 Örter diefes Namens unten § 59. — *Chalchiguitec (*Chalchihuites*) ift bei Durango (S. 108ᵐ-9ᵉ) behandelt. — *Chiquihuitillo (fpan. *dimin.* vom fpanifch-mex. Worte *chiquihuite,* mex. *chiquihuitl,* Korb): d. h. *Cerro Ch.,* ein Berg mit Gruben (Mühl. II, 491). Das einfache fpan. *Chiquihuite* ift ein Dorf bei Cordova in der Prov. Veracruz [Bufchm.]. — ?Mazapil (*mazatl* Hirfch mit der mex. Diminutiv-Endung *pilli,* eigentlich: Kind), Dorf. — *Mezquite (fpan. Form des mex. *mizquitl:* Baum, der das ächte *gummi arabicum* liefert, eine Art Acazie), eine grofse Hacienda (Mühl. II, 490); andere Quellen geben den

ſpan. Plural *Mezquites* als einen Ort in Zac. an. — Nochiztlan (Ort der
Cochenille; *nocheztli*: wörtlich Blut, *eztli*, des Nopals oder der Cactus-
Pflanze, *nochtli*; heiſst die Cochenille: das bekannte Inſect, welches auf
dem *cactus nopal* wächſt) iſt nach Ward eine Stadt in Zac.; es iſt ferner
ein Dorf in Oaxaca (ſ. über letzteres ausführlich Mühl. II, 203-4). — *Te-
pesalar (ſo ſchreibt richtig Ward; der Name iſt halb mex.: *tepetl* Berg,
und halb ſpaniſch: von *sal* Salz) Ort bei Aguas Calientes, ergiebig an Salz;
Mühl. II, 491 hat *Tepesala*, mit Kupferbau. — *Tlacotes: Bach, vielleicht auch Ort (Mühl. II, 481); ſpan. *plur.* von *tlacotl* Ruthe, Reis 2) der
Ladanum-Baum. — Tlaltenanco, nach Ward ein Ort in Zac.; ſonſt: 1)
Dorf bei Mexico; 2) [Mühl. II, 391] Dorf in Guadalaxara (jetzt Jalisco) und
Fluſs daſelbſt, welcher ſich in den Rio de Xeres ergieſst. Der Name bedeu-
tet: Wall, Ort des Walles, *tlaltenantli*: von *tlalli* Erde und *tenamitl*
Mauer: dem Worte, von deſſen künſtlicher Bildung ich oben (S. 28ᵐ-29ᵈ)
gehandelt habe. — *Juchipila* iſt Xochipilla (von *xochitl* Blume und der
Dimin. Endung *pilli*: kleiner Blumenort); nach Humb. iſt es ein Real in der
Diput. Hoſtotipaquillo in Guadalaxara, nach Mühl. II, 482 ein *partido* des
Staates Zacatecas.

In NEU-LEON liegt das Dorf Tlascala (ſ. oben S. 93ⁿ-94ᵐⁱ *Tlaxcallan*), 30 *leguas* nördlich von Monterey (vgl. unten § 60). — Tamailipa
ſ. bei Potoſi (S. 107ᵃ).

§ 37. Die Provinz San Luis Potosi erſtreckt ſich zwar weit nach
Norden, am mexicaniſchen Meerbuſen, herauf; die aztekiſchen Ortsnamen finden ſich aber meiſt in den ſüdlichen Theilen. Ich nenne: Aztla, deſſen Merkwürdigkeit ich oben bei dem alten Aztlan S. 5ᵐᵐ-6ᵃ ſchon erwähnt habe. —
Chila (*Chilla*, Ort des ſpan. Pfeffers, *chilli*) war [nach Gomara] ein alter Ort, wie es ſcheint, bei Panuco; hierzu ſtimmt die jetzige *laguna de Chila*,
ein Landſee in S. Luis Potoſi (Mühl. II, 493); 2) iſt Chila ein Dorf in Puebla,
wohl eins mit Clavigero's *Chillan*; 3) ein alter Ort in der Miſteca. — Cozcatlan (Ort der Edelſteine; von *cozcatl* oder *cuzcatl*, ein rund gearbei-
teter Edelſtein) iſt 1) [nach Haſſel und Mühl. II, 499] ein Dorf in Potoſi 2)
[Buſchm.] Ort in der Gegend von Tepeaca in Puebla; mit einem oder dem
andren iſt zu vergleichen *Cozcatla* [Humb. *Cord.*], Ort der mex. Urge-
ſchichte; 3) war *Cozcatlan* vor der Eroberung ein groſses Reich einer eignen Nation, deren Sprache noch vorhanden iſt, in Guatemala, beſonders die

jetzigen Provinzen San Salvador und Sonfonate umfaffend; daffelbe wurde 1525 von Alvarado erobert. An der Stelle der gleich benannten Hauptftadt fteht jetzt die Stadt San Salvador; ein Dorf bei derfelben (Juarros *Cuscatan*, in der Pfarrei S. Jacinto) und jene Sprache führen noch den Namen fort. Auch heifst ein Dorf *Cozcatlantzinco* (Klein - Cozcatlan) [Juarros *Cuscatansingo*] im Diftricte und in der Pfarrei San Salvador. — Huehuetlan (von *huehuetl* oder *huehue*, Ort der Pauken oder der Greife), Ort im Partido Tancanhuitz (Mühl. II, 499); nach Yepes und Guerra (¹) ift es ein Ort, wahrfch. im Lande der Otomiten, wohl eins mit diefem; 2) [Ju. *Gueguetan*] Hauptpfarrdorf im Diftr. Soconusco in Guatemala. — ?Matehuala Dorf im Partido Catorce (Mühl. II, 502). — Mezquitic, Dorf 5 *leguas* weftlich von San Luis (Mühl. II, 497), früher mit Bergbau; ift irgend eine Form oder Corruption des obigen *mizquitl* (S. 104$^{r\prime}$ und unten 109^m). — Tamapache, ein Dorf. Man mufs es für die fpan. Form eines mex. Wortes *tamapachtli* halten, deffen Dafeyn erwiefen wird durch einen anderen Namen: *Tamapachco* (Ort des *tamapachtli*), einen alten Ort in Mexico. *tamapachtli* ift eine Zufammenfetzung aus: *a*) *pachtli*: Unrath von Pflanzen oder Bäumen, abgefallene Blätter u. a. 2) eine Schmarotzerpflanze, die auf den Eichen wächft; und *b*) einem, nicht allein vorkommenden Stammworte *tama*, das wir nur in feinen Compofitionen verfolgen können, z. B.: *tamazolin* oder *tamazolli* Kröte (worin man fchwerlich *zolin* Wachtel, fondern ein *derivatum* des Stammes *zoloa* zu fuchen hat), *tamachihua* meffen (*chihua* ift: machen, thun); dann kommt davon *tamalli*, Maisbrodt in Maisblätter gewickelt. — Compofita diefes *tama* find ferner die folgenden zwei Ortsnamen in Potofi: Tamafunchate, Ort im *partido* Tancanhuitz (Mühl. II, 499), fchwer zu löfen; und Tamaulipan: in welchem man als 2ten Theil das aztekifche Wort *olli* oder *ulli*, *gummi elasticum* und Ball daraus (als *ule* in das Span. übergegangen), mit der präpofitionalen Endung *ipan*, erkennen kann. *tama* + könnte auch in einem diefer Wörter aus *tlama* corrumpirt feyn; allein deffen Bed.: Arzt, Wundarzt, würde wenig paffen; *tlamaitl*, worin *tla* Pronominal-Vorfatz (von *maitl* Hand),

(¹) Mit Yepes meine ich: *Catecismo y declaracion de la doctrina cristiana en lengua Otomí, con un vocabulario del mismo idioma. Compuesto por el R. P. Fr. Joaquin Lopez Yepes. Megico 1826.* 4° min.; mit Guerra feine *revolucion de la Nueva Esp.* (f. oben S. 7^n, 9^n).

bedeutet: Ärmel. — T a m a u l i p a n, eine ächte aztekiſche Form, iſt ein Real in der Diput. San Nicolas de Cruz in Potoſi; die *Sierra de Tamailipa* in Neu-Leon [nach Haſſel] (¹) möchte daſſelbe Wort ſeyn. — Von einer ſpan. Form deſſelben (*Tamaulipa*) iſt der ſpan. Plural *T a m a u l i p a s* gebildet: neuerdings ein eigner Staat der mexicaniſchen Föderation, während der ſpaniſchen Herrſchaft unter dem Namen der Colonie Neu-Santander ein Theil der Intendantſchaft San Luis Potoſi. — T e q u i x q u i a p a n (dieſs iſt die ächte Form für *Tequisquiapam*; an dem Salpeterwaſſer: von *t e q u i x q u i t l* Salpeter, in welchem *te* von *tetl* Stein iſt, und *atl* Waſſer), ein Dorf (nach Haſſel) oder ein Stadtviertel der Stadt San Luis Potoſi (nach Mühl. II, 496). Die gleichbedeutende Form *T e q u i x q u i a c* (neu *Tequisquiac* geſchrieben) war im Alterthum eine Stadt im mex. Thale; es heiſst jetzt ſo noch ein Bach eben da, welcher die nördlichen Berge des Thals durchbricht und dahinter in den Tula geht. — *T l a s c a l i l l a (Klein-Tlascala, ſpan. *dimin.* von *Tlascala*) iſt nach Mühl. (II, 496) ein *barrio* der Stadt Potoſi; und damit iſt gewiſs identiſch die fehlerhafte Form *Tlacaxlilla*, welche Haſſel für ein Dorf in Potoſi angiebt. — T u l a (die neue Form für das ächte *T o l l a n*, welche ich ſchon oben S. 76 bei der alten Stadt im mex. Thale entwickelt habe), vollſtändig: San Antonio de Tula: eine Miſſion der Franciſcaner und Flecken 18 *leguas* nordöſtlich von Guadalcazar, unter 22° 52′ 14″ N. B. und 102° 24′ W. L. (²) — X i l i t l a Dorf im Bezirke Tancanhuitz (Mühl. II, 499). Es muſs ein Wort *xilitl* oder ähnlich gegeben haben, das uns fehlt; wir kennen nur das reduplicirte Verbum *xixili* ſtampfen, feſt ſtampfen, eindrücken; von dem fraglichen Subſt. kommen her *Xiliapa* [*Giliapa* geſchrieben] (*apa*: am Waſſer), Real in der Provinz Veracruz; und *Jilipanco*, Dorf im Diſtr. San Salvador in Guatemala. Bei letzterem wird man aber wieder irre durch

---

(¹) Unter H a ſ ſ e l meine ich: „Vollſtändige und neueſte Erdbeſchreibung vom Reiche Mexico, Guatemala und Weſtindien   Bearb. von G. H a ſ ſ e l und J. G. Fr. C a n n a b i c h. Weimar 1824. 8°"; auch unter dem allg. Titel: „Vollſtändiges Handbuch der neueſten Erdbeſchreibung von Gaſpari, Haſſel etc. Bd. 18."

(²) nach Haſſel, Ward(³), Mühl. II, 498; A l c e d o *dicc. geogr. hist. de las Indias occid.* T. V. *Madr.* 1789 p. 227. Alcedo ſetzt es 25 *leguas* öſtlich von Guadalcazar; zu ſeiner Zeit enthielt der Flecken 100 Familien von bekehrten Chichimeken, nebſt 100 Reitern zum Schutze der Miſſionen und um den Anfällen der wilden Indianer zu ſteuern.

(³) H. G. W a r d, *Mexico in 1827.* Vol. I. II. *London* 1828. 8°. Der Verfaſſer war engliſcher *chargé d'affaires* in Mexico in den Jahren 1825 und 1826.

P

eine Form *Gilopango* (*Xilopanco*), See in der Provinz San Salvador. *xi-loll* heifst die zarte Maisähre: in dem Zuftande, wenn die Körner noch keine Feftigkeit gewonnen haben.

§ 38. In CINALOA (SONORA) ([1]): Cacalotlan (Ort der Raben, *cacalotl*): Pfarrdorf 4 *leguas* von Rofario, das in 23° 15′ N. B. liegt [Mühl. II, 407 und 405]; *Cacalotla* fcheint ein Ort bei Tlascala zu feyn. — Chiametlan [fo richtig bei Gomara und Humb., *Chiametla* bei Mühl., anderwärts *Chametla*] (von *chia* oder *chian*: ein Saame, aus dem Öhl gemacht wird; und eher *etl* Bohne als *metl* Maguey; dürfte man eine Vocal-Veränderung annehmen, fo würde *chiamatl* näher liegen: Chia-Öhl, auch zum firniffen der Gemälde gebraucht; von *chian* und *atl* Waffer): Dorf am ftillen Meere, in 22° 39′ N. B. — Copalla (Ort des Copals, *copalli*: Pfarrdorf und Bergwerks-Ort in 24° N. B. und 108° 25′ W. L. (f. Mühl. II, 409 u. 412); es ift zugleich ein Real in der Diput. Hoftotipaquillo in der Prov. Guadala-xara; die Sage nennt fo ein altes Reich nördlich von Mexico. — Über Culiacan, die gegenwärtige Hauptftadt diefer Provinz, das alte Huei-Colhuacan, Station der Nahuatlaken; auch einen Flufs, fo wie über den Volksftamm der *Huei-Colhues* habe ich oben S. 86ᵉ und 89ᵐᶠ gefprochen. — Escuinapa (fo richtig Mühl., bei Andern *Escumapa*), zu berichtigen *Itz-cuinapa* (am Waffer, *atl*, der Hunde, *itzcuintli*): Pfarrdorf in 23° N. B. und 108° 15′ W. L. von Paris, an der Gränze von Xalisco. — Mazatlan (Ort der Hirfche, *mazatl*), Hafenftadt am californifchen Meerbufen und Prefidio in 23° 15′ N. B., habe ich oben (S. 18ᵃⁿᶠ) behandelt. — Piaztlan (von *piaztli*, eine Art von länglichem Kürbifs) [auch *Piaxtlan*, *Piastla* ge-fchrieben: *San Ignacio de Piastla*]: ein grofses Pfarrdorf und Hauptort eines *partido* [Mühl. II, 407], auch Flufs (*Rio de Piastla*, *ib.* 400); vielleicht eins mit einem alten Orte des Namens in Mexico.

§ 39. In Durango: ?Amaculi. — Canatlan (vgl. *canahuac* dünn, *canauhtli* Ente). — Chachamolli (verwickelter Ableitung): Dorf zwifchen Sombrerete und Durango, zwifchen letzterer Stadt und der Gränze von Zacatecas. — *Chalchihuites (die Smaragden, fpan. Plural von

---

([1]) Sonora hiefs im weiteren Sinne die ganze, langgeftreckte, weftliche Provinz; im en-geren hiefs fo der nördliche Theil, vom Rio Mayo nach Norden; der füdliche, vom Rio del Rofario bis herauf zum Rio del Fuerte, hiefs Cinaloa. Die hier genannten Ortsnamen liegen alle in dem Cinaloa genannten Theil.

chalchihuitl): 1) Real in der Diput. Parral; auch 2) Gebirge in Guadalaxara; daffelbe wird feyn *Chalchiguilec*, Bergwerk in Zacatecas. — *Hue-
xoquilla (kleine Weiden-Pflanzung: fpan. *dimin.* einer mex. Form *Huexo-
can*, fpan. *Huexoca*, von *huexotl salix*): Real in der Diput. Parral; es giebt
auch (f. Mühl. II, 524) ein Prefidio *Huejoquillo* im Staate Chihuahua, am rechten
Ufer des Rio Florido. — *Mescal, Ranchos von bedeutendem Öconomie-Er-
trag (f. Mühl. II, 516) zwifchen der Stadt Durango und der Gränze von Zacatecas. Ich glaube eher, dafs es das fpanifch gewordene Wort *mescal*, einheimifcher Branntwein (*vino mescal*) aus dem Saft einer kleinen Agave-Art
(f. Mühl. I, 102-3), mex. *mexcalli*; als *metzcalli*, Haus oder Tempel
des Mondes, ift. Auf beide genannte mex. Wörter werde ich fpäter ausführlich zurückkommen und die von ihnen abgeleiteten Ortsnamen aufführen. —
*Mezquital (*deriv.* des fpan. *mezquite*, von dem fchon oben S. 104ᵛ erwähnten mex. *mizquitl*; Gummibaum-Pflanzung): Real in der Diput. Parral 2)
Real in der Diput. Hoftotipaquillo in Guadalaxara. — Panuco, ächt mex.
Panoco (Ort, wo man über den Flufs fetzt, von *panoa* übergehen): Real
in der Diput. Parral und eines in der Dip. Zacatecas; 3) ein Flecken im *partido* von Tampico der Prov. Veracruz (f. Mühl. II, 71-72), vor der Eroberung Hauptort im Lande der Huafteken. Dann heifst fo der bekannte Flufs,
welcher bei Potofi entfpringt, durch den See Chairel geht und bei Tampico
fich in den mex. Meerbufen ergiefst; er heifst auch Tampico; an ihm liegt
der letztgenannte alte Ort Panuco, welcher dem Fluffe den Namen gegeben
hat. — Tamasula, Stadt auf der Gränze von Sonora; ächt: *Tamazollan*
(Ort der Kröten, *tamazolin*), welches auch ein alter Ort bei Quauhquechollan (in Puebla) war. — Tayoltita, ein Haupt-Bergwerks-Revier (Mühl.
II, 518), ftelle ich her zu *Tlayoltitlan*: Ort des Mais, *tlaolli* oder *tlayolli*. Die Bildung diefes letzteren Wortes, das nicht einfach ift, habe ich oben
(S. 27ᵐᵐ⁻ⁿⁿ) bei einer allgemeineren Betrachtung entwickelt. — Tecolotla
(Ort der Eulen, *tecolotl*) Erzgang bei Guarifamey 2) ein Flufs in der Prov.
Veracruz, welcher in den mex. Meerbufen geht. — *Santa Catalina de* Te-
peh s kann von *tepetl*; Berg, feyn. — *Zapote, fpan. Form für *tzapotl*,
Namen einer bekannten Frucht: Real in der Diput. Batopilas, bei Mühl. (II,
525) aber Dorf und Bergwerks-Ort in Chihuahua; 2) Real in der Diput. Zi-
taquaro in Valladolid 3) [f. § 57] Infel im See Nicaragua.

§ 40. Ob der Name der Provinz Coahuila aztekifch fei, ift fehr zweifelhaft; nur die Schreibungen *Quahuila* und *Cohaguila* bei Arricivita (*Chronica serafica del colegio de Queretaro* p. 338, 437) gewähren Hoffnung dazu; denn es fehlt nicht an Wegen diefe zwei Formen aus dem Aztekifchen etymologifch zu erklären.

In der Provinz Chihuahua: ? *Rio de* Chinapas (Mühl. II, 520), ein Flufs; *Chinapa* könnte mex. feyn (am Ende *atl* mit *pa*). — *Chocolate, Prefidio am öftlichen Fufs der Sierra Madre (Mühl. II, 524). — *Huexoquillo ift bei Durango (S. 109ᵃᵃ) erwähnt. — *Milpillas Bergwerks-Diftrict [Ward]; die Form ift der fpan. Plur., entweder von einem mex. oder einem fpan. diminutiven Ortsnamen, deffen Grundlage das Stammwort *milli*, Grundftück, Acker, ift. Von *milli* kommt durch die Orts-Endung *pa*: *milpa*; *milpa* nennt der fpanifch redende Indier fein Maisfeld (¹): und ich zweifle nicht, dafs das Wort auch aztekifch fei. *Milpa Dueñas* ift der Name eines Dorfes in der Prov. Chimaltenango in Guatemala. Von diefem *milpa* kann nun durch die fpan. Endung *illa* das fpan. Dimin. *Milpilla* gebildet feyn; es kann aber auch von *milli* durch das aztekifche Verkleinerungswort *pilli* (Kind) das azt. Dimin. *milpilli* entftehn: kleines Grundftück, kleiner Acker; wovon durch die Orts-Endung *tla* die Ortsform *Milpilla* kommt. — ?Namiquipa (*namiqui* heifst paffen, begegnen), Prefidio wie Chocolate. — *Zapote f. bei Durango (S. 109ᵛ).

VIII. Guatemala.

§ 41. Der Aufzählung der aztekifchen Ortsnamen in den zwei füdlichen Provinzen GUATEMALA's, in Honduras und Nicaragua, glaube ich eine allgemeine Einleitung vorausfchicken zu müffen: weil ich nicht nur die befonderen hier wirkenden Urfachen zu entwickeln habe; fondern auch der Verlauf meiner Schrift mir noch nicht, wie es bei Mexico der Fall war, Gelegenheit zu weiteren Bemerkungen über diefes alte Reich dargeboten hat.

Der Name Guatemala ift aus dem aztekifchen:

(¹) Auch in Guatemala ift *milpa* im Gebrauch; f. G. W. Montgomery, *narrative of a journey to Guatemala, in* 1838. *New-York* 1839. 8° pag. 159.

Q uauhtemallan entſtanden; dieſes bedeutet: Ort der Holzhau-
fen oder Holzſtöſse (auch, wenn man will, des Holzhaufens); von
q u a u h t e m a l l i Holzhaufen, Holzſtoſs: das herkommt von *q u a h u i t l*
Baum 2) Holz, und *t e m a* hinlegen. Der Umſtand, auf welchen dieſe
Benennung ſich gründet, iſt nicht überliefert. Statt dieſer richtigen
Deutung iſt bisher eine ſehr unrichtige im Gange geweſen und hat ihren
Weg in neue Bücher gefunden, nämlich die Erklärung durch: faules
Holz. Man hat ſich nämlich an das Wort *t e m a l l i* oder *t i m a l l i* Eiter,
Materie gehalten; und hat wohl das obige, fertig in der Sprache vorhandene Wort *q u a u h t e m a l l i* nicht gekannt. Zwiſchen Eiter (*pus*)
und faulem Holze iſt aber ein recht groſser Unterſchied. Schon Gomara bringt dieſe falſche Etymologie. (¹) Auch Domingo J u a r r o s
huldigt dieſem Irrthum; er ſagt (*c o m p e n d i o d e l a h i s t o r i a d e l a
c i u d a d d e G u a t e m a l a* T. I. *Guatem.* 1809. 4° *min.* (²) p. 4): *G u a-
t e m a l a d e l a v o z* Quauhtemali, *q u e e n l a l e n g u a m e x i c a n a q u i e r e d e-
c i r p a l o p o d r i d o; y p o r h a b e r e n c o n t r a d o c e r c a d e l a C o r t e d e l o s
R e y e s K a c h i q ü e l e s l o s I n d i o s M e x i c a n o s, q u e v e n i a n c o n A l v a r a d o, u n
a r b o l v i e j o y c a r c o m i d o, p u s i é r o n e s t e n o m b r e à d i c h a C a p i t a l.* Juarros
bringt aber noch eine andere Löſung bei, vermittelſt der Tzendal-
Sprache; in dieſer bedeute *u - h a t e - z - m a l h a*: Berg, welcher Waſſer
auswirft; womit der Berg gemeint ſei, an deſſen Abhange die Stadt
Guatemala gegründet wurde. — Im Alterthume ſcheint bloſs die Provinz den Namen Q u a u h t e m a l l a n geführt zu haben, keine Stadt (³);
auch ſcheint das Land den Mexicanern nicht unterworfen geweſen zu
ſeyn, auſser etwa dem nördlichen Theil: obgleich die Könige von Mexico

---

(¹) G o m a r a, *h i s t o r i a d e l a s I n d i a s* cap. 208: Quauhtemallan, *que comunmente
llaman* Guatemala, *quiere decir A r b o l p o d r i d o: porque* Quauh *es Arbol, i* Temalli *podre.*
Noch eine falſche Ableitung läſst er folgen: *Tambien podrà decir lugar de Arboles, porque* Temi,
de donde asimismo se puede componer, es L u g a r. — *temi* heiſst weder O r t, noch könnte
aus ihm *t e m a l l a n* entſtehen; *temi* iſt ein Verbum, das bedeutet: voll ſeyn (auch ſatt, von
Speiſe voll); voll werden, ſich füllen.

(²) T. II. dieſes wichtigen Werks erſchien 1818. — Nach den Mittheilungen des Hrn. Ge-
neral-Conſuls Heſſe (ſ. unten S. 115) iſt jetzt von dem Erzbiſchofe von Central-Amerika,
Don Franciſco Garcia Pelaez, eine neue Geſchichte des Landes, in 3 Bänden, erſchienen, unter dem Titel: *memorias para la historia de Guatemala.*

(³) Doch lautet Juarros Angabe, wie wir eben geſehen haben, anders.

öfter aus Kriegsluft Züge dahin machten. Über die Ausdehnung des
Namens im Alterthume weifs man nichts; unter den Spaniern bildete
Guatemala ein General-Capitanat, gelegen zwifchen dem Vicekönigreiche Neufpanien und dem General-Capitanat Venezuela nebft dem
Vicekönigreiche Neu-Granada. In Folge der neueren Revolution bildete es, mit Ausfchlufs der Chiapas, die fich Mexico angefchloffen haben, die Republik von Centro-America.— Nach der Eroberung Mexico's
fandte Cortes den Olid hin, 1523, der durch Chiapa nach Honduras
ging, aber nicht feften Fufs faffen konnte; 1524 und in den folgenden
Jahren eroberte es Alvarado (fo unterwarf Alvarado das Innere von
Honduras 1530 und folgende Jahre; Juarros I, 40); fpäter im Jahre
1524 unternahm Cortes felbft einen Zug dahin. — 1524 legte Alvarado,
der 1524-1541, bis an feinen Tod, General-Capitän von Guatemala
war (f. Juarros I, 135), die Stadt *Guatemala la vieja* an; diefe wurde
aber durch einen Waffer-Ausbruch des Berges Agua verwüftet: und es
wurde 1541 eine andere, unter demfelben Namen, angelegt, welche die
Hauptftadt blieb bis zu dem grofsen Erdbeben von 1773: wo fie zu
einer kleinen Stadt herabfank und 1774 *Guatemala la nueva* erbaut
wurde, das noch jetzt die Hauptftadt ift. Vgl. noch näher über diefe
drei Städte unten § 58.

§ 42. Das Alterthum des Landes Guatemala hat fchon aztekifche Ortsnamen aufzuweifen:

CozCATLAN (Ort der Edelfteine): vor der Eroberung ein grofses
Reich einer eignen Nation, deren Sprache noch vorhanden ift; und
deffen Hauptftadt, deren Stelle die jetzige Stadt San Salvador einnimmt.
Ich habe diefen Ortsnamen und das Dimin. *Cozcatlantzinco* (in
demfelben Bezirk) fchon bei S. Luis Potofi (S. 105^m-6^{aa}) behandelt.

Mixco (Ort der Wolken, *mixtli,* oder in den Wolken): alte
Hauptftadt der Cachiquelen, deren Trümmer in der Prov. Chimaltenango liegen, wo auch die grofse Höhle von Mixco ift. Der Name ift
übergegangen auf ein Dorf, S. Domingo Mixco: Hauptpfarrort, das 5
leguas davon, in der Prov. Sacatepeques, liegt (f. Juarros I, 77); und
auf das Thal um daffelbe.

Ocotzinco (kleiner Fichtenwald oder Fichtenort, *dimin.* vom
Ortsnamen *Ocotlan;* von *ocotl* Fichte) [jetzt *Ocozingo, Ocosingo*]:

groſser Ort und Hauptpfarre in der Prov. Chiapa, Diſtr. Ciudad Real; im Alterthume der Hauptort der Provinz Zeldales; neben dem Orte finden ſich Ruinen einer groſsen alten Stadt (ſ. oben S. 73ᵐ, 86ᵛ-87ᵐ und unten § 44); 2) Fluſs in Chiapa, der in den Zeldales geht.

TECPAN-ATITLAN iſt nach Juarros (I, 66) der alte Name des Fleckens Solola (*Nuestra Señora de la Asuncion de Solola*) in der gleichnamigen Prov. und Bezirk, 28 *leguas* von der Stadt Guatemala; es war im Alterthume die Reſidenz eines Fürſten aus dem jüngeren Zweige des Königshauſes der Cachiquelen. Der Name iſt eine Zuſammenſetzung aus: *tecpan* Pallaſt (eines Fürſten, Groſsen), das von *tecutli* (Fürſt, Oberhaupt, Häuptling, ein Groſser) durch die Poſtpoſ. *pan* abgeleitet iſt; und einem Ortsnamen *Atitlan*, einer PoſtpoſitionalForm von *atl*, welche bedeutet: in oder am Waſſer (obgleich Juarros II, 245 es ſonderbarerweiſe: *corréo de agua* überſetzt, indem er an *titlani* ſchicken, ſenden denkt); Atitlan [jetzt *Atitan*] heiſsen: 1) ein Dorf und Hauptpfarrort (Santiago), Bezirk und See in der Prov. Solola 2) (S. Juan) ein Dorf in der Prov. Totonicapan, Diſtr. Huehuetenango 3) ein Vulkan in Guatemala. *tecpan* iſt ein unterſcheidender Zuſatz, der eine fürſtliche Reſidenz, einen fürſtlichen Pallaſt oder Hof andeutet; alſo: Schloſs-*Atitlan*, *Atitlan de la Cour*, fürſtliches oder königliches Atitlan. Eben ſo haben wir *Tecpan-Guatemala*, einen Flecken in der Prov. Chimaltenango. Ich füge noch hinzu, daſs *Tecpan* auch Name des ſüdöſtlichen Viertels der alten Stadt Mexico war, jetzt S. Pablo genannt; doch ſchreibt Clav. an einer andern Stelle (I, 170) *Teopan* (bedeutend: Tempel).

Teopixca (Ort der Prieſter, von *teopixqui* Prieſter: eigentlich ein Behüter, Bewahrer des Gottes oder der Götter, indem *pixqui* das Partic. von *pi* bewahren iſt): die alte Hauptſtadt der Quelenen; jetzt [*Teopisca*] Dorf in der Prov. Chiapa, Diſtr. Ciudad Real.

Tuzulutlan (Juarros II, 120, 121; vgl. *tozoa* wachen, *otli* Weg; *zoloa*) [bei Haſſel: *Tezulutlan*: vgl. *tetl* Stein, *tzoloa* verengen, *tetzolihui*; an einer anderen Stelle *Tezuziztlan*] iſt der alte Name der Provinz Vera Paz.

Uchpantlan heiſst: Ort der groſsen Heerſtraſse; es müſste aber eigentlich *Ochpantlan* geſchrieben werden. *ochpantli* bedeutet:

ein breiter Weg, die grofse Landftrafse, Heerftrafse; wörtlich: gefegter Weg: indem es zufammengefetzt ift aus *otli* Weg und einer Participialform von *chpana* fegen, kehren. — Uchpantlan war im Alterthume eine grofse Stadt; gegenwärtig ift es [als *Uspantan*] ein Dorf in der Prov. Totonicapan, Diftr. Huehuetenango. Noch jetzt heifst eine Sprache in Guatemala die *Uspanteca, Uzpanteca* (*Uchpantecatl*, Gentile diefes Ortsnamens).

Utlatlan [gewöhnlich *Utatlan* gefchrieben, ungerechnet die häufigen falfchen Schreibweifen] bedeutet: Ort einer gewiffen Rohrart; es ift abgeleitet von *otlatl* (das aber Clav. *otatli* fchreibt): einer ftarken, maffiven Rohrart (*caña maciza y recia*); woraus Schilde, Wurffpiefse, eine Art Flöfse gemacht, und das auch zum Häuferbau angewandt wurde. Utlatlan oder *Utatlan* war die Hauptftadt des alten Reiches der Quiché, nach Juarros von den Tolteken geftiftet; und war bis zur Eroberung die gröfste Stadt in Guatemala. Jetzt fteht an ihrer Stelle der Flecken S. Cruz del Quiché, in der Prov. Solola [Juarros I, 66]; es wird aber auch eben dafelbft erwähnt (Juarros I, 127) das Dorf S. Lucia Utatlan. Die *Utlateca* [auch falfch: *Ulatleca*] (Gentile von *Utlatlan*) wird uns genannt als eine der Sprachen Guatemala's.

§ 43. Wir fehen in dem Lande Guatemala in alter Zeit mächtige Reiche und volkreiche Städte blühen neben vielen kleinen Staaten und zahllofen Ortfchaften. Seine alte Herrlichkeit wird bekundet durch die noch vorhandenen Trümmer von Städten, Bauwerken und Monumenten, deren Zahl und Umfang fich bei jeder neuen Erforfchung vermehrt hat. Ich habe in dem Bisherigen fchon gefprochen von den grofsartigen Städte-Ruinen bei Palenque, Ocozingo und Mixco. Es kommen hinzu: die von Copan, ferner die von Quirigua und Santa Cruz del Quiché, Quezaltenango: entdeckt, erforfcht und meifterhaft dargeftellt von John L. Stephens und dem Architecten Catherwood ([1]), einiges entdeckt vom Oberften Galindo (einem fpanifchen Officier in Dienften der Republik von Central-Amerika); die ganz neulich von E. G. Squier in der Provinz Nicaragua aufgefundenen

---

([1]) John L. Stephens, *incidents of travel in Central America, Chiapas and Yucatan. New ed.* Vol. I. II. *Lond.* 1842. 8° *c. tabb.* (Yucatan allein find gewidmet feine: *Incidents of travel in Yucatan.* Vol. I. II. *Lond.* 1843. 8° *c.* 120 *tabb.*). — Frederick Catherwood, *views of ancient monuments in central America, Chiapas and Yucatan. Lond.* 1844. *fol.,* mit 26 herrlichen Tafeln.

und von ihm in einem gehaltreichen Werke: *Nicaragua*, Vol. I. II. London
1852. 8°, befchriebenen; die Entdeckungen Friedrichs von Waldeck (f.
über ihn oben S. 49*ᵃ⁻ᵐ*), welche nur zum kleinen Theil in Guatemala, dem
gröfsten Theile nach in Yucatan liegen, das ich in diefe Betrachtung nicht
ziehen will (*Voyage pittoresque et archéologique dans la province d'Yucatan
pendant les années 1834 et 36, par Fréd. de Waldeck. Par. et Londr. 1838.
fol. maj.*); und andere (vgl. Squier, *Nicaragua* II, 333-9).

Die Thätigkeit des geheimen Finanzraths Heffe, gegenwärtig preu-
fsifchen Gefchäftsträgers bei den Regierungen von Central-Amerika und
Neu-Granada, hat vor kurzem in wiffenfchaftlichen Kreifen diefer Hauptftadt
Kunde gebracht über neue, denen von Squier vorausgehende, Entdeckungen von Alterthümern in Guatemala: über zwei im Bezirke von Peten (dem
grofsen nördlichen Theile) der Provinz Vera Paz aufgefundene alte Städte:
Tikal und Dolores. Diefe Mittheilungen, welche eine höhere Beftimmung haben, waren von einer Reihe von Zeichnungen begleitet: Copien
von denjenigen, welche unter Auflicht des Oberften Mendez von den Sculp-
turen diefer Bauwerke aufgenommen waren. Dem Oberft Mendez, Corregi-
dor des Diftricts Peten (refidirend in der Stadt Flores, mitten im See Peten gelegen), gebührt das Verdienft diefer Erforfchungen, er hat auch die Ruinen
von Dolores entdeckt; aber die von Tikal waren fchon vor feiner Expedition aufgefunden, der *gobernador* Ambrofio Tut hatte fie 8 Tage vor ihm
befucht. Mendez unternahm am 23 Februar 1848 eine Unterfuchungs-Ex-
pedition nach den Ruinen von Tikal, der fich Tut am 25 Febr. anfchlofs;
fie erreichten am 26 Febr. die Ruinen, und am 3 März trat Mendez feine
Rückreife an. Tikal, das in der Maya-Sprache „zerftörte Palläfte" bedeuten foll (¹), liegt nördlich vom See Peten, in der *sierra de Yucatan*; die
Trümmer können aber nur vom Januar bis Juni befucht werden, weil die
Gegend nachher zu einem grofsen See wird. Oberft Mendez befuchte zum
zweiten Mahle die Ruinen von Tikal im Jahre 1852. Als er von da nach
der Hauptftadt Guatemala reifte (welche 100 *leguas* von Flores entfernt
liegt); ftiefs er auf dem Wege, bei der Stadt Dolores (die gleichfalls zum
Bezirk Peten gehört), 2 Tagereifen SO von Flores, auf Alterthümer und Mo-

(¹) Wäre der Name aztekifch, fo würde ich ihn deuten durch *tlilcalli*, d. h. fchwarzes
Haus (*tlilli* fchwarze Farbe, *calli* Haus).

Q

numenle, in denen er die Überbleibfel einer zweiten alten Stadt erkennt.
Diefe Trümmer bilden zwei Gruppen: fie liegen theils in NW von Dolores,
etwa 3 *leguas* entfernt, nach Toribio zu; theils in SO, auch in 3 *leguas*
Entfernung, nach Poptun zu. Die nördlichen Ruinen nennen die Indianer
Yxcum, die füdlichen *Yxtutz.* Juarros berichtet in feiner Gefchichte von
Guatemala von einem grofsen Orte (*pueblo*) der Lacandonen, welchem eine
fpanifche Expedition im J. 1695 den Namen der *Villa de Nuestra Señora*
de los Dolores beilegte: weil nach langem, mühfamem Zuge durch rauhe Gebirge, durch unwegfame Wälder und Einöden fie am Charfreitag, dem 1 April,
die erften Fufsftapfen indifcher Bewohner entdeckt hatten: fechs Tage, ehe
der Ort felbft von einigen erreicht wurde. Es gehörte diefer Zug zu einer allgemeinen Unternehmung, mit fpanifchem und indianifcbem Kriegsvolk, begleitet von Geiftlichen und Mönchen, welche die Unterwerfung und Bekehrung
der wilden Völkerfchaften der Choles und Lacandones zum Zwecke hatte
(f. Juarros, *hist. de Guatemala* T. II. p. 133-142). Beim einrücken fand
man den Ort verlaffen, die Einwohner kehrten nur allmählig zurück; fchon
bei der erften Quartierung verbrannten die Mönche in dem Tempel eine
Menge Götzen; in eine kleine hölzerne Fefte wurde eine fpanifche Befatzung
gelegt. Im Januar des folgenden J. 1696 ging ein neuer Heerzug von Guatemala ab, rückte in die *Villa de los Dolores* ein, und erreichte noch zwei
Ortfchaften der Lacandonen: Peta und Mop. Um eine Kirche zu erbauen,
wurde der Tempel niedergeriffen: was den Caziken von Dolores, Namens
Cabnal, fo kränkte, dafs er mit feinem Anhange in die Wildnifs entwich: jedoch wurde er wieder zur Rückkehr bewogen; bei feiner Auffuchung hatten
die Spanier den Gewinn noch 4 kleine Ortfchaften aufzufinden. (¹)

(¹) Es fei mir geftallet diefe Erzählung etwas ausführlicher mit J u a r r o s Worten hierher zu
felzen: *Repitió sus ordenes* (p. 136) *para estas reducciones N. C. M. el año de 1686, y el Real*
consejo de las Indias despachó cedula en 24 de Nov. de 1692, en que ordena se entre á la con-
quista de los Choles y Lacandones, à un mismo tiempo por las Provincias de Verapaz, Chiapa
y Gueguetenango . . . . . Entró el año de 1695, y estando todo á punto, determinó el Sr. Bar-
rios (D. Jacinto de Barrios Leal, presidente) ir en persona á la jornada, y entrar con un
trozo de gente por Ocozingo . . . . Dividió (p. 137) *todo el exercito en nueve Companias, cinco*
de Espanoles y quatro de Indios . . . . Salieron de Guatemala por Enero de 1695 . . . . ordenó
que el dia 28 de Febrero entrasen los tres tercios á la montaña, cada uno por su rumbo.
Llegado el referido dia ultimo de Febrero, salió del pueblo de S. Mateo Istatan el Capitan
Melchor Rodriguez Mazariegos, con los Padres . . . . y las dos Companias; y habiendo an-

Die Bildfäulen in den Ruinen von Tikal find von merkwürdigen Schrift-Charakteren umgeben, welche grofsentheils wie alphabetifche Schrift ausfehen. Schriftzüge verfchiedener Art (aber meift hieroglyphifche Bilder) hat man auch in anderen Ruinenftälten Guatemala's und Yucatan's gefunden, und fie find auch fchon der Gegenftand der Betrachtungen des Profeffors Rafinesque-Schmalz geworden. Sein erfter Brief an Champollion (im *Atlantic journal, Philad.* 1832-33. 8° p. 4-6; vgl. oben S. 87-89) handelt: *on the Graphic systems of America, and the Glyphs of Otolum or Palenque in Central-America.* Seine 7ᵗᵉ Claffe (*series*) der Schriftzeichen find (p. 5):

dado con gran trabajo por entre quebradas y atolladeros, teniendo que romper espesas arboledas, breñas y bejucos, todo el mes de Marzo: el 1° de Abril, que fué Viernes Santo, se encontráron algunas huellas de pies descalzos; siguiéron sus marchas, y habiendose adelantado el P. Fr. Pedro de la Concepcion con quatro Indios, á los seis dias encontráron un Pueblo de Lacandones, el qual se llamó desde entonces por disposicion de dicho Religioso la Villa de Nuestra Señora de los Dolores, por motivo de haberse encontrado las primeras huellas de estos Indios el dia Viernes Santo .... Encaminóse el exercito para dicho pueblo (p. 138), *y llegáron á él á 9 de Abril; pero lo halláron desierto: tenia cien casas particulares, dos de comunidad mas grandes, y otra mayor que era el Adoratorio: en esta se aloxaron los Padres, y habiendo quemado multitud de Idolos que encontráron, de la pieza principal de la casa se hizo Ermita: y en las otras casas se acomodó la gente ..... traxéron noventa y dos (Lacandones), y entre ellos á Cabnal, Cazique de este pueblo, que llamáron de los Dolores ..... aproximandose las aguas, se retiráron todos para Guatemala, quedando en la Villa los soldados de la guarnicion del fuerte, y algunos Religiosos para doctrinar á los Indios y confesar á los soldados ...... Vuelto* (140) *D. Jacinto de Barrios á Guatemala, comenzó á disponer otra campaña para el verano siguiente .... pero no pudo efectuar esta jornada el Sr. Barrios, por que le cortó el paso la muerte .... Por el mes de Enero de 1696 salió todo el exercito de Guatemala; el Capitan Alcayaga con su gente se dirigió para la Villa de los Dolores, y habiendo llegado, la halló enpaz, con mas de 500 Indios ya domesticados y buenos Cristianos; dió sus ordenes, y pasó con toda su tropa ... en busca de otros dos pueblos de Lacandones, llamados Peta y Mop, de que se tenia noticia; al cabo de quatro dias de camino encontráron con ellos .... (Nachdem fie darauf 2 Monate lang vergeblich die Laguna del Itza gefucht hatten,) determináron la retirada, y entráron en la Villa de los Dolores el 29 de Abril .... (el Presidente D. José de Escals) ordenó que se vengan á Guatemala, quedando la guarnicion del Presidio. Tratóse de fabricar Iglesia formal en la* (141) *Villa de los Dolores, y para esto se derribó el adoratorio de los Idolos, lo qual sintió tanto el Cazique Cabnal, que se retiró al monte con toda su parcialidad y la del Cazique Tustetac; mas lográron los Religiosos y soldados del Presidio restituirlos á la Villa con ganancia: pues por buscarlos, se encontráron otros quatro pueblecillos .....* Diefs ift die Gefchichte der jetzigen Stadt Dolores (Hauptpfarrorts im Bezirke Peten), aber nicht die der alten Ruinenftälten in ihrer Nähe.

Q 2

Alphabetical symbols, expressing syllables or sounds; not words, but grouped; and the groups disposed in rows: such is the graphic system of the monuments of Otolum, near Palenque, the American Thebes: consimilar to the groups of alphabetical symbols used by the ancient Lybians, Egyptians, Persians; and also the last graphic system of the Chinese, called Ventze, invented by Sse-koang. Seine 8ᵗᵉ Claſſe ſind: *Cursive symbols in groups, and the groups in parallel rows: derived from the last (which are chiefly monumental), and used in the manuscripts of the Mayans, Guatimalans etc.: consimilar to the actual cursive Chinese, some demotic Egyptian, and many modifications of ancient graphic alphabets, grouping the letters or syllables.* — Der zweite Brief an Champollion, vom Februar 1832 (*Atlantic journal* p. 40-44), behandelt das Alphabet von Otolum, mit den libyſchen Alphabeten verglichen, ausführlich: eine Vergleichung, welche wieder auf die grofsartige Idee der Atlanten gegründet iſt und dieſelbe weiter befeſtigt: *I have the pleasure (p. 40) to present you, hereto annexed, a tabular and comparative view of the Atlantic alphabets of the 2 Continents (¹), with a specimen of the Groups of Letters or Glyphs of the monuments of Otolum or Palenque: which belong to my 7ᵗʰ series of graphic signs, and are in fact words formed by grouped letters or Elements as in Chinese characters .... When I began my investigation of these American Glyphs, and became convinced that they must have been groups of letters, I sought for the Elementary Letters in all the ancient known alphabets, the Chinese, Sanscrit and Egyptian above all; but in vain.... But in the great variety of Egyptians form (sic) of the same letters, I thought that I could trace some resemblance with our American Glyphs ... However, this first examination and approximation of analogy in Egypt and Africa was a great preliminary step in the enquiry. I had always believed that the Atlantes of Africa have partly colonized America...; this belief led me to search for any preserved fragments of the alphabets of Western Africa and Lybia, the land of the African Atlantes, yet existing under the names of Berbers, Tuarics, Shelluhs etc. This was no easy task; the Atlantic antiquities are still more obscure than the Egyptian. No Champollion had raised their veil; the city of Farawan, the Thebes of the Atlantes, whose splendid ruins exist as yet in the Mountains of Atlas, has not even been described properly as yet, nor its inscriptions delineated. However I found at last in Gramay (Africa Illustrata) an old Lybian alphabet, which has been copied by Purchas in his collection of old alphabets. I was delighted to find it so explicit, so well connected with the Egyptian (p. 41), being also an Acrostic alphabet, and above all to find that all its signs were to be seen in the Glyphs of Otolum. Soon after appeared in a supplement to Claperton and Denham's travels in Africa another old and obsolete Lybian alphabet, not acrostical, found by Denham in old inscriptions among the Tuarics of Targih and Ghraat, west of Fezan: which, although unlike the first, had yet*

(¹) Die Schrifttafeln, auf welche der Verf. ſich, als ſeinen Brief begleitend, bezieht, möchten nicht veröffentlicht ſeyn; dem *Atlantic journal* ſind ſie nicht beigegeben.

many analogies, and also with the American glyphs. Thinking then that I had found the primitive elements of these glyphs, I hastened to communicate this important fact to Mr. Duponceau (in a printed letter directed to him in 1828), *who was struck with the analogy, and was ready to confess that the glyphs of Palenque might be alphabetical words, although he did not believe before that any American alphabets were extant. But he could not pursue my connection of ideas, analogies of signs, languages and traditions to the extent which I desired and now am able to prove.* (Es folgt nun p. 41, $a^m f$-42, b^m eine nähere Entwickelung der zwei „libyſchen Alphabete".) *Meantime* (42, b^{mm}) *in the column No. 3 of the tabular view are given* 46 *Elements of the Glyphs of Otolum or Palenque, a few of these glyphs being given also in column No. 4. These* 46 *elements are altogether similar or derived from the Lybian prototypes of No. 1 and 2. In some cases they are absolutely identic, and the conviction of their common origin is almost complete, particularly when taken in connection with the collateral proofs of traditions and languages. These elements are somewhat involved in the grouping, yet they may easily be perceived and separated. Sometimes they are ornamented by double lines or otherwise; as monumental letters often are; sometimes united to outside numbers, represented by long ellipses meaning* 10 *and round dots meaning unities, which approximates to the Mexican system of graphic numeration. Besides these* 46 *elements, some others may be seen in the glyphs, which I left off, because too intricate; although they appear reducible, if a larger table could have been given. There is hardly a single one that may not be traced to these forms or that baffles the actual theory. Therefore the conclusion must occur, that such astonishing coincidence cannot be* (43) *casual, but it is the result of original derivation. The following remarks are of some importance:* 1. *The glyphs of Otolum are written from top to bottom, like the Chinese; or from side to side indifferently, like the Egyptian and the Demotic Lybian of No. 2 .... 2. Although the most common way of writing the groups is in rows and each group separated, yet we find some framed as it were in oblong squares or tablets like those of Egypt. See plate* 12 *of the work on Palenque by Delrio and Cabrera. In that* 12th *plate there are also some singular groups resembling our musical notes .... but if languages should uphold this theory, the certainty will be increased of the Atlantic origins of Otolum. — But shall we be able to read these glyphs and inscriptions? without positively knowing in what language they are written? The attempt will be arduous, but is not impossible* We *find among the ancient dialects of Chiapa, Yucatan and Guatimala the branches of the ancient speech of Otolum .... I will now merely give a few attempts to read some of the groups. For instance:* 1. *The glyph or word on the seat of the sitting man of plate* 4 *of monuments of Palenque I read UOBAC: being formed by a hand, a tongue, a circle, an ear and a crescent. It is perhaps his name. And underneath the seat is an eye with a small circle inside, meaning EB.* 2. *In plate* 5 *is an eye with* 2 *annexed rings, meaning probably BAB, and perhaps the Sun, which is BAP in the Lybian alphabet.* 3. *In plate* 7 *the glyph of the corner with a head, a fish and a crescent means probably KIM.* 4. *The* 1st *glyph of plate* 15 *is probably BALKE.* 5. *I can make out many others, reading ICBE, BOCOGO, POPO, EPL, PKE etc. If these words and others (although some may be names) can be found in African languages or in those of Central America, we shall obtain perhaps the key to the whole language of Old Otolum; and next reach step by step to the desirable knowledge of reading these glyphs, which may cover much historical knowledge of high import. Meantime I have open the path, if my theory and conjectures are correct, as I have strong reasons to believe.* — *Beside this monumental alphabet, the same notion that built Otolum, had a Demotic alphabet, belonging to my* 8th *series: which was found in Guatimala and Yucatan at the Spanish conquest. A specimen of it has been given by Humboldt in his American Researches plate* 45, *from the Dresden Library; and has been ascertained to be Guatimalan instead of Mexican, being totally unlike the Mexican pictorial manuscripts. This page of Demotic has letters and numbers, these represented by strokes meaning* 5 *and dots meaning unities, as the dots never exceed* 4. *This is nearly similar to the monumental numbers. The words* (p. 44) *are much less handsome than the monumental glyphs; they are also uncouth glyphs in rows formed by irregular or flexuous heavy strokes, inclosing within, in small strokes, nearly the same letters as in the monuments. It might not be impossible to decypher some of these manuscripts, written on* metl *paper: since they are written in languages yet spoken, and the writing was understood in Central America as late as* 200 *years ago. If this is done, it will be the best clue to the monumental inscriptions.*

Ganz neuerdings, von 1850 bis 1851, find die Ruinenflätten von Yucatan und Guatemala von einem jungen Liefländer, Herrn Jegór von Sivers, befucht worden. Man darf fich noch manche Bereicherung ihrer Zahl durch neue Nachforfchungen verfprechen. Denn Stephens fand an verfchiedenen Stellen in Yucatan und überall in Guatemala (Central-Amerika) bei den Indianern nicht nur die Kunde und Sagen von grofsen uns noch unbekannten, in Trümmern liegenden Örtern; fondern auch den wunderbaren Glauben an die Exiftenz grofser Städte, welche noch in demfelben Zuflande feien wie zur Zeit der Eroberung: voll von Bewohnern, die ihre alte Civilifation bewahrt und nie mit den Weifsen verkehrt hätten. Die Indianer des Dorfes Chajul in der Gegend von S. Cruz del Quiché erzählten: dafs fie vom höchften Kamme der *sierra* die weifsen Mauern und Thürme einer folchen belebten Stadt deutlich fehen könnten.

§ 44. Indem wir für die Thatfache, welche unten näher bezeichnet werden foll, dafs die aztekifche Sprache in gewiffen Theilen von Guatemala, bis zu dem füdlichen Nicaragua, gefunden wird; für das Erfcheinen aztekifcher Namen bei allen Reichen und Städten; für die Blüthe und Bildung mächtiger Staaten, für die ganze zahlreiche Bevölkerung des weiten Landes mannigfaltige Aufklärung fuchen: bietet fich zunächft die Gewifsheit dar, dafs, nach überall wiederholten Sagen und Überlieferungen, eine Wanderung und ein Weiterdringen oder eine Zerftreuung der Völkerfchaften Mexico's, namentlich folcher aztekifcher Zunge, von alter Zeit an bis in neue Epochen, nach Guatemala hin ftatt gefunden hat; eine Erfcheinung,

welche zu naturgemäſs iſt, um bezweifelt werden zu können. Unabhängig
von einer reichen eignen Bevölkerung, deren Urſprung und Herkommen hier
nicht discutirt wird, gelangten Völkerzüge, Völkertrümmer, alte und neue
Colonien aus dem alten Azteken-Reiche nach dem Norden und dem Süden
Guatemala's. Unſere Kunde eröffnet ſich mit den T o l t e k e n. Nachdem
dieſes Volk durch verſchiedenes Ungemach (nach einigen Angaben im J.
1052 nach Chr.) untergegangen war und ſein Reich in Anahuac geendet
hatte, gingen einige der Übriggebliebenen nach Yucatan, andere nach Guatemala; und von dieſen Trümmern, welche andere Schriftſteller als bedeutender anſehen, wird einestheils hergeleitet, daſs man die aztekiſche Sprache
tiefer in Guatemala, als jemahls mexicaniſche Eroberungen ſich erſtrecken
konnten, bis nach Nicaragua herunter, findet. Weiterer Einfluſs wird ihnen
zugeſchrieben: Bildung, Bauten, Kunſt und Stiftung von Staaten. Ixtlilxochitl (ſ. Prescott III, 364-5) läſst ſogar die den Schickſalsſchlägen entronne-
nen Tolteken hauptſächlich ſich an beiden Oceanen nach Guatemala hin verbreiten. Prescott (I, 13) meint: daſs nach dem Untergange der Tolteken
einige in Anahuac zurückblieben, der gröſste Theil aber ſich über Mittel-
Amerika und die benachbarten Inſeln zog; er vermuthet, daſs vielleicht die
Ruinen bei Mitla und Palenque von ihnen herrühren möchten. J u a r r o s
redet auch von der Ankunft der Tolteken in dem, aber ſchon von anderen
Völkern eingenommenen, Guatemala, und leitet von ihnen die Könige der
Quiché und Cachiquelen her: *Antes por el contrario* (II, 3) *estamos persua-
didos, que, quando vinieron á esta Region los Indios Tultecas, de quienes
descendian los Reyes Quichees y Kachiqueles, que dominaban estas tierras,
ya estaban pobladas de diversas naciones: asi como, quando estos mismos
Tultecas entraron al Reyno Mexicano, ya lo hallaron ocupado por los Chi-
chimecas.* Er tritt der Meinung entgegen, als ob die ganze Bevölkerung Guatemala's von den Tolteken herkomme; aus den vielen und verſchiednen
Sprachen des Landes folge, daſs ſeine Bewohner von verſchiedenen Völkern
abſtammten. Hier ſchlieſst Juarros eine Lieblings-Idee an, die der Herkunft dieſes Volkes von den Kindern I s r a e l; II, 3-4: *consta por los manuscritos de*... (hier werden 3 Beſitzer einer merkwürdigen Handſchrift über
die Geſchichte der alten Reiche in Guatemala, aus der Zeit der Eroberung,
genannt und die Art des Überkommens der Handſchriften angeführt), *que los
citados Tultecas eran de la casa de Israël, y que el gran Profeta Moisen*

los sacó del cautiverio en que los tenia Faraon: y que habiendo pasado el mar Roxo, se dieron à la Idolatria: y que persistiendo en ella, no obstante las amonestaciones del zeloso Moises: ó fuese por no sufrir las reprehensiones de este Legislador, ó por temor de que los castigase, se apartaron de él y de sus hermanos, y se trasladaron de la otra parte del mar, á un lugar que llamaron las s i e t e c u e v a s (vgl. oben S. 82ⁿⁿ Chicomoztoc): *es decir de las riberas del mar Bermejo á lo que ahora es parte del Reyno Mexicano, donde fundaron la cèlebre Ciudad de Tula. — El primer Gefe que capitaneó y conduxo esta gran turba del uno al otro Continente, fue Tanub, tronco de la familia de los Reyes de Tula y del Quiché, y el primer Monarca de los Tultecas. El 2.° fue Capichoch, el 3.° Calel Ahus, el 4.° Ahpop, el 5.° Nimaquiché* (der grofse Quiché; *n i m a* bedeutet in der Quiché-Sprache: grofs): *que siendo el mas amado y memorable de todos, por orden de su oraculo, sacó de Tula á estas gentes, que se habian multiplicado en extremo, y las capitaneó del Reyno Mexicano á este de Guatemala. En cuya peregrinacion gastaron muchos años, padecieron indecibles trabajos, y anduvieron errantes gran numero de leguas é inmenso espacio de tierras: hasta que divisando una laguna (que es la de Atitlán), determinaron fixar su habitacion en cierto lugar poco distante de ella, al que llamaron Quiché, en memoria del Rey Nimaquiché, que habia ya muerto en tan larga peregrinacion. — Vinieron con Nimachiqué (sic) tres hermanos suyos; y convenidos entre sí estos quatro hermanos, dividieron la Region, fundando el uno la Provincia ó Señorío de los Quelenes y Chapanecos, estableciendo el otro el Partido de Tezulután ó Verapaz; el tercero fue Señor de los Mames y Pocomanes; y Nimaquiché tronco de los Quichees, Kachiqueles y Zutugiles. Habiendo muerto este en el camino, entró capitaneando su nacion en el Quiché Acxopil* (p. 5), *hijo de Nimaquiché, y fue el primero que reinó en Utatlán. .... hallandose Acxopil de edad muy avanzada, determinó dividir su imperio en tres Reynos: el de los Quiches, el de los Kachiqueles y el de los Zutugiles ...* Juarros nennt nun (p.5) 17 „*Emperadores Tultecas, que reinaron en Utatlan, Corte del Quiché*"; und verfolgt, nach dem obigen Manufcripte und einem anderen, im J. 1544 gefchriebenen (f. über daffelbe p. 6ᵐ), fpeciell die Gefchichte diefer toltekifchen Monarchie und der daraus hervorgegangenen Reiche bis p. 23.

Auch von dem uralten mexicanifchen Volke der O l m e k e n wird eine füdliche Verbreitung bis nach Nicaragua berichtet. Humboldt fagt (*Cord.*

II, 386): dafs fie in ihren Wanderungen bis zum Meerbufen von Nicoya und bis nach Leon de Nicaragua vorgedrungen feien; Boturini ftellte die Meinung auf (*ib.* u. *Idea* p. 135): dafs diefes Volk, vertrieben von den Tlascalteken, die Antillen und Südamerika bevölkert habe. — Schon oben (S. 54ⁿ-55ᵃ) habe ich angegeben, dafs die Chiapaneken auch aus dem Norden in Guatemala eingewandert feyn wollen, und ein Theil von ihnen nach Nicaragua gekommen fei. Juarros befchäftigt fich mit ihrer Abkunft II, 54-58, nachfolgend dem oben genannten Quiché-Manufcript. Remefal (¹) in feiner *Hiftoria de la Provincia de S. Vicente, de Chiapa y Guatemala* lib. V cap. 13 leitet ihren Urfprung im Gegentheil aus Nicaragua her. Jenem Manufcript zufolge ftammen fie von einem Bruder des obigen Tolteken-Königs Nimaquiché, der mit ihm aus Tula kam; und damit fteht die Darftellung des Juarros in einiger Verbindung, als rührten die Ruinen in Chiapan von den Städten „Culhuacan und Tulhá" her (f. oben S. 73ᵐ, 86ᵈᶠ-87ᵐ). — Auch Torquemada läfst in alten Zeiten mexicanifche Stämme nach Guatemala gehn (vgl. Squier II, 330ᵉ⁻ᵐ).

§ 45. Wenn es auch nicht ganz genau ift, was von Einigen behauptet worden, dafs kein Theil von Guatemala jemahls dem **mexicanifchen Reiche unterworfen** gewefen fei; fo ift die Sache im allgemeinen doch meift fo aufgefafst worden, und die Ausnahmen find nicht von grofser Bedeutung. Zum mex. Reiche gehörte von Guatemala die Provinz:

Xoconochco (Ort der Tuna-Art *xoconochtli*: welcher Name zufammengefetzt ift aus *nochtli* Nopal, und entweder *xocotl* Frucht oder *xococ* fauer): 1) jetzt *Soconusco*, die nördliche Weftküfte von Guatemala: eine Provinz, die vor der Eroberung dem mexicanifchen Reiche unterworfen war, jetzt einen Diftrict der Provinz Chiapa bildet; ihre am ftillen Meere gelegene Hauptftadt hiefs eben fo, wie auch noch ein Vulkan dafelbft fo heifst; 2) *Hoconusco* [Ward], Hacienda zwifchen Temascaltepec und Zitaquaro. — Davon die fpanifche Diminutivform *Soconusquillo*, Dorf im Diftrict Soconusco, wahrfcheinlich an der Stelle der alten Hauptftadt gelegen.

Clavigero erklärt es für ficher (*Differt.* VII in T. IV, 267): „dafs die mexicanifchen Ländergebiete im Süden fich nicht über Xoconochco hinaus

(¹) *Hiftoria De la Prouincia de S. Vicente De Chyapa y Guatemala De la Orden de ....* *Sancto Domingo .... por ... Fray Antonio de Remefal. Madrid* 1619. *fol. min.*

erftreckten; und dafs keine aller der Provinzen, welche heut zu Tage in die
drei Diöcefen Guatemala, Nicaragua und Honduras begriffen find, zum mex.
Reiche gehörte. In den letzten Jahren der Regierung des Königs A h u i t z o t l
fetzte der mex. Feldherr Tliltototl allerdings feine Eroberungen bis Quauhtemallan fort; aber Clavigero bemerkt gleich dabei, man wiffe nichts davon,
dafs darum von da an jenes Land der Krone von Mexico unterworfen gewefen wäre; es gehe aus der Gefchichte vielmehr das Gegentheil hervor. T o r-
q u e m a d a berichtet ganz beftimmt eine Eroberung von Nicaragua durch die
Mexicaner, worüber Clav. fo urtheilt (IV, 267-8): *Torquemada nel lib. II*
cap. 81 *ja menzione della Conquista di Nicaragua fatta da' Messicani; ma*
quello stesso, che nel citato luogo afferma d' un esercito messicano a' tempi di
Motezuma II., attribuisce nel lib. III cap. 10 (die Angabe ift falfch) *ad una co-*
lonia uscita molti anni prima per ordine degli Dei dalle vicinanze di Xoconochco:
per lo che non si dee far conto del suo ragguaglio. B e r n a l D i a z verfichert
ausdrücklich (cap. 166 feiner Gefchichte), dafs die Chiapaneken nie den Mexicanern unterworfen waren; diefs kann aber nur von einem Theile des Landes gelten: denn wir wiffen aus Remefal, dafs die Mexicaner eine Befatzung
in Tzinacantla hielten; und aus den Tributliften, dafs Tochtlan und andere
Städte in Chiapan den Mexicanern zinsbar waren. Vom Lande Guatemala
im allgemeinen behauptet J u a r r o s auf's beftimmtefte, dafs es nie dem mex.
Reiche unterworfen gewefen fei; er überfchreibt ein eignes Capitel (II, 34-
36): *en que se hace ver, que este reyno de Guatemala nunca estuvo sujeto al*
imperio mexicano. Der König A h u i t z o t l, erzählt er, begierig feinem blü-
henden Reiche Guatemala beizugefellen, habe durch kein Mittel der Gewalt
die toltekifchen Herrfcher, welche diefes Land regierten, unterthan machen
können. Er habe es dann liftigerweife durch eine Gefandtfchaft verfucht,
welche ein Bündnifs zwifchen beiden Reichen vorfpiegeln follte. Die Ge-
fandten wurden aber nach einander abgewiefen von den 3 Königen von Utatlan (Quiché), Guatemala, der Zutugilen (Atitlan). Juarros bemüht fich
dann durch allgemeine Gründe feine Behauptung der Unabhängigkeit Guatemala's zu beweifen (35-36).

Die Verhältniffe von Nicaragua, welche wir unten näher kennen lernen werden, rechtfertigen die Frage: ob nicht die alten Mexicaner fogar bis
zu diefer füdlichen Provinz in ihren Zügen gekommen feien. Nach Gallatin's Meinung (*ethnol. soc.* I, 8) „ift nicht daran zu denken, dafs die Azteken

zur Zeit ihrer Herrfchaft fo weit gelangten, da fie nicht einmahl Quiché, den nördlichften Diftrict von Guatemala, eroberten"; Prescott fagt aber (I, 19): dafs die Mexicaner unter Ahuitzotl bis zum fernen Nicaragua ihre Eroberungszüge erftreckten. Von einer Lift berichtet Juarros noch, welche Ahuitzotl angewandt, um fich einen Weg in das Land zu bahnen: dafs er unter der Maske von Kaufleuten eine Anzahl Mexicaner hineinfchickte, wodurch er fich einen Anhang gründen wollte. Wir erfahren damit ein merkwürdiges Factum, und eine befondere Weife, wie Leute aztekifcher Zunge in das Innere von Guatemala gelangt find. Ob man fo weit gehen darf, wie Juarros thut: die Pipil-Sprache (in einem Striche der Küfte der Südfee) von diefer Sendung Ahuitzotl's — die er an der einen Stelle (II, 36) als geringer, an einer zweiten, fpäter (§ 51) von mir zu betrachtenden als fehr zahlreich angiebt — herzuleiten; ift fehr die Frage. Seine Worte T. II. p. 36 find: *pero tambien lo es (verdad), que estos Indios descienden de ciertos Indios Mexicanos, que el Emperador Autzol hizo se introduxesen en estas tierras, con titulo de Mercaderes, para tener gente de su parte en ellas, y abrirse brecha por este medio, para sojuzgar el Reyno.*

§ 46. Wenn wir in die neuere Zeit treten, fo finden wir in den Ereigniffen der Eroberung und in den Heereszügen der Spanier andere Thatfachen, wo Völker aztekifcher Zunge in das Reich Guatemala eingeführt wurden. Die Küfte von Honduras wurde fchon im J. 1502 von dem grofsen Admiral, Chriftoph Columbus, entdeckt; er erblickte hier zuerft das amerikanifche Feftland. Bartolomé Colon landete auf fein Geheifs am 17 Aug. des genannten Jahres (Herrera *Dec.* I. lib. V cap. 6, Juarros II, 171) hier auf der *Punta de Casinas,* und nahm Befitz von diefen Ländern für die Könige von Caftilien. Der Admiral drang aber nicht in das Innere ein, fondern verfolgte feinen Lauf an der Küfte entlang nach der Provinz Veragua. So blieb das Innere von Honduras noch 20 Jahre lang unerforfcht. Im J. 1516 wurde von zwei Hauptleuten des Pedrarias Davila, Gouverneurs des Darien, von Hernan Ponce und Bartolomé Hurtado, in Nicaragua entdeckt der Meerbufen von Chira: neuerdings der von Nicoya, von den Spaniern *el golfo de S. Lucar* genannt; aber fie ftiegen nicht ans Land. Erft 1522 drang Gil Gonzalez Davila vom Darien aus in das Innere von Nicaragua ein, und begann die weitere Entdeckung. Er war am 21 Jan. jenes Jahres mit dem Piloten Andres Niño aus dem Golfe von San Miguel abgefegelt; und kam auf feinem Zuge im Inneren zunächft zu dem Caziken von Nicoya, dann zu dem von Nicaragua; er erforfchte darauf einen grofsen Theil der Provinz Nicaragua fo wie die Lagune von Granada, wandte fich darauf nach Panama, und gelangte zu Ende des Jahres nach der Infel Española. Ihm folgten in der weiteren Erforfchung die Capitäne Pedro de Areas und Francifco Fernandez de Cordova, welche Anfiedlungen und Städte gründeten. Ich verweife wegen der näheren Umftände diefer erften Entdeckung und Befitznahme auf Juarros II, 186-190. Den Unternehmungen von Süden aus begegneten die des Hernan Cortes aus Norden. Der Eroberer fandte bald nach der Einnahme von Mexico den Chriftobal de Olid mit einem Gefchwader (vgl. Presc. III, 241) nach Honduras (¹), damit er an deffen Nordküfte eine Colonie anlegte. Olid landete am 3 Mai 1523 (²) in einer Bucht 55 *leguas* öftlich vom *Golfo dulce*, die er nach dem Tage (vom heil. Kreuz) *Triunfo de la Cruz* nannte: eben fo wie eine Stadt, die er da gründete. (Ich verweife wegen der folgenden Ereigniffe auf Presc. III, 244-263 und über die Eroberung von Honduras auf Juarros II, 171-180.) Olid empörte fich aber und erklärte fich für unabhängig, wefshalb Cortes den Francifco de las Cafas mit zwei Schiffen gegen ihn fandte, welcher den Olid endlich in feine Gewalt bekam und in Naco enthaupten liefs. Ohne Kunde von diefen Erfolgen, trat Cortes felbft am 12 October 1524 den Marfch an (³), mit nur 300 Spaniern und 3000 Indiern (Männern und Weibern, fagt Gomara) für Kriegsdienft und Lafttragen: mit fich führend auch den gefangenen letzten König von Mexico, Quauhtemotzin, den König von Acolhuacan Coanacotzin, den

---

(¹) Gomara nennt beide Züge, diefen wie den des Oberfeldherrn felbft: nach Higueras. Juarros belehrt uns (II, 173), dafs die Küfte von Honduras auch *de las Hibueras*, nach der grofsen Menge der dort gefundenen Kürbiffe, oder *de Gaimura* genannt wurde; nach Alcedo (II, 307) war diefs eine grofse Kürbifsart, die auf der Infel Española *hibueras* genannt wurde. — Der Name Honduras ift fpanifch und bedeutet Tiefen, von der Tiefe des Golfs. Alcedo giebt (Art. Honduras in T. II. feines *Diccionario geogr. de la Amer.* p. 307) folgende Erläuterung darüber: *el golfo tiene el nombre, porque, deseando los primeros Españoles llegar á tierra y no hallando fondo en muchisima distancia de la costa, diéron gracias á Dios de haber salido de tantas honduras.*

(²) Gomara fetzt diefen Zug genau um ein Jahr fpäter: er läfst Olid am 11 Januar 1524 von der Küfte von Chalchiuhcuecan (bei ihm: Chalchicoeca) abfegeln. Das Jahr 1523 ift Angabe des Juarros; f. darüber näher S. 127 Anm. 2. Auch Herrera fetzt Olid's Abfahrt von der Küfte von Chalchiuhcuecan in das Jahr 1523 (dec. III. lib. V cap. 7).

(³) In dem Jahre 1524 des Beginnes von Cortes Zuge ftimmen die Hiftoriker überein.

Fürſten von Tlacopan Tetlepanquetzaltzin, den Fürſten von Azcapozalco Oquitzin (Gom. Oquici) und viele mexicaniſche Groſse. Auf dieſem Zuge ([1]) erſchöpfte der Held und feine kühne Schaar alles, was an Mühen und Beſchwerden, an Leiden und Entbehrungen, an Arbeiten und Gefahren, im Kampfe mit einer mächtigen, ungebändigten Natur, der menſchliche Bau ertragen kann; fie überwanden durch höhere Kraft übermenſchliche, alle Vorſtellung überſteigende Anſtrengungen. Solche Anſtrengungen und Härten menſchlichen Loofes, folche Prüfungen von Heldenmuth kennt die Geſchichte nicht, wie fie in den tollkühnen Wagniſſen der Conquiſta in den verſchiedenſten Gegenden des ungeheuren Feſtlandes fich dargeboten haben und mit eifernem Sinne beſtanden find. Die Schilderung des Zuges des Hernan Cortes nach Honduras auf dem Landwege, wie fie Gomara und andere Hiſtoriker liefern, wird man nicht ohne die tieffte Erſchütterung menſchlicher Empfindungen zu lefen vermögen. Endlich langte der Held am *Golfo dulce* der Honduras-Bai an; er ſchiffte von da nach Truxillo, und hatte den Plan nach Nicaragua zu ziehen (vgl. Presc. 263). Der Hauptzweck, welchen er bei diefen, felbſt gemachten und angeordneten Zügen im Auge hatte, war, eine Verbindung beider Oceane aufzufinden. Die Nachricht von Unruhen in Mexico bewog ihn davon abzuſtehn (Presc. 266); nach vielen Hinderniſſen durch Stürme fegelte er am 25 April 1526 ([2]) von den Küſten von Honduras (Truxillo) ab, wurde nach Cuba geworfen, und landete endlich etwa am 24 Mai in S. Juan de Ulua (268). Während diefer Ereigniſſe vollführte

---

([1]) gefchildert von Gomara in feiner *Cronica de la Nueva España* cap. 163-174, von Bernal Diaz del Caſtillo (als Augenzeugen) in cap. 174-183 feiner *historia verdadera de la conquista de la Nueva-España*. (*Sacola à luz . . . Alonso Remon. Madr.* 1632. *fol.*)

([2]) In diefer Zeit- und Jahres-Beſtimmung kommen die Schriftſteller überein; auch Gomara (*cronica de la Nueva Esp.* cap. 177) und Herrera. Juarros (*hist. de Guat.* T. II. p. 173) ſpricht fich ausführlich über diefen Gegenſtand aus, wobei er das Jahr 1526 für Cortes Rückkehr nach Mexico als ganz gewifs behandelt. Er habe, fagt er, die Sendung des Olid, gegen Herrera, der die Städte *Triunfo de la Cruz* und *S. Gil de Buena Vista* im J. 1524 durch Olid gründen laſſe (vgl. jedoch vorhin S. 126 Anm. 2), in das Jahr 1523 gefetzt: *por que, habiendo entrado en Mexico D. Fernando Cortes de vuelta de las Hibueras el año de 1526, y tardado mas de dos años en esta jornada, como afirma Bernal Diaz del Castillo* cap. 193, *no pudo ser el arribo de Olid al referido Puerto del Triunfo de la Cruz el de* 1524: *por que es muy corto espacio el de dos años para todo lo que pasó desde la venida de Olid à la costa de Guaimura hasta la vuelta de Cortes de dicha costa à Mexico.* — Nicht im cap. 193, fondern in der Überſchrift des cap. 175 fagt Bernal Diaz, dafs fie auf der Expedition von Higueras 2 Jahre und 3 Monate zugebracht.

Pedro de Alvarado, von Cortes dazu gefandt, da die Unternehmung Olid's wirkungslos blieb, vom Jahre 1524 an durch eine Reihe von Jahren die Eroberung und weitere Entdeckung von Guatemala, wie ich unter dem geographifchen Artikel (S. 112^{aa-m}) und unten (^{m} -S. 129$^{e'}$) berichtet habe.

Wir können frühe Colonien von Azteken in Guatemala vermuthen, wenn auch die Gefchichte uns dabei verläfst. In den Zeiten der Eroberung ift es aber natürlich, und ift überliefert, dafs von den indianifchen Hülfstruppen (meift Azteken), welche die fpanifchen Heerführer, wie wir oben fchon gefehn haben, mit fich führten, Theile, wirkliche Colonien, im Lande Guatemala zurückblieben und fich anfiedelten. Die beiden Stämme der Azteken oder Mexicaner und der Tlascalteken werden auch namentlich angeführt, als von denen Cortes Colonien in jenes Land fchickte. Ich finde alles diefs beftätigt durch den Ortsnamen Choluteca in Honduras, durch 3 Örter *Mexicanos*, zwei Ortfchaften Mexicapan; vielleicht andre Colonien durch 4 Örter Mazahua. Ich werde diefe Ortsnamen fpeciell entwickeln.

§ 47. CHOLUTECA ift ein grofses Thal (*la Choluteca*), nach Haffel auch Dorf, in der Provinz Honduras, Diftr. Tegucigalpa; und Flufs in derfelben Provinz, der in die Südfee fällt. Juarros fpricht nur von dem Thale (*Valle de la Choluteca*; I, 109, 46): in welchem die Stadt *Xeres de la Frontera*, von ihm auch (I, 45) *Xeres de la Choluteca* genannt, liegt; auch als einen Landftrich nennt er es (I, 28), nördlich von dem *partido de S. Miguel* der Prov. San Salvador. Ich hege keinen Zweifel, in diefer Form Choluteca das Volk der Chololteken (f. oben S. 100^{mm}), den *plur.* Chololteca (vom *sing.* *Chololtecatl*), zu finden ([1]), und den Namen von einer Anfiedlung diefes Volkes in Honduras herzuleiten. Sollen wir nicht in die alte Zeit zurückgehn, fo bietet die Zeit der Eroberung dafür einen hinlänglichen Anhalt. Als Pedro de Alvarado Guatemala eroberte, hatte er auf feinen verfchiedenen Zügen in feinem Heere eine Menge indianifcher Hülfsvölker: Azteken, Tlascaler und Chololteken. Dafs derfelbe mexicanifche Indier bei fich halte, fagt Juarros fchon I, 4. Derfelbe berichtet I, 133: (*Pedro de Alvarado*) *salió de Mexico el dia 13 de Nov. de 1523, acompañado de 300 Españoles, y*

([1]) Man wird fogleich (S. 129 Z. 1 und 4) bei Juarros *Cholutecas* als die fpanifche Form für die Chololteken lefen.

gran numero de Indios Mexicanos, Tlaxcaltecas y Cholutecas. (¹) Bei feinem Auszuge aus Itzcuintepec (Juarros II, 85) halte Alvarado bei fich 250
Spanier zu Fufs, 100 Pferde, und 6000 befreundete Indianer von den 4 Nationen: *Guatemalteca, Tlaxcalteca, Mexicana* und *Choluteca.* 1525 kommen wieder 2000 Mann indianifcher Hülfstruppen vor (310), zufammengefetzt aus den letztgenannten 3 mexicanifchen Stämmen und 3 Völkern von
Guatemala: *Uzmatecos, Quezaltecos* und *Kachiqueles.* Als im J. 1526 ein
allgemeiner Aufftand der Eingebornen ausgebrochen war, zog Gonzalo de
Alvarado (II, 291) nach Olintepeque mit 60 Spaniern und 400 *Indios de
vara y flecha, Mexicanos y Tlaxcaltecos.*

Ich werfe die Frage auf: ob wir vielleicht in der fo fehr ähnlichen
Form Cнorotega, einem Volksftamm und einer Sprache in Nicaragua,
das aztekifche *Chololteca* und das Volk der Chololteken wiederfinden
dürfen? Oviedo nennt Chorotega eine der 5 Sprachen von Nicaragua,
welche gefprochen werde um den See Mafaya. Diefer Hiftoriker theilt nämlich, aufser den (aztekifchen) Niquirans, die Bewohner von Nicaragua in die
zwei Stämme: Chorotega (Sprache mit mehreren Dialecten) und Chontales.
Ich werde diefe Volksftämme unten bei Nicaragua (§ 49) näher behandeln;
wir finden dort aber unter den Dialecten der Chorotega einen der Choluteken, am Meerbufen von Fonfeca bis nach Honduras hin. Diefs ift identifch mit dem vorher (S. 128ᵐᵐ⁻ⁿ) entwickelten Choluteca im Diftr. Tegucigalpa; und wir fehen überhaupt (unten S. 131) das Gebiet der Chorotegas
fich fo weit ausdehnen, dafs es die Choluteca berührt und fich durch diefe
fortfetzt. Wenn das Volk der Chorotegas den Berichten nach fehr fremdartig uns entgegentritt, welche nach Oviedo's Nachrichten gar die Ureinwohner des Landes feyn follen, fo beftärkt die Nennung der Choluteken als eines
Theiles von ihnen durchaus in der Verfolgung meiner Frage. Der thätige
Squier bietet uns (*Nicaragua* II, 320-5) ein Wortverzeichnifs, welches er
unter den Indianern von Mafaya, 100 *miles* füdlich von Leon, ganz nahe bei
den (mexicanifchen) Niquirans, gefammelt hat; er nennt es *Chorotegan* oder
Dirian, indem er es (II, 312) für diefe Sprache hält. Wenn diefs die Cho-
roteca-Sprache ift — Squier hat fie nur vermuthungsweife fo genannt —

_____

(¹) Eben fo Prescott I, 242: „Alvarado zog mit einem ftarken Corps von Spaniern und Indianern nach Guatemala."

dann hat fie keine Ähnlichkeit mit der mexicanifchen Sprache. (¹) Diefs beftätigen auch die in Oviedo zerftreut vorkommenden Wörter: *nambi* Hund (p. 211), *Masaya* brennender Berg (120), *Natatime* Name eines Caziken (123); *Nicoya Nambi*, Name eines der mächtigften Caziken der Provinz (210). Von dem letzten Namen wird nicht gefagt, dafs er chorotegifch fei; ich führe ihn nur an, weil er mir eine Zufammenfetzung des Ortsnamens *Nicoya* mit dem Chorotega-Worte *nambi* Hund zu feyn fcheint.

MEXICANOS (fpanifche Form) heifsen: 1) eine indianifche Vorftadt (*barrio*) der Stadt Ciudad Real in der Prov. Chiapas (diefe Hauptftadt hat 5 indifche *barrios* mit 500 Seelen, Juarros I, 13); 2) *Santa Isabel de Mexicanos*, ein *barrio* der Hauptpfarrei Zonzonate im gleichnamigen Diftrict; 3) *Asuncion de Mexicanos*, Dorf im Diftr. und in der Hauptpfarrei San Salvador.

MEXICAPAN (Ort der Mexicaner: von *Mexicatl* der Mexicaner durch die Ortsendung *pan* abgel.) [Juarros *Mexicapa*] heifsen 2 Dörfer: 1) in der Prov. Honduras, Diftr. Comayagua, Hauptpfarrei Gracias á Dios; 2) *Asuncion de Mexicapa*: in der Prov. S. Salvador, Diftr. S. Miguel, Hauptpfarrbezirk Ereguaiquin.

Über den Namen Mazahua werde ich weiter unten handeln (§ 50).

§ 48. Grofs wie auf allen Punkten des neuen Continents ift in dem Lande Guatemala die Zahl der Sprachen und Völkerfchaften; ja nach Juarros ift ihre Zahl viel gröfser als in irgend einem anderen Theile der neuen Welt. *Poseian esta Region,* fagt Juarros T. I. p. 7-8, *un sin numero de gentes, de diversas naciones ....; de donde proviene, que sus habitantes hablen tantas lenguas diferentes: pues unos usan la* Mexicana, *otros la* Quichè, Kachiquel, Subtujil, Mam, Pocomam, Poconchì, Chortì, Sinca, *y otras muchas.* Wenn Gallatin (*ethnol. soc.* I, 5) nach diefer einen Stelle fagt, Juarros zähle in Guatemala 7 Sprachen; fo hat er erftens den Zufatz *y otras muchas* überfehen, und zweitens andere Stellen nicht gekannt: wie eine, in der Juarros 26 Sprachen aufzählt, ohne die, welche er nicht benennt. Juarros zeigt nämlich (II, 32) den Gegenfatz: dafs in Mexico meift mexicanifch, in ganz Yucatan die Maya-Sprache gefprochen werde; und fährt

---

(¹) Squier findet im Gegentheil ähnlichen Klang in einigen Ortsnamen mit peruanifchen (f. II, 313).

fort: *Y así tengo por cierto, que ninguno de los Reynos del nuevo mundo tiene tantos y tan diversos idiomas como el de Guatemala: pues en él se hablan las lenguas* Quiché, Kachiquel, Zubtugil, Mam, Pocomam, Pipil ó Nahuate, Pupuluca, Sinca, Mexicana, Chorti, Alaguilac, Caichi, Poconchi, Ixil, Zotzil, Tzendal, Chapaneca, Zoque, Coxoh, Chañabal, Chol, Uzpanteca, Lenca, Aguacateca, Maya, Quecchi *y otras: que solo las nombradas son veinte y seis.* Er fagt über diefe Sprachen (33^{rf}) (von den fpanifchen Geiftlichen redend): *el grandisimo trabajo de aprender tan dificultosos idiomas, con asperisima pronunciacion gutural .* . . . Zu den hier genannten 26 Sprachen find noch hinzuzufügen, theils mit vollem, theils mit zweifelhaftem Recht, 9 Sprachen: *Celdal, Cinacanteca, Cozcateca* (Sprache von Cozcatlan: von mir oben, S. 105^{m}- b^{aa}, erörtert), *Mosco, Mosquito, Poyai, Tauca, Toque, Utlateca* (f. die letzte oben S. 114^{mm}). Wie diefe grofse Zahl durch Verwandtfchaft einiger fich vermindere, ift hier nicht mein Gefchäft zu unterfuchen. ([1])

Viel gröfser ift die Zahl der Volksftämme als die der Sprachen. Ich werde von diefem Irrfal von Namen, wie wir es in allen Theilen Amerika's finden, durch Fixirung einiger Gegenden eine Anfchauung zu geben verfuchen. Zwifchen den Provinzen Nicaragua und Comayagua liegen die Provinzen Taguzgalpa und Tologalpa, bewohnt von *Indios infieles* (Juarros I, 48): verfchiedene Sprachen und Völker, feindlich unter einander, unbeftimmt bekannt unter den Namen der *Xicaques, Moscos* und *Sambos.* Diefe Dreizahl genügt aber nicht, fie zerfällt in viel mehr Völkerfchaften. Juarros fagt an einer 2ten Stelle (II, 210): *Aunque los habitantes de estas Regiones* (der Provinzen Taguzgalpa und Tologalpa) *son conocidos con los nombres generales de* Xicaques, Moscos *y* Sambos; *son muchas las naciones de que se componen: llamanse unos* Lencas, *otros* Payas, Alhatuinas, Tahuas, Jaras, Taos, Gaulas, Fantasmas, Iziles, Motucas *y otras muchas; todas estas naciones hablan diversas lenguas, tienen distintos gobiernos, usos y costumbres; unas son blancas, otras rubias, otras negras.*— Das Land Talamanca liegt eingefchloffen in die Provinz *Costa rica,* und ftreckt fich gegen die Küften des *mar del Norte* hin. Diefes Land birgt 26 kleine Stämme, zu denen noch viele andere in der Nachbarfchaft kommen: *La Talamanca* (Juarros

---

([1]) Stephens wurde gefagt von 24 Idiomen in Guatemala (vgl. Gallatin I, 6), aber dafs fie vielfach unter einander verwandt feien.

S

II, 233) *tiene veinte y seis parcialidades; pero fuera de ellas hai otras naciones vecinas, como son los* Changuenes, *que estan divididos en trece parcialidades, los* Terrabas, *los* Torresques, Urinamas *y* Cavecaras. Ein Verſuch
die Unterabtheilungen zu nennen iſt hier gar nicht gemacht!

§ 49. In Nicaragua, welches für mich hier ein beſonderes Intereſſe
hat als ein ſo extremer Sitz der Azteken-Sprache, nimmt Oviedo, welcher
dieſe Provinz im Jahre 1526 beſuchte, auſser den Völkerſchaften jener Zunge,
2 Stämme von Bewohnern an (vgl. Squier *Nic.* II, 309): die Chorotegen
und die Chontal. Die CHOROTEGAS (Sq. 310) hatten den ganzen Norden
von Squier's Niquirans ([1]) inne: an der Südſee entlang, zwiſchen dieſer und
dem See Managua, bis zum Meerbuſen von Fonſeca; ſie waren auch zu finden ſüdlich von den Niquirans und um den Meerbuſen von Nicoya (der damahls Orotina hieſs). Dieſer Stamm zerfiel in mehrere Abtheilungen, welche
alle die chorotegiſche Sprache oder Dialecte davon ſprachen: 1) die Dirians
oder Bergvölker (ſ. Squier über ihre Lage): wo jetzt die Städte Granada,
Maſaya, Managua u. ſ. w. ſtehn; 2) Nagrandans (Dialect), Volk von Nagrando, in der jetzigen Ebene von Leon; 3) Choluteca (Dialect), am Meerbuſen von Fonſeca bis nach Honduras; 4) Orotina ([2]), um die Bai von Nicoya, ſüdlich vom See Nicaragua. Oviedo ſagt (*Nicaragua,* franz. Überſ.
1840 p. 8), daſs die Chorotegas Feinde der mexicaniſch Redenden waren
und ganz verſchiedene Sprache und Sitten hatten. — Der 2te Hauptſtamm,
die CHONTALS oder CHONDALS (vgl. Sq. 311), hatte die groſse Gebirgs-
gegend inne, welche noch *Chontales* heiſst: nördlich vom See Nicaragua, in
der Mitte zwiſchen den genannten Völkern und den wilden Horden an der
caribiſchen See; nach Oviedo (franz. Überſetzung p. 8) hatten ſie keine Verbindung mit den Chorotegas und denen mexicaniſcher Zunge, und redeten
eine Sprache ſo verſchieden von dieſen wie das Baskiſche vom Deutſchen.
Von den Chorotegas habe ich ſchon oben (S. 129d-130aa) weiter geſprochen;
auch erwähnt, daſs ſie nach Oviedo's Nachrichten die Ureinwohner des Landes
ſeyn ſollen. Derſelbe berichtet (Sq. 312), daſs es in Nicaragua 5 unter einander gänzlich verſchiedene Sprachen gebe (vgl. Gallatin *ethnol. soc.* I, 7).

([1]) Über den Namen Niquirans, den Squier gebraucht und den ich weder bei Oviedo
noch in anderen Schriftſtellern finde, ſ. meine Anm. in § 53. — Ich muſs bemerken, daſs die
nachfolgende ſpecielle Darſtellung der Sprachverhältniſſe weſentlich Squier angehört.

([2]) Herrera ſchreibt *Orotina,* Gomara *Orotiña.*

Dem Oviedo ganz ähnlich fchreibt Gomara von den 5 Sprachen Nicaragua's (¹). Die Erwähnung des Caribifchen in Nicaragua ift merkwürdig. Schon Herrera hat berichtet, dafs in diefem Lande viel Caribifch gefprochen werde; die Bewohner von Chontales werden von den anwohnenden Spaniern Cariben genannt (Sq. 314); und Squier hält die indianifchen Stämme an der atlantifchen Küfte Nicaragua's, die Mofcos u. a., für Cariben (319). Squier hat uns Wortverzeichniffe von 2 Idiomen Nicaragua's geliefert: 1) der Indianer von Subtiaba: vielleicht die Orotina-Sprache; doch nennt er fie aus Vorficht nur Nagrandan, nach dem alten Namen der Provinz; von ihr giebt er auch einige grammatifche Züge (315-9); 2) der Indianer von Mafaya, welche Sprache er für das Chorotega oder Dirian hält (ich habe über diefe zweite Sprache fchon oben S. 129ᵐ-130ᵃᵃ gehandelt). Beide Sprachen findet er gänzlich verfchieden.

Ich hebe aus den Nationen und Sprachen Nicaragua's eine, durch ihren Namen merkwürdige, befonders hervor: CHONTALLI ift ein aztekifches Wort, das einen Fremden oder Ausländer bezeichnet. Ift das guatemalifche *CHONTAL* oder *CHONDAL*, wie nicht zu zweifeln, daffelbe Wort, fo fragt fich: ob das Verhältnifs der Benennung (ähnlich dem griechifchen βάρβαροι und dem fanskritifchen *mlétscha*) das war, dafs die einwandernden oder fich anfiedelnden Azteken ein vorgefundenes guatemalifches Volk fo nannten? Die Verhältniffe, welche den Namen erzeugt, haben weiter gewirkt; denn *Chontales* (der fpan. Plural) heifst ein Gebirge bei der Stadt San Salvador. Vom aztek. *chontalli* kommt der Ortname *Chontalpa* her (Ort der Fremdlinge oder Ausländer), ein Real in der Diput. Zacualpan in der Prov. Mexico. Die *Chontales* in Nicaragua find nach Oviedo wilde Indianer, welche die gebirgigen Gegenden bewohnen (vgl. Gallatin I, 7-8). Ich habe von ihnen und ihrer Sprache fchon vorhin alle Angaben Oviedo's

---

(¹) Gomara, *historia gen. de las Indias*, Çaragoça 1553 fol. 112 col. 1: *ay en Nicaragua cinco Lenguages muy diferentes: Coribici, que loan mucho; Chorotega, que es la natural i antigua ... los quales son hombres valerosos, aunque crueles .... Chondal es grosero i Serrano; Orotiña, que dice mama por lo que no otros; Mexicano, que es principal ....* (die Fortfetzung diefes Satzes habe ich in § 53 geliefert). Die neue Ausgabe des Gomara in Barcia's *historiadores primitivos de las Indias occidentales* T. II. Madr. 1749. fol. hat die Zeile diefes Textes (p. 190, cap. 206), wo das Mexicanifche eintritt, fehr corrumpirt: *Orotiña, que dice Mama, por lo que nosotros Mexicano, que es Principal* (vor *Mexicano* fteht kein Unterfcheidungszeichen).

verzeichnet. Nach Hervas erstreckt sich die *Chondal*-Sprache bis nach Oaxaca: eine Äufserung, welche sehr auffällt und eine Unterfuchung wünschenswerth machte. Squier berichtet (II, 314) von einem neuen Befuche der Gegend von *Chontales* durch einen deutschen Flüchtling im Sommer 1851. Die Indianer dafelbst sprechen meist spanifch; ihre spanifchen Nachbaren nennen sie, wie schon bemerkt, Cariben; sie selbst aber fagen, sie feien von dem Ufer des Sees Managua gekommen. Der Reifende erhielt ein kurzes Wortverzeichnifs ihrer Sprache, welche nach ihm „geringe Verwandtschaft mit irgend einer anderwärts im Lande geredeten Sprache hat"; er nannte es aber vom Bezirke *Chondal.* Es ist alfo ungewifs, ob das (bei Squier II, 314 gegebene), übrigens gegen die zwei anderen Sprachen Nicaragua's und gegen die aztekifche ganz fremdartige, Wortverzeichnifs von der Chontal-Sprache ift.

§ 50. In dem Hinblicke auf die Wahrfcheinlichkeit, dafs auch andere als aztekifche Volksftämme Mexico's fich durch Wanderungen oder Colonien dem Lande Guatemala mitgetheilt haben, find mir die Ortsnamen *Masagua*, fünf Dörfer, in Guatemala merkwürdig erfchienen. Die Ähnlichkeit mit dem Volksstamm der MAZAHUA in Mexico kann zufällig feyn, aber wir wiffen es nicht. Eben fo wiffen wir nicht, ob der mexicanifche Volksname aztekifchen Urfprungs (Poffeffivum von *mazatl* Hirfch: Befitzer oder Heger von Hirfchen) oder ein einheimifcher fei. Die Mazahuer find ein Volk, das in mehreren, in den weftlichen Bergen des mex. Thals gelegenen, Dörfern wohnte; wenigftens legt Yepes ihre Sprache fo: die nichts anderes als ein Dialect der otomitifchen war; aber doch fo felbftftändig fchon, dafs man ihre Trennung von den Otomiten, mit denen sie auf jeden Fall früher Ein Volk bildeten, als fchon fehr früh gefchehen annehmen mufs. Diefe Wortform möchte wohl auch für das Volk gelten, da Clavigero sie Mazahuer nennt, obgleich Yepes ([1]) angiebt: *Mazahual*, Einer, der diefe Sprache fpricht. Ihr Land hiefs *Mazahuacan*, und war der Krone von Tacuba unterworfen. — Auf der anderen Seite finden wir nun in Guatemala: 1) *San Pedro Masagua*, Hauptpfarrort im Diftr. San Salvador; 2) *S. Antonio Masagua*, Dorf in diefer Pfarrei; 3) *San Luis Masagua*, Dorf im Diftr. Itzcuintla; 4) *S. Catarina Masagua*, Dorf in d. Prov. Sonfonate, Pfarrei Nahuifalco;

([1]) Vergl. oben S. 106 Anm. — *macehualli* heifst im Mex.: Vafall, Lehnsmann.

5) *San Juan Masagua*: Dorf in der Prov. San Salvador, *partido* S. Ana
Grande, Pfarrei S. Eftevan Texis. Die Wiederholung des Namens in verfchiedenen Provinzen unterftützt die Vermuthung, dafs wir nicht einen gewöhnlichen Ortsnamen, ein *appellativum*, fondern den Namen eines Volkes
vor uns haben. An hiftorifchen Aufklärungen aber: ob es ein Volk oder
eine Sprache Mafahua oder Mafagua in Guatemala gegeben habe oder noch
gebe, ob im letzteren Falle fie otomitifchen Stammes fei; fehlt es ganz. In
den Verzeichniffen der Sprachen Guatemala's erfcheint der Name nicht.

Die Erfcheinungen beide: die, welche das guatemalifche *Chontal*;
und die, welche das guatemalifche *Masagua* hiftorifch merkwürdig macht:
kehren vereinigt wieder in der POPOLOCA-Sprache in Guatemala. Den gleichen Namen führte (wie ich fchon in einem anderen Abfchnitte, S. 15ᵃ'-16ᵃᵃ,
entwickelt habe) ein alter mexicanifcher Volksftamm, wohl in der Provinz
Puebla wohnhaft; und der Name bedeutet in der aztekifchen Sprache: Barbaren, Ausländer; Menfch, der eine fremde Sprache redet. Es find nun
zwei Fälle möglich, über welche fchwer zu entfcheiden ift: entweder find
Zweige des mexicanifchen Popoloken-Volkes nach Guatemala gekommen;
oder ein guatemalifcher Volksftamm wurde von aztekifchen Völkern, fei es
nachbarlich angefeffenen oder fich anfiedelnden, fei es auf den Heereszügen
der Eroberer, Ausländer oder Barbaren: an der einen Stelle *Chontalli*,
an der anderen *Popoloca*, benannt.

§ 51. Durch mannigfaltige Betrachtungen und Unterfuchungen habe
ich mich bemüht die Verhältniffe anzudeuten und aufzuhellen, unter denen
in dem Reiche Guatemala, und beinahe bis in feine füdlichften Theile, die
aztekifche Sprache als lebend auftritt. Ihre Erfcheinung hier und befonders in Nicaragua ift zu merkwürdig, um nicht den Verfuch zu rechtfertigen, alle Wege aufzufpüren, auf denen fie hingelangt feyn kann, und den
fremdartigen Boden zu zeigen, auf welchem fie fich bewegt. Merkwürdig
ift es, dafs Juarros, nachdem er im Anfange feines Werks (I, 7) unter 9
Sprachen, welche er zum Belege der vielen in Guatemala gefprochenen an-
führt, die mexicanifche (*la Mexicana*) in erfter Stelle genannt hat; an einer
anderen geradezu wegläugnet, dafs fie in Guatemala gefprochen werde: und
doch dicht dabei die Provinzen angiebt, wo mexicanifch geredet wird.
Er gebraucht die Abwefenheit der mexicanifchen Sprache zu einem Argu-
mente feiner Behauptung, dafs das Land Guatemala nie dem mexicanifchen

Reiche unterworfen gewefen fei. Die merkwürdige Stelle lautet (II, 35-36): *Mas á nosotros no nos faltan pruebas bastantemente sólidas, para fundar nuestra opinion. Y la 1ᵃ es, que, como asienta el Padre Acosta* (lib. 7 cap. 28) (f. diefe Stelle fchon oben S. 1 2ᵐ⁻ⁿᶠ), *era maxima de los Mexicanos, en todas las Provincias y Pueblos, que dominaban, fuese por voluntario rendimiento ó por fuerza de armas, obligar á los rendidos á que aprendiesen y hablasen el idioma Mexicano. De este principio se infiere claramente que, no hablandose dicha lengua en este Reyno, nunca estuvo sujeto al Imperio Mexicano. Es verdad que los Indios que llaman Pipiles, y se hallan poblados en las costas del mar Sur, desde la Provincia de Escuintla hasta la de San Salvador, hablan el idioma Mexicano corrompido* (p. 36); *pero tambien lo es, que estos Indios descienden de ciertos Indios Mexicanos, que el Emperador Autzol hizo se introduxesen en estas tierras, con titulo de Mercaderes, para tener gente de su parte en ellas, y abrirse brecha por este medio, para sojuzgar el Reyno. Tambien es cierto, que fuera de los Pipiles hai otros pueblos del idioma Mexicano; mas habiendo venido con los Conquistadores Indios Mexicanos, es muy probable que fundasen algunos pueblos, y estos sean los que hablan la referida lengua. Pero aunque permitamos que en muchos lugares de este Reyno se hable el idioma Mexicano, siempre que no se hable en las Cortes de los Reyes Tultecas, queda inconcuso, que estos Caciques nunca fueron subyugados por los Mexicanos: pues à haberlo sido, en las expresadas Cortes era, donde principalmente se habia de poner en practica la citada maxima de los Mexicanos.*

Die aztekifche Sprache wird alfo in Guatemala gefprochen. Ob und wie vielfach fie ftellenweife vereinzelt, in gewiffen Örtern, welche aztekifche Namen tragen, gefprochen wird oder wurde: darüber wäre es fehr wichtig Kunde zu erhalten. Bei einer Befchreibung der Sitten, Gebräuche und Einrichtungen der Indianer von Guatemala liefert Juarros (II, 28-32) aztekifche Ausdrücke. Nachgewiefen und verbürgt ift uns das mexicanifche Idiom nur an zwei Hauptftellen des Landes. In dem grofsen oben (S. 131ᵃ⁻ᵃᵃ) von mir gegebenen Sprach-Verzeichniffe nennt Juarros (II, 32) getrennt: 1) Pipil oder Nahuate und 2) *Mexicana* als Sprachen Guatemala's. *nahuatl* ift der ächte und einfache Name für das aztekifche Idiom, wie ich in einem früheren Abfchnitte (S. 7ᵐᶠ-8ᵐ) ausführlich gezeigt habe; *Nahuatlan* [bei Juarros *Naguatlan*] (Ortsform von *nahuatl*) ift der Name eines verfallenen

Ortes im Diftr. Soconusco von Chiapa, Pfarrei Ayutla. Diefer Name an der
Stelle zeugt wieder für das vielfache Vorkommen der Sprache an anderen
Punkten, als hier nachgewiefen werden wird. Diefes vielfach zerftreute Vorkommen verftehe ich auch unter Juarros Ausdrucke der Sprache *Mexicana*
neben dem *Pipil* oder *Nahuate*; und er felbft fpricht diefs in der eben ausgehobenen langen Stelle deutlich aus, indem er fagt: „Auch ift es gewifs, dafs
es aufser den *Pipiles* andere Ortfchaften mit dem mexicanifchen Idiom giebt;
da aber mit den Eroherern mexicanifche Indier kamen, fo ift es fehr wahrfcheinlich, dafs fie einige Ortfchaften gründeten, und dafs diefe es find,
welche die erwähnte Sprache reden. Aber wenn wir auch zugeben, dafs an
vielen Orten diefes Reichs das mexicanifche Idiom gefprochen wird, fo ....."
Von dem Erfcheinen der aztekifchen Sprache in Nicaragua fagt Juarros nichts:
daher fein Ausdruck *Mexicana*, als etwas zweites, nach Pipil, nicht direct
auf diefe zweite Stelle zu beziehen ift.

§ 52. Die erfte Stelle alfo, wo die aztekifche Sprache in Guatemala
im grofsen gefprochen wird, bildet das PIPIL oder *Nahuate* der Pipil-
Indianer, welche die Küfte der Südfee von der Provinz Escuintla bis zur
Provinz San Salvador bewohnen (Juarros II,35-36; vgl. Gallatin I,6; Squier
Nic. II,330^{mm-nn}). Den Namen halte ich für mexicanifch. *PIPILLI*, ob-
gleich uns nicht wirklich als Wort überliefert, hat gewifs exiftirt: als Redu-
plication von *pilli*, das zwei verfchiedene Bedeutungen hat: 1) Edler,
Adliger 2) Kind (Knabe, Mädchen); Sohn oder Tochter. In den abgeleiteten
Wörtern, welche ich von der Reduplication angeben kann, erfcheint nur die
Bed. von Kind: *pipil-itoa* und *pipil-mati* (Compofita aus *pipilli, itoa*
reden und *mati* meinen) fich für jung ausgeben, fich jung machen (von Je-
mandem, der älter ift); *pipillotl* (Abftractum von *pipilli*) Kinderei. In
Wirklichkeit kommt *pipilli* nur in Pluralen von diminutiver Bed. (kleine
Kinder) oder Form vor: 1) ganz nochmahls verdoppelt: *pipilpipil* 2) in
Formen mit den Diminutiv-Endungen *tontli* und *tzintli*, wo die vordere Reduplication *pi* dem Plural angehört: *pipiltotonti* und *pipiltzitzinti*: von
den *sing. piltontli* und *piltzintli*; welche nur einfach Kind (Knabe, Mädchen), Kinder bedeuten. Die Sprache macht es übrigens nicht unmöglich,
dafs in dem Volksnamen der Begriff Edle ausgedrückt wäre, obgleich der
gegenwärtige Beftand allein für Kind zeugt. Wir werden gleich fehen, dafs
Juarros die letztere Deutung auffafst und wie er fie zu erklären weifs. Ift

diefe grofse Anfiedlung von Azteken alt oder ift fie neuer? Ich entfcheide
mich bei ihrer grofsen Ausdehnung unbedingt für das Erftere: möge fie nun
vom Könige Ahuitzotl oder aus älterer Zeit herrühren. Sehr zu bedauern
ift, dafs wir keine Probe von der Sprache befitzen: wo wir augenblicklich
über die angebliche Corruption derfelben urtheilen könnten, und befonders:
ob fie von folcher Bedeutung von Haufe aus gewefen fei, wie Juarros angiebt.
Die Bemerknng deffelben, dafs die Sprache ein verderbter Dialect fei (II,
35-36: *hablan el idioma Mexicano corrompido*), nehme ich als einen be-
ftätigenden Grund: obgleich auch von kürzerer Zeit, von der Eroberung
her, während einiger Jahrhunderte diefe Ausartung wohl vor fich gehen
konnte, und aufserdem der Zeitunterfchied nicht fehr bedeutend ift. Squier
(II,330) führt zwei Meinungen an: eine, dafs die Pipil-Indianer zu derfelben Zeit als die Colonie von Nicaragua nach Mittel-Amerika gekommen
feien; die andre, dafs fie von den Hülfstruppen in Alvarado's Heere herrühr-
ten. Juarros leitet diefe grofe Anfiedlung mit Beftimmtheit von einer
Ausfendung von Mexicanern her, welche Ahuitzotl, der 8te König von
Mexico (regierend 1482-1502), unter dem Scheine von Kaufleuten nach
Guatemala machte. Ich habe diefe Sache und eine Stelle (Juarros II,36),
in welcher die Sendung geringfügiger erfcheint und wenig zu dem Umfange
der Pipil-Sprache pafst, fchon oben (S. 125^{t-mm}) angegeben. An einem zweiten Orte (II,81-83) ftellt aber Juarros fie als eine zahlreiche und kriegerifche Expedition, von einer grofsen Menge Indianer unter der Anführung von
4 Hauptleuten und eines Generals, dar: von einem Umfange, dafs daraus
allerdings die Thatfache, wie wir fie heute vor uns haben, eines langen, von
aztekifchen Völkern bewohnten Landftriches, hervorgehen konnte. Er redet hier auch nicht von einem Anhange, fondern von bewaffneter Hülfe,
welche der König durch diefe Colonie bei einem künftigen eignen Kriegs-
zuge fich ftiften wollte: an dem er nur durch den Tod im Augenblicke der
Unternehmung gehindert wurde. Hier erläutert Juarros den Namen des
Volksftammes: diefe Indianer feien aus dem gemeinen Volke gewefen und
hätten die mexicanifche Sprache verderbt, wie Kinder, gefprochen; daher
fie *Pipiles* genannt worden feien. Er verleiht hier auch dem Volke und der
Pipil-Sprache eine fehr grofse Ausdehnung, eine gröfsere, als wir und er
felbft oben angegeben: das Volk der Pipiles habe fich in Guatemala ungeheuer ftark vermehrt, und fich durch die Provinzen Sonfonate, San Salvador

und San Miguel verbreitet: wie diefs aus den vielen Ortfcbaften der genannten Provinzen folge, welche fich der Pipil-Sprache bedienten. (¹) Juarros
weifs, was nicht unwichtig ift, die Gefchichte diefes aztekifchen Volksftammes, wie er für Guatemala genannt zu werden verdient, noch in einer fpäteren Epoche zu verfolgen. „In den fpäteren Zeiten", fagt er (II, 81), nach
einem Pipil-Manufcripte, „fingen: fei es aus Furcht, dafs bei ihrer fo fehr
gewachsnen Zahl fie fich mit dem Lande empören könnten; fei es aus anderen Beweggründen: die *Quichées* und *Cachiqueles* an die Pipiles zu be-
drücken, in der Abficht das ganze Gefchlecht auszurotten." Aber diefe Indianer (II, 82) wufsten fich durch eine innere, kriegerifche Organifation zu
ftärken, in der Weife, wie fie Ahuitzotl eingerichtet hatte. Innere Zerwürf-
niffe unter ihnen felbft wurden durch einen gewalffamen Umfchwung über-
wunden. Die Hauptleute der Truppen, denen die Herrfchaft über das Volk
gegeben war, befchwerten daffelbe durch hohen Tribut und Erpreffungen;
Cuaucmichin führte nach mexicanifchem Brauch die Menfchenopfer ein
und wollte Hand an einige geachtete Männer legen. Das aufgebrachte Volk
ftürmte feinen Pallaft, tödtete ihn, und rief auf den öffentlichen Plätzen „jener Stadt" (fie ift nicht genannt) den Tutecotzimit, einen fanften Mann,
vortrefflich zum regieren, zum Oberherrn aus; die übrigen Herren wurden
von ihrer Würde zu Orts-Oberhäuptern herabgefetzt. Der neue Herrfcher
machte feine Würde in feiner Familie erblich, verminderte die Abgaben, und
gab feinem Staate eine fefte Ordnung: durch Behörden, kluge Einrichtungen und weife Gefetze; was Juarros (II, 82-83) umftändlich entwickelt.

(¹) Ich fetze die ganze, merkwürdige Stelle hierher: (II, 81) Autzol, *Octavo Rey de Mexico,
no habiendo podido subyugar por armas las poderosas naciones, que dominaban este Reyno,
Kichées, Kachiqueles, Mames, Tzendales, Quelenes y Sapotecas; ocurrió al ardid, enviando gran
numero de Indios, baxo la conducta de quatro Capitanes y un General, que, introducidos en
esta Region con el titulo de Mercaderes, se poblaron á lo largo de las Costas del mar del Sur;
era la mira de este Emperador tener gente de su parte establecida en estos paises, que le ayu-
dasen á hacer la guerra á los Señores que reynaban en ellos: pero la muerte cortó el hilo á su
trama, casi al mismo tiempo que la urdia. Estos Indios eran de la plebe de los Mexicanos, y
asi hablaban la lengua Mexicana corrompida, como la hablan los niños: motivo por que se les
llamó* Pipiles, *que en dicho idioma quiere decir muchachos. Se propagó la nacion de los Pipiles en este Reyno inmensamente, y se extendió por las Provincias de Zonzonate, S. Salvador
y S. Miguel, como se colige de los muchos pueblos de dichas Provincias, que usan la lengua*
pipil.

T

IX. Nicaragua.

§ 53. Der zweite Punkt im Reiche Guatemala, an welchem die aztekifche Sprache im grofsen gefprochen wird, ift die Provinz Nicaragua. Das Alter diefes Sitzes ift verbürgt. Oviedo, welcher im J. 1526 Nicaragua befuchte, berichtet, dafs in diefer Provinz 5 verfchiedene Sprachen gefprochen wurden; die am meiften verbreitete, genannt die Sprache von Nicaragua, fei diefelbe als die Sprache von Mexico (f. die weiteren Angaben Oviedo's oben S. 132). Francifco Lopez de Gomara, deffen *historia general de las Indias* 1553 zu Zaragoza erfchien, nennt auch 5 Sprachen in Nicaragua (f. oben S. 133 Anm.), und als deren hauptfächlichfte die mexicanifche. Woher wir diefe aztekifche Anfiedlung leiten, wie hoch wir fie in das Alterthum zurückfetzen follen, bleibt noch dunkel. Gallatin führt fie auf die Tolteken zurück, und erklärt fie für eine alte Colonie derfelben (*ethnol. soc.* I, 8), nachdem er gefagt: *the fact of a great colony in Nicaragua speaking the Mexican language is indubitable. It is equally certain that the modern Aztecs of Mexico, so far from having reached Nicaragua, had not even conquered Quiche, the most northern district of Guatimala.* An einer anderen Stelle (I, 166), wo er wiederholt, dafs zur Zeit der fpanifchen Eroberung eine alte mexicanifch fprechende Colonie in Nicaragua beftand, leitet er daraus umgekehrt den Beweis ab, dafs die Tolteken Eines Stammes und Einer Sprache mit den Mexicanern gewefen feien. Auch Humboldt, indem er berichtet (*Cord.* I, 208), dafs die mexicanifchen hieroglyphifchen Gemälde und das Agave-Papier fich bis zum See Nicaragua erftrecken, fchreibt diefes den Tolteken zu. Über diefe wichtige Erfcheinung der aztekifchen Hieroglyphen in Nicaragua habe ich oben (S. 39ᵃ u. Anm.) ausführlich gehandelt. Torquemada (*monarquía indiana* lib. III cap. 40) liefert einen abweichenden, detaillirten Bericht, wie mexicanifche Völkerfchaften, aus alten Wohnfitzen in Soconusco durch die Ulmeken vertrieben, allmählig nach Nicaragua gelangt feien (vgl. Oviedo *Nic.* franz. 1840 p. 37-39; Squier *Nic.* II, 329-330): wie fie auch eine Stadt, Xolotlan oder in der Chorotega-Sprache Nagrandan genannt, am See Managua gegründet hätten; allein die ganze Erzählung erfcheint unverbürgt. Die Bewohner von Nicoya läfst Torquemada von den Chololteken abftammen. Der unternehmende und ge-

wandte S q u i e r, welcher den Schauplatz diefer aztekifchen Colonie, die Provinz Nicaragua, befonders die Gegend um den See, ganz neulich befucht,
wofelbft eine Menge alter Ruinen und Denkmäler aufgefunden find, und uns
darüber ein Werk voll mannigfaltigen und intereffanten Inhalts geliefert
hat (E. G. Squier, *Nicaragua.* Vol. I. II. *Lond.* 1852. 8°); hat uns das
Terrain genau bezeichnet, auf welchem das *Niquiran*, wie e r die aztekifche Sprache von Nicaragua nennt (¹), noch jetzt gefunden wird. Er hebt
(Vol. II. p. 309) von den Einwohnern um die inneren Seen, welche er für
Eines Stammes und deren Sprachen er für Dialekte Einer Sprache erklärt,
als eine befondere Ausnahme hervor: die Bewohner des fchmalen Ifthmus
oder Streifens zwifchen dem See Nicaragua und dem ftillen Meere. Er fagt
von ihnen, wie wir gleich fehen werden, den Berichten alter fpanifcher Hiftoriker folgend: „es waren Mexicaner, welche die alte, mexicanifche Sprache
redeten; fie hatten diefelben bürgerlichen Einrichtungen und daffelbe Reli-
gionsfyftem als die Azteken und die mit diefen verbundenen Völker." Er bemerkt, diefs werde durch feine eigenen Forfchungen entfcheidend bewiefen;
den Beweis verfpricht er bald zu liefern. O v i e d o fagt daffelbe: „die Einwohner von Nicaragua, welche das Mexicanifche reden, haben daffelbe Aus-
fehn und diefelben Sitten als die Indianer von Neufpanien." Die Worte
Oviedo's lauten in der franzöf. Überfetzung der Sammlung von H. Ternaux-
Compans (*histoire du Nicaragua, par Gonzalo Fernandez de Oviedo y Val-
dés. Par.* 1840. 8° p. 8) fo: *Les habitants du Nicaragua, qui parlent le
mexicain, ont aussi la même apparence et les mêmes coutumes que les Indiens
de la Nouvelle-Espagne. Ceux qui parlent la langue chorotega, et qui· sont
leurs ennemis, ont aussi la même religion; mais leur langue, leurs moeurs,
leurs coutumes et leurs cérémonies sont si différentes, qu'ils ne s'entendent
même pas.* Diefelbe allgemeine Ähnlichkeit der mexicanifch Redenden mit
den alten Mexicanern, welche Squier ausfpricht und zu erweifen verheifst,
hat G o m a r a noch umftändlicher, mit Hinzufügung der hieroglyphifchen Malerei, ausgefprochen. Er fagt (*hist. gen. de las Indias* 1553 fol. 112 cap. 206),
im Verfolg der von mir oben (S. 133 Anm.) ausgehobenen Stelle:....*Mexicano,*

(¹) Squier nennt den Namen *Niquiran* (für die aztekifche Sprache und den aztekifchen
Volksftamm in Nicaragua), als wenn ihn Oviedo gebrauchte (f. befonders II, 309); ich finde ihn
aber weder bei Oviedo noch in anderen Hauptwerken.

que es principal: y aunque están à trecientas y cincuenta leguas, conforman mucho en Lengua, Trage y Religion; y dicen, que, haviendo una general seca en Anahuac, que llaman Nueva-España, se salieron infinitos Mexicanos de su Tierra, y vinieron por aquella Mar Austral à poblar à Nicaragua. Sea como fuere, que cierto es que tienen estos que hablan Mexicano, por letras las figuras que los de Culhua, y libros de papel y pergamino .... (die nähere Befchreibung f. oben S. 39^{mm-nf}) *y alli están pintadas sus leyes y ritos, que semejan mucho à los Mexicanos, como lo puede ver quien cotejare lo de aqui con lo de Mexico. Empero no usan ni tienen esto todos los de Nicaragua; cà los Chorotegas tan diferentemente sacrifican à sus Idolos, quanto hablan; y asi hacen los otros.* — Bei Herrera (Dec. III lib. IV cap. 7) findet man diefe ganze Stelle, faft in denfelben Worten. Bei folchen Übertragungen fchleicht fich leicht ein Fehler ein, welcher der Flüchtigkeit zuzufchreiben ift; fo legt Herrera die hieroglyphifchen Bücher allein den Choroteken bei: *Tenian pintadas sus Leies i Ritos, con gran semejança de los Mexicanos; i esto hacen solos los Chorotecas, i no todos los de Nicaragua.* Aus diefer Stelle Herrera's ift wieder die irrthümliche Angabe in der Anm. zu pag. 1-2 der franzöf. Überf. von Oviedo's Nicaragua entftanden: „*Herrera (Déc. 3, liv. IV, chap. VII) dit positivement* (!) *que les Chorotegas parlaient un dialecte mexicain*"; wovon Herrera durchaus nichts fagt!

§ 54. Das Vorhandenfeyn der aztekifchen Sprache in Nicaragua zur Zeit der Eroberung wird auf's vollftändigfte bewiefen durch einen kleinen Schatz aztekifcher Wörter, welchen ich, als einen höchft willkommenen und werthvollen Fund, aus Oviedo's Nachricht von Nicaragua zufammengelefen und mit meinem Commentar verfehen habe. Den gröfsten Theil diefer aztekifchen Wörter haben befragende Gefpräche ergeben, welche der Pater Francifco de Bobadilla, Provincial des Ordens de la Merced, unter Affiftenz des öffentlichen Notars Bartolomé Perez und im Beifeyn dreier fpanifcher Würdenträger (f. p. 37) vermittelft der Dolmetfcher Luis de Avila, Francifco Ortiz, Francifco de Arcos und anderer am 28 und 30 Sept. 1528 in dem Dorfe Teola der Provinz Nicaragua mit verfchiedenen Caziken, andern namhaften Perfonen und vielen Indianern (¹) der Gegend, wie der

---

(¹) fo 13 Indianern zufammen (p. 37); wieder mit vielen Dolmetfchern, Caziken und Greifen (p. 52). S. alle Verhöre bei Oviedo p. 19-76.

Stadt Nicaragua über ihre Religion, Ideen, Sitten und Herkunft angestellt hat. Der Pater hielt diese dreitägigen Verhöre zum Theil im Interesse seines Freundes, des Pedrarias Davila, den man in Spanien einiger Nachläffigkeit zieh, während seiner Statthalterschaft in Nicaragua nicht so viel für Bekehrung der Indianer gethan zu haben als Andere; er wollte erweisen, dafs jene Bekehrungen die Indianer sehr wenig zu Christen gemacht hätten.

§ 55. Eine Gruppe der in diesen Conferenzen zu Tage geförderten aztekischen Wörter Nicaragua's sind die Calenderzeichen, d. h. die Namen der zwanzig Tage des Monats. Die Frage ging nicht auf diese hin, sondern sie scheinen nur durch ein Mifsverstehen der Frage als Antwort angegeben zu seyn. Es wurde zuvor gefragt (Oviedo, franz. ed. Ternaux p. 63): „welche Feierlichkeiten beobachtet ihr an den 21 Festen, die ihr nach eurer Ausfage im Jahre begeht?" Es werden nun die Enthaltungen angegeben, und es wird hinzugefügt: „wenn Jemand diefs nicht hielte, so würden die Götter eine tödtliche Krankheit über ihn verhängen; aber Niemand wagt es, weil diese Tage ihnen geweiht find." — Frage: „welches find diese Götter und wie nennt ihr sie?" Antwort: die Götter der 21 Feste find ...." und nun erfolgen die Namen der 20 Tage des Monats: worauf es wieder in der Antwort heifst: „diese Festtage find über das Jahr vertheilt; wir beobachten sie wie die Christen ihre Sonntage." Die Reihe dieser Tage nun beginnt weder, wie Humboldt (*Vues des Cord.* 1816. 8° I, 375-6) noch wie Boturini (*Idea de una nueva historia gen. de la America septentrional* 1746 p. 45) sie giebt: Humboldt beginnt mit *calli*; Boturini beginnt nicht einmahl mit einem der 4 Hauptzeichen, welche die kleinen fünftägigen Wochen führen: sondern mit Humboldt's vorletztem (19ten) Monatstage, mit *cipactli*. Mit *cipactli* beginnt auch Sahagun (I, 282). 21 Namen find es nicht und können es nicht seyn, sondern nur 20. Die laufende Nummer ist ein Zufatz von mir. Zwischen 12 und 13 ist *cohuatl* übergangen, daher die folgenden Namen um eins zu früh find: No. 13 von Nicaragua ist No. 14 (eigentlich 4) der Lifte Humboldt's, No. 19 Hu.'s 20; darauf ist als 20ter Tag *acato* zugesetzt. — Hier folgen die Tagesnamen mit meinen näheren Erläuterungen: links die corrumpirten Formen, wie sie „eine grofse Zahl von Caziken und Greifen" unter Vermittlung „einer hinreichenden Anzahl von Dolmetschern" (Oviedo p. 53) dem Pater Francifco de Bobadilla angegeben haben; rechts die reinen aztekifchen Formen:

Nicaragua: Humboldt:
1. *agat*   *acatl* Rohr
2. *ocelot*   *ocelotl* Tiger
3. *oate*   *quauhtli* Adler
4. *cozgacoáte*   *cozcaquauhtli*: ein grofser Vogel,

eine Art Zopilote, in Mexico König der Zopiloten genannt (f. Clav. II, 60 und 253); Lichtenftein fchwankt zwifchen *vultur sarcoramphus*, *gryphus* und *icterus*: es kann aber letzteres nach Clav. ein ganz anderer Vogel feyn. Der Name ift zufammengefetzt aus *quauhtli* Adler, und *cozcatl*: Juwel, bearbeiteter Edelftein, befonders von runder Geftalt; Clav. überfetzt die Compofition durch: Adler mit einem Halsband.

     5. *olin*   ich halte diefs für die richtige Form; Gomara, Boturini und Humboldt fchreiben *ollin*, Boturini und Clav. (II, 60 und 253) fetzen aufserdem noch *tonatiuh* Sonne hinzu: *ollin (olin) to-nàtiuh*. Sie überfetzen diefs: Bewegung der Sonne, und Bot. leitet es von „*ollini, mover*", ab; Humboldt überfetzt *olin*: *mouvement annuel du so-leil*. Sahagun (I, 285) hat *olin* und überfetzt es allgemein durch „Bewegung"; in einer zweiten Stelle (286) verbreitet er fich ausführlich über feine Bed. als Zeichens der Sonne und die ihm gewidmete Verehrung. Die Figur des Zeichens ift das Bild der Sonne felbft (Clav. II, 253). Die Wörterbücher geben diefes Wort *olin* nicht an; wir haben es von *olinia* fich bewegen (*ollini*, wie Boturini fagt, giebt es nicht) abzuleiten.

     6. *topecat*   *tecpatl* Feuerftein, befonders der zu Pfeilen und Schwerdtern bearbeitete (*labrado en harpon*: Boturini, *hist. de la Amer. sept. p. 45*).

     7. *quiauvit*   *quiahuitl* Regen
     8. *sochit*   *xochitl* Blume
     9. *cipat*   *cipactli* ein Thier, über deffen Be-
ftimmung die Angaben aber fehr aus einander gehn: nach Hernandez ift es eine Art Kaninchen, was feine wahrfcheinliche Ableitung von *citli* Hafe auch glaublich macht; nach Boturini eine Art Schlange (*serpiente armada de har-pones*, p. 45), nach Torquemada und Sahagun (I, 282) der Schwerdtfifch, nach Betancurt der Haififch; die beiden letzten Angaben haben Humboldt zu der allgemeinen Überfetzung *animal marin* bewogen (*Cord.* I, 376): wobei er an das Compofitum *Teocipactli*, nach ihm „*dieu-poisson*", erinnert,

welches ein anderer Name für Coxcox, den aus der allgemeinen Fluth ge-
retteten Menfchen (= Noah), ift (f. Clav. II, 6 und IV, 16). In dem Rade
des mex. Monats von Valades (f. Clav. II, 252) gleicht das Zeichen (dort
wie bei Boturini der erfte Tag) faft in allem dem der kleinen Eidechfe des
4ᵗᵉⁿ (bei uns des 12ᵗᵉⁿ). Clavigero hat in feiner Abbildung nach Betancurt den
Kopf eines Hai's gefetzt. Sahagun (III, 205) bietet uns ein Compofitum des
Wortes, mit Vorfatz von *atl* Waffer, *acipaquitli* (wohl zu verbeffern in
acipactli); feiner Befchreibung nach ein Seeungeheuer, das theilweife Ähnlichkeiten mit dem Caiman, dem Hai und der Seejungfer hat: fo dafs es
nicht unverftändig wäre die Deutungen des einfachen Wortes durch ein See-
thier als aus dem Compofitum hervorgegangen anzufehn, und für das *simplex*
an der durch Hernandez und die Etymologie angegebenen Bedeutung von
einer Art Kaninchen feftzuhalten. Die Angabe Sahagun's lautet: *Hay un*
animal en la mar que se llama acipaquitli: es largo, grande y grueso; tiene
pies y manos, grandes uñas, alas, cola larga, y llena de gajos como un ramo
de arbol; hiere, mata y corta con ella lo que quiere: come peces y trágalos
vivos, y aun á personas traga; desmenuza con los dientes, y estos y la cara
son como de persona. Sahagun's Schreibung unterftützt die Ableitung des
zweiten Theils des *simplex cipactli* vom Stammworte *paqui*, deffen Bed.:
fich freuen (2) verfpotten 3) geniefsen; vgl. das *adv. pacca* freudig), allerdings diefe Annahme nicht begünftigt.

    10. *acat*   *ehecatl* Wind; die Form von Nica-
ragua fieht eher als eine irrthümliche Wiederholung des 1ᵗᵉⁿ Tages, *acatl*
Rohr, aus: und diefen Irrthum mifst eine Note des Herausgebers im Oviedo
den Antwortenden bei; ich glaube, dafs fie richtig das Wort Wind angaben
und zwar *ecatl* [*ecat*]: eine Abkürzung für *ehecatl*, welche in vielen Derivatis fchon conftant ift; und dafs das *a* nur ein Fehler des Abfchreibers
oder Schreibers feyn möchte. Vgl. No. 14, wo ich einen offenbaren Mangel der Schreibung nachweife, fo wie meinen allgemeinen Difcurs S. 148.
Sahagun jedoch giebt wirklich einmahl (I, 282) für diefen feinen 2ᵗᵉⁿ Tag
„*acatl* Rohr" an (*acatl, que quiere decir caña*), ein zweites Mahl aber
„*Checatl*" (Fehler für *ehecatl*) „Wind". (¹)

(¹) Sahagun hat eine fonderbare Einrichtung, in der er die Tagesnamen aufführt: er giebt
fie immer in Gruppen zu 13, und das Zeichen des erften Tages präfidirt der Gruppe; er giebt

11. *cali*   *calli* Haus

12. *quespalcoat*   iſt der gewöhnliche, — von Clavigero, Humboldt, Boturini, Gomara angegebene —, Calendername *cuetzpalin* mit dem Zuſatze von *coatl* Schlange; *cuetzpalin* bedeutet Eidechſe: und zwar iſt es ein allgemeiner Name, mit welchem die Bewohner der heiſsen Länder von Mexico alle unſchädlichen Arten dieſer Thiergattung belegen.

13. *coatl* oder *cohuatl* Schlange: das Tageszeichen, welches in dem Verzeichniſs von Nicaragua, wie ſchon bemerkt, überſprungen iſt; auch Sahagun hat es (I, 282) an dieſer Stelle, als ſeinen fünften Tag.

13. *migiste*   14. *miquiztli* Tod; man darf das Wort nicht durch Todtenkopf überſetzen, obgleich dieſs die Hieroglyphe des Calenderzeichens iſt: denn *miquiztli* iſt nur *subst. actionis*; auch überſetzen es Clav., Sahagun und Boturini nur durch Tod.

14. *macat*   15. *mazatl* Hirſch; die Form von Nicaragua muſs ohne Zweifel *maçat* geſchrieben werden, und eben ſo iſt es in No. 18: ich bleibe nun in Ungewiſsheit, ob man das Verſehen dem erſten Nachſchreiber, der Handſchrift Oviedo's, einer Abſchrift derſelben, oder dem Herausgeber der franzöſ. Überſetzung beizumeſſen habe. Der vorliegende Fall giebt uns aber ein Recht, auch in anderen Wörtern (wie oben No. 10) ein materielles Verſehn der Überlieferer ſtatt einer groſsen Abweichung der Sprache von Nicaragua anzunehmen. S. weiter über dieſen Gegenſtand unten S. 148.

15. *toste*   16. *tochtli* Kaninchen

ſie nur in Beziehung auf Aſtrologie: Beſtimmung der glücklichen und unglücklichen Tage, wie der Eigenſchaften der an ihnen geborenen Menſchen. Er beginnt (I, 282): *Aquí comienzan los caracteres de cada dia que contaban por trecenas: eran trecenas en cada semana, y hacian un circulo de 260 dias y despues tornaban al principio.* Seine erſte Gruppe geht von *cipactli* bis *acatl* (Liſte von Nic. No. 9-20, mit Hinzunahme von *coatl* an ſeiner Stelle). Da er ſeine 2ᵗᵉ Gruppe aber mit *ocelotl* beginnt, ſo iſt ſein *acatl* in zweiter, letzter Stelle nicht der Lückenbüſser No. 20 von Nicaragua, ſondern das richtige *acatl* in No. 1 von Nic.; das erſte *acatl* in dieſer Gruppe aber, in der es 2 mahl vorkommt, Sahagun's 2ᵗᵉʳ Tag, iſt das Pſeudo-*acatl*, welches wir *ehecatl* Wind leſen müſſen. Die 2ᵗᵉ Gruppe geht von *ocelotl* bis *miquiztli* (Nic. No. 2-13, mit *coatl* dicht vor *miquiztli*); hier (für ſeinen 9ᵗᵉⁿ Tag) giebt er an „*Checatl, que quiere decir viento*". In der 3ᵗᵉⁿ Gruppe, von *mazatl* bis *quiahuitl* (Nic. No. 14-19, 1-7; von *acato* Nic. No. 20 iſt wieder keine Rede) macht er beim 1ᵗᵉⁿ Tage den Fehler, ihn *cemacatl* (1 Rohr) ſtatt *cemazatl* (1 Hirſch) zu ſchreiben. Weiter geht es nicht.

16. *at*   17. *atl* Waſſer

17. *izquindi*   18. *itzcuintli* Hund; merkwürdig iſt die vollſtändige Gleichheit der Form vom J. 1526 (oder 1523, ſ. unt. S. 153 Anm.) mit der von Squier aus der Gegenwart, von Ometepec, gegebenen: *izcuindi*; eben ſo iſt es mit Kaninchen (No. 15), Blume (No. 8), Adler (Schluſs in No. 4), Feuerſtein (No. 6), Waſſer (No. 16), Schlange (Schluſs in No. 12); ganz nahe mit Regen (No. 7). Ich kann nicht umhin dieſe Übereinſtimmung etwas auffallend zu finden; vgl. meine Bemerkung unten § 62 Anm.

18. *ocomate*   19. *ozomatli*; hier iſt, eben ſo wie in No. 14, die Cedille vergeſſen. Übrigens verwechſelt Sahagun (I, 283) zwei Tage: er ſetzt *uzomatli* vor *itzcuintli*.

19. *malinal*   20. *malinalli*: ein Wort, das die Hauptquellen des Wortſchatzes nicht haben. Nach Clav. (II, 252) iſt es eine Pflanze, aus der Beſen gemacht werden; abzuleiten iſt es von *malina* drehen, winden: daher Boturini ihm die Bed.: *torcida de cordeles*, ein Gewinde von Stricken oder Schnüren, giebt; Sahagun (I, 283) überſetzt es: Heu (*heno*) oder *retorcedura*. Das Wort erſcheint in zwei alten Ortsnamen: *Malinalco* und *Malinaltepec*.

20. *acato*   iſt, wie ſchon oben geſagt, eine Hinzufügung zu der uns ſonſt bekannten Liſte, welche die Auslaſſung von *coatl* zwiſchen No. 12 und 13 wieder gut macht. Ich halte es für ein Diminutivum von *acatl*, für *acatontli* = kleines Rohr; und da der nächſtfolgende erſte Tag *acatl* heiſst, ſo kann es eben ſo wohl eine nahe liegende Aushülfe und Maaſsnahme einer veränderten Redaction der Tagesnamen für Nicaragua, als eine kluge Ausflucht der dieſes Verzeichniſs in dem Verhöre angebenden Perſonen ſeyn, nachdem ſie durch jene Auslaſſung in Verlegenheit um einen Tag gekommen waren.

§ 56. Auf dieſe Namen der Monatstage oder dieſe Calendernamen, welche uns ſchon eine ziemliche Anzahl aztekiſcher *Substantiva appellativa* verſchafft haben, werde ich nun aus den Nachrichten Oviedo's von Nicaragua folgen laſſen: andere *Substantiva appellativa*, Ortsnamen, Götternamen und Perſonennamen; jede Gruppe für ſich und in alphabetiſcher Anordnung: wobei in Differenzen öfter die ächte aztekiſche Form, nicht die mangelhafte Oviedo's, die Stelle beſtimmt. Ich laſſe dieſer Wort-Analyſe eine kleine Einleitung

U

vorausgehen. Die wichtigen Stücke von Oviedo's Schrift, welche für meine
Sammlung ergiebig gewefen, und in denen die Nachrichten über das Land,
feine Bewohner und deren Sitten fich zufammengedrängt finden, find: das
1ᵗᵉ Capitel, p. 1-15; die Conferenzen zu Teola p. 19-76; die Sitten der
Provinz Nicaragua p. 199-230. Das zwifchenliegende Stück, p. 89-197,
ift der Naturbetrachtung, befonders dem Vulkan Mafaya, gewidmet.

Ein allgemeines Urtheil über den Zuftand zu fällen, in welchem wir
die aztekifche Sprache in Nicaragua antreffen, ift nach den in Oviedo's Schrift
uns überlieferten Wortformen fchwierig. Wir wiffen meift nicht, ob die
Abweichungen von der ächten Form dem Volke felbft angehören oder der
fpanifchen Auffaffung; ja ob fie' nicht ganz befonders den mehreren *mediis*
Schuld zu geben find, durch welche fie zu unferer Kunde gelangt: Fehlern,
manchmahl ganz materiellen, des urfprünglichen Nachfchreibers; Fehlern
oder fehlerhaftem Gebrauch vielleicht zwifchenliegender Abfchriften des Pro-
tocolles, *item* des Werkes Oviedo's, bis zu unferm franzöfifchen Drucke.
Die Wirkfamkeit materieller Verfehen beweift die Weglaffung der Cedille:
macat ftatt *maçat*, *mazatl* (S. 146ᵐ⁻ⁿ No. 14; auch 18). Ich nehme folche
Verfehen auch an in folgenden Fällen: dafs der Wochentag-Name *acat* zweimahl vorkommt, indem ftatt *e* ein *a* gelefen oder abgefchrieben wurde, ftatt
ecat (*ecatl*, *ehecatl*): *acatl* (f. oben S. 145ⁿ⁻ⁿ' No. 10); das Vorkommen
capitaler Fehler, welche nur auf den materiellen Operationen des Abfchrei-
bens und Reproducirens beruhen, beweift (unten S. 152ᵐᶠ⁻ⁿⁿ) *cenpucile* ftatt
cenpuale (*cempoalli*), wo ein *a* fich in *ci* aufgelöft hat. Dafs auch dem
Hörer und Berichterftatter fehr wefentliche Buchftaben-Verwechslungen
und Form-Veränderungen begegnet find, zeigt *teobat* für *teopan*, das *t* ftatt
des *n* (S. 157). Wir dürfen auch nicht einmahl fagen: gelindere Veränderungen, fo oft wiederkehrend, dafs fie einen allgemeinen Typus begründen, gehörten der Sprache von Nicaragua oder der Ausfprache wirklich an:
da wir, wie z. B. in den Subft. Endungen *t* für *tl*, *te* für *lli*, genugfam annehmen können, dafs Unbeholfenheit und Gleichgültigkeit mit den Schwierigkeiten ungewohnter Laute hier zufammengeftofsen find; und da die Grammatiken aller Sprachen bis auf diefen Tag beweifen, dafs in der Darftellung
und Behandlung der Ausfprache eine merkwürdige Ungefchicklichkeit die
Menfchheit allgemein beherrfcht. Einzelne weitere Abweichungen von der
aztekifchen Form find wohl als gewifs anzunehmen, wie *teite* Cazik ftatt

teuctli (f. S. 157). Auf die ganze Frage nach dem Zuſtande der Sprache
in dieſen Zeugniſſen laſſe ich eine Überſicht der einzelnen Wörter ſelbſt ant-
worten; aus den Schwankungen zwiſchen beiden Seiten, Nähe und Ferne
der Formen, geht die Überzeugung von der nahen Ähnlichkeit und Identität der Sprache deutlich genug hervor. Einen Beweis für die Nähe der
Sprachform giebt uns das vorgeſetzte Pronomen *te* in *texoxe* (S. 157);
dem entgegen finden ſich ſelbſtſtändige Bildungen aztekiſcher Wörter, welche
auf eine lange Unabhängigkeit der Sprache deuten können: wie *monexico*
(S. 155).

Ich habe manche Wörter aufnehmen und behandeln müſſen, welche
fremd ſeyn und einer ganz anderen Sprache, deren es ja in Nicaragua giebt,
angehören können; ich durfte nicht unterlaſſen den Verſuch mit ihnen zu
machen. Die Verleitung iſt um ſo gröſser und die Übertretung der Gränze
um ſo eher zu entſchuldigen, als wirklich Zuſammenmiſchungen von aztekiſchen und nicht aztekiſchen Elementen in Wörtern von Nicaragua vorkommen: wie es z. B. wohl in den mythologiſchen Namen *Teotbilahe* und
Thomatoyo (f. unten § 60) der Fall iſt. In dem Götternamen *Homey-
Ateciguat* gegen *Homey-Atelite* (§ 60) erſcheint *cihuatl* fremd ausſehen-
den Elementen beigemiſcht. Bei den Indianern von Martiaca, wo die Sprache
nicht-aztekiſch ſeyn ſoll, heiſst der erſte Mann *Nembrita* (un- aztekiſch),
die erſte Frau *Nenguitamali* (für aztekiſch zu halten); ihr Hauptgott *Tipotan* (ungewiſs); f. unten im § 60. Wenn ich die Reihe der aztekiſchen Wörter und Namen unten wohl durch einige fremde getrübt habe
(z. B. *Tarazcazcati*, *ib.*); ſo verzeichne ich hier noch zwei, die ich
vielleicht mit Unrecht von ihnen fern gehalten. *ochilobos* heiſsen die
Tempel dieſes aztekiſchen Volksſtammes von Nicaragua (Oviedo p. 7), „ſie
ſind denen von Neuſpanien ähnlich". — Gewiſſe Erd-Aufwürfe vor ihnen
(*buttes de terre*) heiſsen *tezarit* (p. 7): *Devant ces édifices, était une petite
butte élevée de main d'homme (p. 8), de la hauteur d'une lance et de la forme
d'un tas de blé. On y creusait un petit escalier, par lequel le sacrificateur
arrivait au sommet avec la victime qu'il devait immoler.*

§ 57. Ich verzeichne ferner hier zunächſt, als einen Gegenſatz gegen
die aztekiſche Welt, die Wörter und Namen anderer Sprachen in Nicaragua, welche uns Oviedo nennt; nur die aus der Chorotega-Sprache habe
ich ſchon an einer früheren Stelle (S. 130[a-aa]) aufgeführt.

U 2

Appellativa: *cocal* ein Fruchtbaum (p. 55); *cutara* eine Art Sandalen von Hirfchleder (14 und 217). — *duho* (258) ift eine kleine Bank von fehr glattem Holz und feiner Arbeit, mit vier Füfsen und etwas concav gegen die Mitte, welche dem Caziken Agateite, in feiner Refidenz-Halle auf dem grofsen Platze zu Tecoatega, auf feinem (257-8 befchriebenen) Bambu-Bette als Kopf-Unterlage diente. — *jijave* (128) eine Art langfchwänziger Papageien, welche um den Krater des Vulkans Mafaya fliegen.

Perfonennamen: *Adiact* Cazik oder ein Bezirk (83). — *Coyen* (32), ein Indianer von mehr als achtzig Jahren, aus der Stadt Nicaragua, getauft; feine Ausfagen in den Conferenzen zu Teola f. p. 32-34. — *Manatial* (wenn es nicht das fpan. *manantial* Quelle ift), *Maobetondo* und *Mauritapomo* (p. 83 und 82) find die Namen von Caziken, aber wahrfcheinlich vielmehr von ihren Diftricten. Oviedo fcheint fich nämlich nur kurz auszudrücken, indem er fagt: *chez les caciques Nagrando, Adiact, Manatial et Maobetondo;* da Nagrando ausgemacht eine Provinz ift, fo folgere ich daffelbe auch für die anderen Namen. Wir werden unten denfelben Mifsbrauch bei dem Namen Tecoateca fehen (§ 59).

Ortsnamen: *Banhacho* (80), Cazik, wohl eher Bezirk. — *Barbacoa* foll die Halle auf dem grofsen Platze zu Tecoatega heifsen (256), in welcher der Cazik Agateite refidirte und in welcher Oviedo ihn auf einem, von ihm (257-8) genau befchriebenen Bambu-Bette liegend fand. Diefe Beziehung des Namens erkläre ich für irrthümlich; *barbacoa* ift vielmehr für den Namen diefes Bambu-Bettes zu nehmen. Es ift diefs ein, in das Spanifche gefloffenes Wort der Sprache von Haiti, welches ein Flechtwerk von Hölzern oder Rohr, namentlich ein Bettgeftell von leichtem Holz oder Rohr bezeichnet. In Peru fcheint es aufserdem auch eine Art Tragbahre: ja eine verdeckte, rings umfchloffene Vorrichtung zum braten zu feyn; ich finde nämlich in Holguin: 1) *barbacoa = cama de madera;* 2) *andas que llevan en los hombros como barbacoa; llevar en barbacoa;* 3) *asar en barbacoa.* — Die Provinz *de los Cabiores* (252) liegt 20-25 *leguas* von Chiriqui, an der Küfte der Südfee, anftofsend an Durucaca. — *Chira* eine Infel (241), auf der viel fchönes Töpfergefchirr verfertigt wird. — *Chiriqui* (251): eine Provinz, die aber nicht zu Nicaragua gehört; an der Küfte liegend, zwifchen dem Golf von Orotina und Panama. — *Cocibolca* (95) heifst in der Sprache der Eingebornen „der grofse See, welcher die

Stadt Granada befpült" (d. h. der See Nicaragua). — *Coribizi* (251) ein grofses Dorf 8 *leguas* von einem grofsen Dorfe der Chorotegas, welches letztere 5 *leguas* öftlich von der Küfte der Südfee liegt; die Einwohner von Coribizi fprechen eine Sprache, welche von allen bis dahin (bis p. 251) von Oviedo erwähnten verfchieden ift (Caribifch): f. oben S. 133ᵃⁿᵈ u. Anm.— *Durucaca* (252) eine Provinz, welche an die Provinz der Cabiores angränzt. — *Griagenicos* (243) eine Nation nahe bei Leon; d. h. 9 *leguas* von Leon liegt Olocoton, 6 *leguas* weiter finden fich die erften Dörfer der Griagenicos, und 3 *leguas* weiter trifft man andere Griagenicos. — *Guatahiguala* (245) der Flufs von Maribichoa, 30 *leguas* von Leon; der Name könnte aztekifch feyn (*quauhtla* Wald, Waldgebirge). — *Guayapo* (244) Ort 6 *leguas* von Anahuaca (f. unten § 59); *Lenderi* Dorf beim Vulkan Mafaya, mit einem See (120) und einem Caziken (80); *Managua* bekannter Ort und grofser See, nördlich vom See Nicaragua; Cazik von *Manguaya* (81). — *Maribichoa* (245) Dorf von 2500 Seelen am Fluffe Guatahiguala, 30 *leguas* von Leon. Der Name kommt wohl her von dem Volke der *Maribios*, von denen die Einwohner abftammen; denn Oviedo fagt: *Les naturels de Maribichoa descendent de ceux de la province de Los Maribios. Il n'y a pas* (246) *longtemps que, pressés par la famine, ils sont venus s'établir dans ce pays; car quand je l'ai visité, il y avait encore des Indiens qui se rappelaient cette émigration; aussi se regardent-ils et se traitent-ils réciproquement comme parents.* — *Maribio* oder *Marivio* (83): eine Provinz, und ein Volksftamm (*Maribios*; 227, 245 und 248: woher die Provinz *de los Maribios* genannt wird; 227 und 245), 5 *leguas* von Leon entfernt (227); der Name bedeutet: die Gefchundenen (248). — *Martiaca* (229) ein Bezirk oder eine Provinz, vielleicht mit einer eignen Sprache; Cazik von *Matiharin* (81); *Miapi* (241) kleine Infel an der Küfte, mit Perlen; *Mombacho* (245) Ort mit Bergen; *Mombocima* (145) oder *Monbocima* (144) indifches Dorf ½ *legua* vom Vulkan Mafaya; *Monagua* (120) Dorf am Fufse deffelben Vulkans. — *Nagrando* bekannter Bezirk (vgl. p. 83). — *Nicaragua* Name der ganzen Provinz; es war aber urfprünglich der Name des Caziken, welcher fich dem Gil Gonzalez Davila und Francifco Hernandez de Cordova bei ihrem Vordringen in das Land zuerft freundlich zeigte, fich ihnen unterwarf und die chriftliche Religion annahm (f. über ihn Herrera Dec. III. lib. IV cap. 10): daher fie feinen Namen dem Lande beilegten (*ib.* Dec. IV.

lib. VIII cap. 10). — Cazik von *Ojomorio* (80); *Olocoton* Ort (243) und Thal (225) 9 *leguas* von Leon; *Oroci* (239) Ort und Gebirge in der Gegend von Nicoya; *Orotina* bekannte Bai (251), Sprache etc. (f. oben S. 132ᵐᵐ, 133 Anm.). — *Pocofi* (241) eine Infel. — *Songozana* (101-2) wird ein See füdlich vom See Nicaragua genannt, auch eine Meierei (102 und 103): *Du côté du sud* (101), *ce lac n'est séparé d'un autre nommé Songozana que par une plage que j'ai mesurée* (102), *et qui a environ* 150 *pas de large. La ferme dont j'ai parlé, se nomme la ferme de Songozana.* Der See, 1¼ *leguas* lang und ¾ breit, ift im Sommer bis auf einzelne Wafferftellen trocken. — *Totoa* (116) Dorf mit einer heifsen Quelle. — *Varecla* heifst bei den Indianern eine, nicht zu Nicaragua gehörige (251), an der Küfte der Südfee zwifchen dem Golf von Orotina und Panama (252) liegende Provinz, welche die Chriften *Judea* nennen (253): *parce que les habitants en sont sales, vils et méprisables.*

§ 58. Ich liefere jetzt, nach dem durch die Calendernamen (S. 143-7) gemachten Anfange, die aztekifchen Wörter und Namen von Nicaragua aus Oviedo's Bericht:

Appellativa:

CACAGUAT Cacao (pag. 201) = *cacahuatl*; es giebt einen Gott des Cacao.

CENPUCILE (p. 65) foll der Monat von 20 Tagen heifsen, deren 18 (nicht 10, wie in der indifchen Antwort gefagt wird) auf das Jahr gehen; ich nehme hier einen ernfthaften Fehler der Übertragung an: ich verftehe darunter das Wort *cempoalli*, das 20 bedeutet: eigentlich ein Gezähltes, von *poa* zählen, rechnen. Aus dem *a* ift *ci* geworden.

?*CHACHATL* — fo würde ich für *chaschate* (p. 208) vermuthen. Die Stelle lautet (p. 207-8): *Ce jour-là, voulant savoir quelle heure il était, je tirai un de ces petits cadrans solaires que l'on apporte de France ou de Flandre, et qui sont renfermés dans une boîte d'ivoire avec un petit miroir; le tout pouvait valoir en Espagne trois ou quatre réaux d'argent. Cette bagatelle plut beaucoup au cacique, qui me la demanda. Il me donna en échange un autre cadran en marcassite, de la grandeur d'un double ducat, et montée* (sic) *sur une très-belle pierre de jaspe ou de porphyre vert; si je ne me trompe, ils les nomment dans leur langue* chaschate. — Das Wort *chachatl* ift uns noch nicht bekannt geworden; ich möchte es aber nicht als ein aztekifches bezweifeln, weil ich unmittelbar fein Diminutivum, *Chacha-ton,* als einen mexicanifchen Eigennamen anführen kann: fo hiefs nämlich ein Vertrauter des Maxtlaton (Fürften von Azcapozalco) und Freund des Nezahualcoyotl (Königs von Acolhuacan).

In *COMELAGATOAZTE* (266) ift *malacatl,* Spindel, Hafpel (wie in Bergwerken), ficher; die beiden Flügel des mex. Wortes, *co* und *toazte,* aber nicht zu errathen. Es heifst fo in Nicaragua ein Spiel: wo zwei Perfonen, auf dem Ende eines Balkens fitzend, der eine oben in der Luft, der andere der Erde nahe balancirend, fchnell im Kreife herumgedreht werden. Oviedo fah diefs Spiel 1523 (¹) in Nicaragua; er hatte es früher fchon von 2 chorote-kifchen Knaben zu Panama, wo er *juez de residencia* war, ausführen fehen. Seine Befchreibung lautet fo (p. 264-5): *Les Indiens du Nicaragua ont une espèce de jeu ou de voltige, qui étonne beaucoup ceux qui ne l'ont jamais vu. Ils dressent une espèce de potence, en plaçant une poutre en travers sur deux autres, qui sont fichées en terre, et dans lesquelles sont plantés des bâtons pour servir d'échelons à l'un de ceux qui doivent exécuter ce tour: car l'autre reste par terre; sur la poutre horizontale on en fixe en travers une plus grosse que les deux supports ensemble, mais faite d'un bois très-léger, tel que le* segua; *on la mesure de manière à ce que, quand elle est tournée vers la terre, elle en soit éloignée de trois ou quatre palmes, afin que le bateleur ne se brise pas la tête. Deux bâtons traversent chaque extrémité de cette poutre qui fait le moulinet; ceux qui doivent tourner, s'attachent à ces bâtons. C'est une chose étonnante que de les voir tourner, quoique sans danger, avec autant de rapidité que la roue d'un remouleur, par l'effet du contre-poids qu'un des bateleurs fait à l'autre.*

CUILON (*cuylon* 59), der, welcher das *pecado nefando de hombre á hombre* an fich erduldet (*qui est le patient*); wir erfahren durch Oviedo hier das *simplex* zu dem, bisher allein bekannten Verbum *cuilontia: cometer pecado nefando,* und dem *subst. abstr. cuilonyotl: pecado nefando de hombre con hombre.*

?*ESCOLOTE* (61) kann auf die ächten Formen *ezcolotl* (von *eztli* Blut), oder *itzcolotl* (von *itztli* Obfidian), oder *ixcolotl* (von *ixtli* Geficht) zurückgeführt werden: welche alle drei unbekannt find; der zweite Theil ift *colotl* Scorpion. — *escolote* heifsen die Mufiker, „welche bei

<hr>

(¹) Alfo auch fchon 1523 war Oviedo in Nicaragua (f. oben S. 140ᵃᵃ, Ternaux p. 255 und IX).

Feſten, bei dem Abendeſſen oder Schlafengehen der Caziken die Trompete blaſen; ſie erhalten von den gegeſſenen menſchlichen Körpern die Eingeweide." *GALPON* iſt uns ſchon aus Garcilaſo de la Vega (*Commentarios reales* P. I. Madr. 1723. fol. lib. VI cap. 4 p. 176, *a*; lib. VII cap. 10 p. 235) als eine ſpaniſche Wortform bekannt, bezeichnend: einen ungeheuer groſsen Saal, in welchem die Incas bei regnigtem Wetter ihre Feſte gaben. Es iſt weder ein peruaniſches Wort noch ein weſtindiſches; ſondern ich halte es für das aztekiſche Wort *CALPULLI.* Dieſes iſt die Augmentativ-Form von *calli* Haus; bedeutet aber nicht nur: groſses Haus, ſondern auch: 2) groſser Saal und 3) ein Stadtviertel, alſo einen Klumpen von Häuſern. Nach Oviedo werden nun in Nicaragua *galpon* genannt (p. 62 und 66): bedeckte Hallen, welche um einen offenen Platz laufen: wie es deren viele giebt, neben einander (*j'ai vu aussi sur les places beaucoup de portiques à côté les uns des autres et cependant séparés*). Unter dieſen Hallen ſchlafen die unverheiratheten jungen Leute als Sicherheit gegen Feinde, indem ſie abwechſelnd bei Nacht Wache halten, zur Sicherung des Caziken; in jeder Halle iſt ein Häuptling mit einiger Mannſchaft. Sonderbarerweiſe nennt Oviedo an einer anderen Stelle (p. 10) ſelbſt die Vaſallen eines Caziken *galpones: Il y a parmi eux des caciques très-puissants. Ceux de Teocatega, de Mistega, de Nicaragua et de Nicoya ont pour vassaux des chefs qui possèdent des villages et même des provinces; on les nomme* Galpones. Merkwürdig iſt, dafs dicht vor der oben (*"*) angeführten Stelle über die Hallen, *galpon*, Oviedo (62) bemerkt: das Haus, wo die Rathsverſammlungen (*monojicotones*) gehalten werden, werde *grepon* genannt: *La maison où le conseil se rassemble, se nomme* grepon; *j'ai vu aussi sur les places beaucoup de portiques.... Ces portiques se nomment* Galpon. Nichtsdeſtoweniger halte ich *grepon* für daſſelbe Wort als *galpon* und = *calpulli*; die Bedeutung iſt hier: groſses Haus.

HUEHUE bedeutet aztekiſch: Greis; Oviedo bringt (p. 7) *guegues* (ſpan. Plural): die Greiſe, welche als Kundige in Gränz- und Beſitz-Streitigkeiten befragt werden (ſ. noch p. 21).

MITOTL (Ov. *mitote* p. 200: *Je me trouvai un jour chez lui, quand les Indiens célébrèrent un* areito, *que l'on nomme* mitote *au Nicaragua et dans lequel les Indiens chantent en choeur*) iſt das aztekiſche Wort für Tanz, obgleich es bei Molina fehlt; man findet bei ihm nur im Artikel *papauia:*

mitote als fpanifches Wort: *dar alaridos con bozes los que baylan en el* mitote. Eben fo ift in Buftamante's Überfetzung nach Tezozomoc, in dem
Anhange zu T. II. feines Sahagun p. VIII, zu lefen: *llevaronlos á sus salas
á palacio, y comenzó el baile del* Mitote *en su obsequio.* Das *m* ift das refle-
xive Pronomen *mo*, und das Wort ift nicht fo einfach, wie es ausfieht: es
ift von *itotia* tanzen, einem reflexiven Verbum, abgeleitet (als *verb. act.* bedeutet es: Einen tanzen machen oder laffen). Alle feine gewöhnlichen Derivata haben die reflexiven Vorfätze *m(o)* und *ne: mitotiani* und *mitotiqui*
tanzend; *netotiliztli* Tanz, *netotiloyan*: Ort, wo getanzt wird, *corro.*
Man findet die Tänze diefer Eingebornen befchrieben p. 200-9.

In vollftändiger Verlegenheit bin ich mit einem wichtigen Worte: *MO-
NEXICO*, womit in Nicaragua die Rathsverfammlungen (Berathung des Caziken mit den Häuptlingen über öffentliche Angelegenheiten; Ov. p. 69,236)
benannt werden, deren Wefen und Wichtigkeit aus den Schilderungen der
nordamerikanifchen Indianer genugfam bekannt find; fie werden aber einmahl
geheim genannt (p. 62), auch heifst eine geheime Zufammenkunft oder Be-
fprechung fo (p. 132). Ich zweifle nicht, dafs das Wort ein aztekifches fei;
aber es ift aus dem Aztekenlande nicht bekannt, man darf es wohl für eine
felbftftändige Bildung von Nicaragua halten. Für die Verhandlung öffent-
licher Angelegenheiten in einem Rathe gilt im ächten Aztekifchen das Verbum
nonotza, Frequentativum von *notza* rufen; es bedeutet als *verb. act.*:
etwas berichten, erzählen, auseinanderfetzen; mit Jemand fprechen, unterhandeln; als *verb. reflex.*: mit einander Rath halten, fich berathen, berath-
fchlagen, unterhandeln; auch: einen Vertrag fchliefsen. Von diefem Worte
ift keine Möglichkeit zu *monexico*, obgleich einmahl Oviedo für diefe
Rathsverfammlungen eine Form mit *no* ftatt *ne* angiebt: nämlich die feltfam
lange Form *monojicotones* (einen fpan. Plural; p. 62). Unterfcheidend
bleibt in dem nicaraguanifchen Worte hinten das *i* und überhaupt *ico*, wie
einmahl auch (p. 56) *nexico*, ohne die Partikel *mo*, vorkommt. Diefs führt
auf das Stammwort *neci* erfcheinen, fichtbar werden: deffen *c* leicht in *x*
übergeht: z. B. *nexillo* licht, hell; *nextia* entdecken, offenbaren. *co*
kann die Local-Endung feyn.

OZPANGUAZTE (p. 246-7) foll eine Pflanze feyn, ähnlich den „*ajon-
geras* im Königreiche Toledo", aus welcher Befen verfertigt und aus deren
Fafern Stricke und fehr ftarke Taue gemacht werden. Diefs ift das azte-

X

kifche Wort *OCHPAHUAZTLI*, das wir bisher nur in der Bed. von Befen felbft kannten: abgeleitet von *chpana* kehren, fegen; ein Compofitum davon, *quauh-ochpahuaztli* (vorn: *quahuitl* Baum), giebt Hernandez als eine Pflanze an, vielleicht eine Art der *avellana cathartica*; eben fo ift bei ihm *tlachpahuaztic* eine Pflanze, = *acxoyatic, i. e. herba Nunnii de Chaves.*

Auf *POQUETE* (ächt *poquetl* oder *poquitl?*) möchte ich *ynpoquete* (p. 212), durch Ablöfung des aztekifchen Artikels *in*, zurückführen: die, merkwürdigerweife uns bisher im Mexicanifchen noch unbekannte Benennung für die Cigarren, welche Oviedo (p. 211-2) fo befchreibt: „*Aussitôt qu'ils eurent commencé à boire (la chicha), le cacique prit un paquet de morceaux de tabac d'environ six pouces de longueur et de l'épaisseur d'un doigt, faite d'une espèce de feuille roulée et attachée avec du fil. Ils cultivent cette plante avec le plus grand soin, et ils en font des rouleaux qu'ils allument par un bout, et qui brûlent lentement pendant toute une journée. Ils placent l'autre extrémité dans leur bouche, et en aspirent de temps en temps la fumée qu'ils conservent quelque temps, et qu'ils repoussent ensuite par la bouche et par les narines. Chaque Indien avait un de ces rouleaux de feuilles que l'on nomme ynpoquete dans leur langue, et* tabaco *à l'île Espagnole ou Haïti.* Die Calebaffen-Schalen mit *chicha* und dem „Getränk aus Cacao" gingen von Hand zu Hand. *Pendant tout ce temps, ils ne cessaient d'aspirer cette fumée, de jouer du tambour et de battre des mains en mesure, pendant que d'autres* (p. 213) *chantaient.* Ich fetze die Befchreibung diefer fchrecklichen Scenen der Trunkenheit hier noch her: *Ils restèrent ensemble jusqu'au milieu de la nuit, et la plupart tombèrent ivres-morts sur la place ... les uns paraissaient morts et ne faisaient aucun mouvement; d'autres pleuraient ou criaient; quelques-uns faisaient des sauts extravagants. Quand ils furent dans cet état, leurs femmes, leurs amis et leurs enfants vinrent les chercher et les emmenèrent coucher chez eux.* Einige fchliefen bis zum folgenden Mittag, andere bis zum folgenden Abend. *Ceux qui ne s'enivrent point ainsi, sont méprisés par les autres et regardés comme de mauvais guerriers. Il était véritablement effrayant de les entendre pleurer et crier, et encore plus de les voir boire de cette manière.* — Ich verfuche nicht, das in Frage ftehende Wort *poquetl* durch *poctli* Rauch + *yetl* Tabak zu löfen; ich glaube an eine ſolche Zuſammenſetzung nicht, obwohl ſie ſich materiell ganz leicht vollführen läſst.

Statt *TEOPAN* Tempel, auch chriſtliche Kirche (durch die Orts-Endung *pan* von *teotl* Gott abgeleitet), wird uns (p. 41) die ſehr ſehlerhafte Form *teobat* geboten: Tempel der Götter; vgl. oben S. 148[r-nn].

Das Wort *TEOTL* Gott wird uns im *sing.* in der Geſtalt *teot* überliefert (223); *teot* werde, heiſst es, zu jedem Namen eines Gottes (hinten) hinzugefügt; auch den Teufel und die Chriſten nennten ſie *teot*. Solche Götternamen mit angehängtem *teotl* ſind (in Oviedo's Formen): *Miquetanteot, Quiateot, Vizteut*. Der Plural, Götter, erſcheint in der ſpan. Form *teotes*. Es iſt dieſs der allgemeine Name ihrer Götter (ſ. p. 21-22, beſonders noch 223); es giebt deren eine groſse Zahl (222); ſie ſind im Himmel (27).

TEUCTLI Cazik (im Grunde: Herr, groſser Herr) wird uns hier (p. 62) in der Form von *teite* überliefert; ſ. noch unten die Perſonennamen *Agateite* (§ 61) und *Tacoteyda (ib.*).

TEXOXES werden die Zauberer genannt (p. 247-9) (welche, dem Aberglauben nach, verſchiedene Thiergeſtalten annehmen können, als Weſen der Furcht Kinder rauben etc.); ich kenne keine einfachere Form des Wortes als *texoxqui* (Zauberer), das *partic.* von *xoxa* bezaubern, behexen. *te* iſt das Pron. Jemand, und die Beobachtung dieſes grammatiſchen Vorſatzes auch in Nicaragua iſt nicht ohne Wichtigkeit für die Nähe der Sprachform.

TIANQUIZTLI, Markt und Marktplatz, deſſen Ableitung von *tiamiqui* Handel treiben ich oben (S. 29[ef-m]) erörtert habe und das als *tianguis* (Wochenmarkt) auch ein allgemein gebräuchliches ſpaniſches Wort geworden iſt, wird uns (p. 70, öfter) in der der ſpaniſchen ganz nahen Form *tianguez* geliefert, in der Bed. von Marktplatz.

TLAMACAZQUI heiſst eine Gattung Prieſter (unterſchieden von *teopixqui*). Oviedo giebt einmahl (p. 65) dafür an *tamagoz*, TempelPrieſter. Ein zweites Mahl bringt er das Wort als *tamachaz* (230), und zwar in der ſeltſamen Bed. von Engel: ſo hieſsen die Engel bei den Bewohnern von Nicaragua; die zwei vorzüglichſten ſeien *Tarazcazcati* und *Tamacaztobal*; die Engel ſeien Himmelsbewohner, hätten Flügel und flögen. Im erſten Theile des letzten Namens erkennen wir *tlamacazqui* in der lauterſten der drei Formen, welche Oviedo angiebt.

TAPALIQUI heifst (12) der Sieger im Zweikampf: *Celui qui a triom-
phé dans un combat corps à corps, livré en présence des deux armées, prend
le titre de* Tapaliqui; *se rase toute la tête en mémoire de son triomphe, et ne
conserve qu'une petite couronne de cheveux au haut de la tête, de la hauteur
d'environ un demi-doigt* (¹); *il est à remarquer qu'ils doivent avoir précisé-
ment cette longueur. Ils laissent au milieu une houppe de cheveux,* (p. 13)
*beaucoup plus grande, qui a l'air d'un gland. Et ces derniers, qui passent
pour les meilleurs guerriers, sont très-considérés.* — Das Wort ift abgeleitet von *tlapalli*: das Molina zwar nur mit der Bed. von Farbe, Gefärbtes
(von *pa* färben) angiebt; das aber auch, und wahrfcheinlich als ein ganz anderes Wort, nach Redensarten und Derivatis Stärke, Kraft bedeutet (f. oben
S. 78^{m-nn}). Von ihm kommt *TLAPALIHUI*: ein ausgewachfener, heiraths-
fähiger, junger Menfch (²) 2) ein Feldarbeiter; von diefem das Adv. *tlapaliuhca*, heftig, ftark, männlich. *tlapalihui* ift vielmehr die Form eines
neutralen Verbums, an deffen Exiftenz ich nicht zweifle; es würde bedeuten: ftark, kräftig feyn oder werden; wohl auch: obfiegen. Sein Participium, *TLAPALIUHQUI*, von welchem auch das Adv. *tlapaliuhca* unmittelbar herkommt, erkenne ich in dem obigen *tapaliqui* Oviedo's.

TLILLI, fchwarze Farbe, erfcheint bei Oviedo (13) in der Geftalt
von *tile*: einer Art fchwarzer Kohle, womit die Tättowir-Stellen eingerie-
ben werden: *Les deux sexes se percent les oreilles; et se font sur le corps,
avec des couteaux en pierre, des dessins ineffaçables, dans lesquels ils intro-
duisent une espèce de charbon noir, qu'ils nomment* tile. *Chaque cacique a
une marque particulière par laquelle ses vassaux le distinguent. Ces dessins
sont faits par des artistes très-habiles, qui gagnent leur vie à cela.*

XULO nennt Oviedo (p. 54 und 251) „eine Gattung kleiner Hunde,
ohne Stimme, die in den Häufern aufgezogen werden und deren Fleifch
wohlfchmeckend ift"; fie werden gegeffen, z. B. bei Hochzeitmahlen. Diefs
ift das aztekifche Wort *XOLOTL*. Durch Molina erfahren wir nur die Bed.:
Diener, Bedienter; Sklav. Es ift ferner: der Name des erften Königs der

---

(¹) Sonft tragen die Indianer von Nicaragua Haar an den Seiten: *les Indiens . . . ont la
tête rasée sur le devant et par derrière; ils laissent seulement une couronne de cheveux d'une
oreille à l'autre.*
(²) Die Eigenfchaft der Heirathsfähigkeit liegt nach zwei Stellen Sahagun's (II, 160 und
I, 271) befonders darin.

Chichimeken und eine Perfon der mexicanifchen Mythologie; eine Mais-Pflanze mit zwei Stengeln (Sahagun II, 249), eine Art Papagei (*id.* III, 170). Als H u n d finden wir das einfache Wort nirgends angegeben; diefe Bedeutung ift aber unzweifelhaft, und Oviedo bereichert unfre Sprachkunde. Nur mit dem Zufatze des allgemeinen Wortes für H u n d finden wir fonft diefe Bedeutung: indem Hernandez, Clavigero und Sahagun von einer Hundeart *xolo-itzcuintli* ausführlich berichten. Nach Sahagun (III, 164) ift diefs eine Hunde-Gattung ohne Haar. Man deckte fie in der Nacht mit Decken zu; fie follen nicht fo ohne Haar zur Welt kommen, fondern es dadurch verlieren und ein ganz glattes Fell erhalten, dafs fie jung mit dem Harze *oxitl* befchmiert werden: doch follen nach Einigen in den Ortfchaften Teutlzo und Tocilan folche Hunde ohne Haar zur Welt kommen. Clavigero (I, 77 und 78) nennt *xoloitzcuintli* eine grofse Hundeart, oder vielmehr ein dem Hunde ähnliches Thier. „Es giebt einige, deren Leib bis zu 4 Fufs Länge hat. Sein Geficht ift das eines Hundes, aber die Schneidezähne find die des Wolfes; die Ohren find fteif emporgerichtet, der Hals ift dick und der Schwanz lang. Das Sonderbarfte an diefem Thiere ift, dafs es gänzlich des Haares entbehrt: aufser auf der Schnauze, wo es einige ftarke und umgebogene Borften hat. Sein ganzer Leib ift mit einem glatten, weichen (*morbido*) Felle bedeckt: afchfarben, nur theilweife fchwarz und braun (*lionato*) gefleckt." Diefe Thiergattung war aber zu Clav.'s Zeit in Mexico ganz oder faft ganz erlofchen. Giovanni Fabri, *Accademico Linceo*, hat nach Clav.'s Bericht fich in einer langen gelehrten Abhandlung zu erweifen bemüht, dafs der *xoloitzcuintli* mit dem mexicanifchen Wolf identifch fei; ein Irrthum, welcher fich auf Buffon fortgepflanzt habe. — In der Bedeutung einer Hundeart, vielmehr als in jeder anderen der oben angeführten, finden wir nun *xolotl* als zweiten Theil von Compofiten in: *axolotl* eine grofse Wafser-Eidechfe (Wafser-Hund, von *atl* Wafser), *tlacaxolotl* Tapir (Hund von Menfchengröfse; *tlacatl* Menfch).

In *YOLIA* oder *YULIA* ift zu verwandeln *julio* (p. 36^{*m*}), die Seele (welche von guten Menfchen zu den Göttern, von böfen unter die Erde kommt). Weiter unten (36^{*r*}) wird fie (in ihrer Ableitung von *yoli* leben) fehr deutlich vom Herzen (das *yollotli* heifst) unterfchieden: *ce n'est pas leur coeur qui va en haut, mais ce qui les faisait vivre: c'est-à-dire le souffle, qui leur sort par la bouche et que l'on nomme* Julio. Und wieder p. 27-28, auf die Frage, ˙ob der Körper mit in jenes Leben eintrete: *Non; quand ils meurent, il leur sort par la bouche quelque chose qui ressemble à une personne* (28) *et qui se nomme* Julio. *Cet être va à l'endroit où sont cet homme et cette femme. Il ressemble à une personne, mais ne meurt pas, et le corps reste ici.* Wieder p. 50: Fr. *Le coeur, le* julio *ou l'âme, meurt-il avec le corps?* Antw. *Quand le défunt a bien vécu, le* julio *va en haut avec nos dieux; et quand il a mal vécu, le* julio (p. 51) *périt avec le corps, et il n'en est plus question.*

§ 59. Obgleich ich den aztekifchen Ortsnamen Nicaragua's eine eigne Stelle gewidmet habe (den § 66), fo will ich doch hier diejenigen aufführen, welche ich in Oviedo's Berichte allein finde; fie beziehen fich auf die Zeit der Eroberung und bilden fo eine Gruppe für fich: ich habe fie aber in jenes allgemeine Verzeichnifs anführungsweife mit aufgenommen.

ANAHUACA (p. 244), gleichbedeutend mit *Anahuac* (oben S. 9ᵐ- 11ᵃᵃ), möge es nun in *Anahuac* oder in *Anahuacan* zu corrigiren feyn: ein Ort in einer gewiffen Entfernung von Leon, im Bezirk Talpanega. Oviedo's Diftanzen-Bericht lautet (243-4): „Man rechnet 9 *leguas* von Leon nach Olocoton. 6 *leguas* weiter findet man die erften Dörfer einer Nation genannt *Griagenicos*; 3 *leguas* weiter begegnet man anderen *Griagenicos.* Von da rechnet man noch (p. 244) 3 *leguas* bis Palangagaspa; von da nach Anahuaca 8, dann 6 bis Guayapo, und 4 von da nach Talpanega.... 4 *leguas* weiter, in derfelben Provinz Talpanega, ... ift *Villa Hermosa.* Von diefem Orte bis zur Stadt Truxillo, welche an der Küfte des Nordmeeres, in der Provinz Honduras, liegt, rechnet man noch 37 *leguas.* Es find nur 5-6 *leguas* von Leon bis zur Südfee ..." Vgl. noch hiernächft Naguaca.

? MARINAETE (p. 80) könnte *Malinaletl* oder ähnl. feyn: von dem oben (S. 147ᵐ⁻ᵐᵐ) entwickelten *malinalli*; *etl* bedeutet: Bohne.

MATAPALETE (*ib.*) ift gewifs aztekifch; es liegt darin entweder *matlatl* Netz (wovon kommt: *matlapaltic* ein ftarker Schleuderer), oder *matlalin* dunkelgrüne oder blaue Farbe (*tlapalli* oder *in comp. palli* bedeutet: Farbe); alfo: *Matlapaletl* oder *Matlalpaletl?*

MIXTECA, den Namen der bekannten mex. Provinz (f. oben S. 18ᵉᶠ⁻ᵐᶠ), finden wir, in der Geftalt von *Mistega*, bei Oviedo wieder, als den Bezirk eines bedeutenden Caziken (p. 10); wohl nur irrthümlich nennt er fpäter (p. 266) den Caziken felbft *Mistega.*

NAGUACA (p. 244) wäre in *Nahuaca* oder NAHUACAN zu corrigiren (Ort des *nahuatl* oder der aztekifchen Sprache; f. oben S. 7ᵐᶠ-8ᵐ);
doch könnte es auch eine Corruption des obigen Anahuaca und identifch
mit ihm feyn. Nach der dort von mir reproducirten Diftanzen-Lifte nämlich
heifst es bei Oviedo fogleich weiter: „Um von Leon nach Naguaca zu gehn,
mufs man die Gebirge von San Juan überfteigen. Ehe man dahin kommt,
und auf dem nördlichen Abhang der Gebirge, findet man Naguaca; da fangen die Bäume an, welche die *liquidambra* geben: fie (245) bedecken die
Seite der Berge auf eine Strecke von mehr als 16 *leguas*.

PALANGAGASPA (244), Ort 8 *leguas* von Anahuaca (f. die obige
Reife-Lifte S. 160ᵐᵐ); enthält im erften Theile das *partic. palanqui* faul
vom Verbum *palani* faulen, und im zweiten vielleicht *caxitl* Schüffel
oder den Baum-Namen *huaxin*, mit der Orts-Poftpof. *pa*: *Palanca-
caxpa* oder *Palancahuaxpa*; noch andere Möglichkeiten gäbe es zur
Löfung diefes zweiten Theils.

POPOGATEPEQUE (120) heifst in der Sprache von Nicaragua der Vulkan Mafaya; wohl vielmehr *Popocatepetl*, wie der Name des höchften
Berges in Mexico lautet: auch nicht bedeutend kochender Flufs (*rivière
bouillante*), wie Oviedo ihn auslegt, fondern: rauchender Berg (von *popoca*
rauchen und *tepetl* Berg). Brennender Berg foll nach ihm aber die
Form *Masaya* in der Sprache der Chorotegas bedeuten, in deren Gebiete
der Vulkan liegt.

TECOATECA (bei Ov. Tecoatega) ift eine der Formen eines bei
Oviedo öfter genannten Dorfes (200) und Bezirkes (10); andere Formen
find Tezoatega (255, 266), Teocatega (10), Teocoatega (83); letztere
wird als der Name des alten Caziken felbft angegeben: „in der Provinz des
alten Alonzo Teocoatega". Ich zweifle auch wenig, dafs der Ortsname
Toto Acotea (77) gleichfalls hiermit identifch fei, fo wunderbar auch diefe
Abirrung ift. — *teca* ift eine bekannte gentilitifche Endung, welche auf einen
Ortsnamen in *tlan* zurückgeht: *Tecoatlan* (Ort der Steinfchlangen; *tetl*
Stein, *coatl* Schlange), *Teocoatlan* (Ort der Götterfchlangen).

TEOLA: Dorf (19), in welchem die dreitägigen Befragungen, welche
den gröfsten Theil der hier aufgezählten aztekifchen Wörter geliefert haben,
ftatt fanden; es könnte = *Teotlan* feyn (Ort der Götter), oder *Teollan*
(von *tetl* Stein und *olli* Gummi, oder von *olinia* fich bewegen).

TICOMEGA EMAGUATEGA ift kein Ortsname des nicaraguanifchen Landes; fondern ein Ortsname aufserhalb, deffen Löfung wichtige Auffchlüffe über die Herkunft diefer aztekifchen Bevölkerung verfpricht: es ift das weftlich gelegene Land, welches deren Vorfahren bewohnten (37). „Wir ftammen nicht aus diefem Lande Nicaragua", antworteten die 13 Indianer von Caziken und Prieftern, „fondern unfre Vorfahren find vor undenklicher Zeit hier eingewandert; das Land, das unfre Vorfahren bewohnten, hiefs Ticomega Emaguatega und liegt im Weften. Sie verliefsen es und fiedelten fich in Nicaragua an, weil fie Herren dienftbar waren, welche fie mifshandelten und felbft aufafsen (38); diefe Herren waren aus einem anderen Lande gekommen, waren fehr zahlreich (39) und hatten unfre Vorfahren unterjocht." Unglücklicherweife find jene zwei Namen von fo ungünftigem Gehalte, dafs ich nichts aus ihnen hervorlocken kann, obgleich ich fie für aztekifch halten möchte; *meca* und *teca* find häufige aztekifche Volks-Endungen.

In TLALPANECA corrigire ich Talpanega (244), Ort und Provinz bei Leon (f. die Diftanzen-Lifte auf S. 160ᵐᵛ). Es ift Gentile (auf *ecatl, plur. eca*) vom Ortsnamen *Tlalpan*; diefs bedeutet: auf dem Boden (von *tlalpantli* Boden, Erdboden), kann aber auch unmittelbar von *tlalli* Land hergeleitet werden. *Tlalpan* hiefs 1) ein alter Ort bei Chilpanzingo 2) heifst fo [*Talpa*] ein Real in der Diputacion Bolaños. Man könnte aber *Talpanega* auch auf *Tlapaneca*, das Volk der Tlapaneken (oben S. 13ᵛ), zurückführen.

XAXOITA (34): Quiabit, Cazik von Xaxoita, erfchien auch in den Befragungen zu Teola; vgl. *xaxahuani* viel regnen, *xaxahuactli* eine Wafferpflanze.

§ 60. Das Ergebnifs der Götternamen, zu denen ich nun übergehe, ift für die Übereinftimmung nicht günftig, aber in fo fern nur um fo wichtiger: indem die zu Tage kommenden ftarken Eigenthümlichkeiten fowohl für das Alter diefer Niederlaffung zeugen, als zum Weiterforfchen mächtig antreiben. Einige Namen find mit mexicanifchen Göttern übereinftimmend; andere, allerdings aztekifch, erfcheinen eigenthümlich; und einige befonders wichtige find weder aus dem Heimathlande bekannt, noch leicht aus der Sprache zu entwickeln. Manche find oder fcheinen nicht aztekifch; ich führe fie aber mit auf, indem ich die von Oviedo gelieferten Götternamen hier zufammenhalten will.

?Chiquinau (63) ift der Gott der Luft, der auch Hecat (mex. *ehecatl*) genannt wird. Die erfte Form kann aztekifch feyn, aber auch fremd. *chiconahui* bedeutet neun.

Ciagat, der kleine, hat nach Einer Ausfage (21), im Verein mit andern göttlichen Wefen, die Menfchen und Dinge gefchaffen. Die Stelle lautet: Fr. *Qui a créé les hommes, les femmes et toutes les autres choses?* Antw. *Ils ont été créés ..... par Famagoztad et Zipaltonal, et par un jeune homme nommé Ecalchotl, guegue, et le petit Ciagat.* — *Ciagat* ift das aztekifche *ciacatl*; diefs bedeutet: Achfelgrube, Achfelhöhle; es könnte aber auch ein folches aus *citli* Hafe und *acatl* Rohr, oder auch *yacatl* Nafe (*ciyacatl*; Hafenrohr, Hafennafe), zufammengefetztes Wort geben. Das Wort für Achfelgrube (das auch in der Form *ciyacatl* vorkommt) ift fchwerlich aus diefen Beftandtheilen zufammengefetzt, fondern ich bringe es in Verbindung mit dem Stammworte *ciahua* oder *ciyahua* befeuchten, bewäffern.

Cipaltonal (Oviedo: Zipaltonal) ift die höchfte weibliche Gottheit der Azteken von Nicaragua, eine jener unter Famagostad gleich hiernach ausführlich behandelten Zweiheit. Der erfte Theil ift etymologifch unnahbar; foll man denken an das Thier *cipactli*? (f. oben Calenderzeichen S. 144^{nn}-5^{mm} und den Perfonennamen *Cipat* 170^{nf-n}) an *cihuatl* Frau? *citli* Hafe und — *palli* Farbe? formell am wahrfcheinlichften ift *xippalli* dunkelblaue Farbe: zufammengezogen aus *xiuhpalli*, von *xihuitl* Türkifs. Der zweite Theil würde *tonalli* Sonne feyn, wenn der Name aztekifch ift.

Ecalchotl oder, wie es fcheint, vielmehr *Ecalchotl huehue* (p. 21): ein junger Mann, welcher im Verein mit Famagoztad und Zipaltonal Menfchen und Dinge gefchaffen hat. Die Stelle habe ich im Zufammenhange eben bei Ciagat angegeben. Seltfam ift, dafs er den Zufatz *huehue* [*guegue*] Greis erhält und doch ein junger Menfch genannt wird. Von der Etymologie läfst fich nichts fagen, als dafs vorn *ecatl* = *ehecatl* Wind, Luft fich befinden könnte.

Ehecatl oder verkürzt Ecatl, das Wort für Wind und Luft, ift die Berichtigung für Oviedo's Hecat (p. 63), den Gott der Luft. Als Götername wird das Wort bei den Mexicanern nicht genannt.

Famagoztad und Zipaltonal, jenes ein Mann, diefes eine Frau (p. 24, 35, 35-36), werden überall in den Befragungen zu Teola als die

Y

Hauptgötter diefes Volksftammes von Nicaragua genannt (39,48): als die mächtigften und gröfsten ihrer Götter (21,24). Alle Befragte: der vornehme Greis Cipat, der Cazik Abalgoalteogan, der alte Priefter Tacoteyda, der 80jährige Indianer Coyen aus der Stadt Nicaragua, der 30jährige vornehme Indianer Atochinal, die zufammen befragten 13 Indianer von Caziken und Prieftern; fie alle geben auf die Frage nach ihren Göttern zunächft die Zweiheit Famagoztad und Zipaltonal an; nie wird Einer genannt, nie ändern fich die Formen. Sie beide haben Himmel und Erde, die Sterne und den Mond erfchaffen, die Menfchen wie alle Wefen (20,21,24,29.32, 35,40); alle Indianer ftammen von ihnen ab, fie felbft find ungefchaffen (24). So hoch fie fonft als Götter geftellt werden (21), fo fallen doch einige alberne oder philofophirende Ausfagen dahin aus, fie feien eigentlich Menfchen (30,33). S. noch über fie p. 29-30. Sie befinden fich nach einigen Angaben nach Sonnenaufgang hin (30,31); nach anderen oben (31,33), im Himmel (35). Zu ihnen kommen nach einem guten Lebenslauf die gefallenen Krieger, während die übrigen Indianer unter die Erde kommen (31); richtiger und überwiegend ift aber: dafs überhaupt die Seelen guter Menfchen nach oben zu den Göttern, die der fchlechten unter die Erde kommen (36,48). Gewöhnlich lehnen die Befragten bei den Angaben über ihre religiöfen Begriffe und ihre Götter eigenes Wiffen oder vielmehr eigene Überzeugung ab; fie berufen fich immer auf ihre Eltern oder Vorfahren, von denen fie es fo überliefert oder mündlich mitgetheilt erhalten hätten. — Wo finden wir nun in dem aztekifchen Heimatblande diefe unzertrennliche Zweiheit, diefes höchfte Paar göttlicher Wefen? Unfre Kunde bietet uns nichts ähnliches dar, nicht einmahl einen Anklang an einen diefer Namen. Nur mit Mühe und ziemlich hoffnungslofem Künfteln laffen fie fich aus dem mexicanifchen Wortfchatze zufammenftellen und ihm zuwenden: fo ungünftig find beide Formen; und doch mufs man fo lange als möglich daran feft halten, dafs fie dem Aztekifchen entfproffen feien. Den zweiten Namen habe ich etymologifch bei Cipaltonal behandelt. Famagoztad ift noch viel fremdartiger, und könnte diefer Geftalt nach viel eher einer anderen Sprache angehören. Schon der Anfangsbuchftabe *f*, den es im Mex. nicht giebt, bietet die gröfste Schwierigkeit dar; es läfst fich gar keine mexicanifche Lautverbindung angeben, die leicht und ufuell zu *f* würde; man kann nur mit Willkühr verfahren. Soll man fo kühn feyn als erften Theil jenes *tamagoz* anzunehmen, das wir oben (S. 157ⁿⁿ⁻ᵛ) als eine Form Oviedo's für das richtige *tlamacazqui,* — eigentlich Priefter, nach Oviedo aber auch Engel, und erften Theil eines einzelnen folcher himmlifchen Wefen (*Tama-caztobal*) —, kennen gelernt haben? *tad* kann das aztekifche *tatli* Vater feyn; die Compofition würde bedeuten: Vater der Engel oder der Priefter. Ich werde keine anderen Verfuche hier mittheilen, wie man, je nach der verfchiedenen Wort-Zerlegung: *fama* durch *tlama* oder anderes, wie man *magos,* wie man *gos* für fich (durch *coch, coz, cotz, cox*) löfen könnte.

H**uitzteotl** (Ov. Vizteot 63) ift der Gott des Hungers. Der Name bedeutet Dornen-Gott (von *huitztli* Dorn). Eine Gottheit für diefen Ge-genftand wird uns bei den Azteken nicht genannt. Will man übrigens etwas kühn feyn, fo könnte der Göttername durch einige Abenteuerlichkeiten aus dem Worte H**unger** entftanden feyn: *teocihui* heifst: hungern, hungrig feyn (der erfte Theil ift *teotl* Gott; der zweite *cihui* oder *icihui,* das einige Grammatiker für eine Endung neutraler Verba erklären); *teocihuiztli* ift Hunger. Man laffe *ci* beim hören verloren gehn und die beiden übrigen Beftandtheile umfetzen, fo hat man *Huizteo,* und bald *Huizteotl* oder *Vizteot.* Diefs fei aber nur Scherz. Der Zufammenhang, in dem diefes Wefen genannt wird, ift (62): Frage: *Il y a, le long des chemins, des pierres sur lesquelles vous jetez de l'herbe en passant; pourquoi le faites-vous?* Antw.: *Parce que nous pensons que cela nous préserve de la fatigue et de la faim, ou que nous en souffrons moins. Le dieu (63) de la faim se nomme* Vizteot.

M**azatl** (Ov. *Mazat* 71, 72), Hirfch (f. Calenderzeichen S. 146ᵐᵐ), ift auch ein Gott in Nicaragua: *quand nous allons à la chasse* (72), *nous invoquons le dieu* Mazat *pour tuer des cerfs, et le dieu* Tost *pour tuer des lapins en abondance.*

M**iquetanteot**, = dem ächten Mictlanteuctli, ift das einzige günftige, mit der uns bekannten mexicanifch-aztekifchen Nomenclatur iden-tifche mythologifche Wort, welches vorkommt; an fich aber darum, und trotz aller übrigen Verfchiedenheiten, ftark für den Völker-Zufammenhang zeugend. Oviedo (27) fagt nicht richtig, dafs es die Hölle, jener Ort unter der Erde fei, an welchen die Böfen nach dem Tode kommen; es ift viel-mehr der Höllengott: denn es ift zufammengefetzt aus *mictlan* Todten-reich, Hölle (*miqui* fterben mit der Ortsendung *tlan*), und 2) in der nicara-guanifchen Form *teotl* Gott, in der mexicanifchen *teuctli* Herr, Fürft,

Cazik. Diefen Gott der Unterwelt, mit einer Genoffinn *Mictlancihuatl* (*cihuatl* Frau), findet man behandelt in Clavigero II, 6 und 17; Humboldt, *Vues des Cord.* I, 257 und II, 156-7.

Mixcoa wird (47) als Gott des Handels, des Kaufs und Verkaufs genannt. Folgendes ift das Nähere: Frage: *Pourquoi sacrifiez-vous en vous incisant la langue?* Antw. *Nous le faisons toujours quand nous allons vendre, acheter ou conclure quelque marché: parce que nous croyons que cela nous procure une heureuse réussite. Le dieu que nous invoquons à cet effet, se nomme* Mixcoa. Fr. *Où est votre dieu Mixcoa?* Antw. *Ce sont des pierres figurées que nous invoquons en son honneur.* — Mixcoatl (Wolkenfchlange, von *mixtli* Wolke und *coatl* Schlange) war aber in Mexico, befonders bei den Otomiten, die Göttinn der Jagd (Clav. II, 20); und der Gott des Handels hiefs Yacateuctli (*ib.*): von *yacatl* Nafe, nach Clav.'s Deutung: der Herr, welcher leitet. — Ob *coa, cohua* kaufen in Mixcoa liegt?

Nenguitamali heifst bei den Indianern von Martiaca die erfte Frau, die Mutter des Menfchengefchlechts (229). Wir werden von Oviedo darauf geführt, in diefem Bezirk eine fremde Sprache zu finden, und dennoch fcheint diefer Name aztekifch; vor allem ift es der zweite Theil, *tamalli*: eine Art Maisbrodt, das in Maisblätter gewickelt ift. *nengui* kann *nenqui* feyn, das *partic.* von *nemi*: das leben, wohnen und gehen bedeutet; *nenqui*: lebend; wohnend, Bewohner; gehend. Das männliche Wefen zu diefer Frau, der erfte Mann, hat einen nicht-aztekifchen Namen: Nembrita. Folgendes ift der Zufammenhang: *J'ai déjà dit* (229) *qu'il y a dans cette province plusieurs langues différentes; il est donc naturel que les coutumes le soient aussi. Les Indiens de Martiaca appellent leur dieu Tipotan, et disent qu'il y eut un homme et une femme de qui tous les mortels descendent. Ils nomment cet homme* (230) Nembrita *et la femme* Nenguitamali.

Ich fetze an diefe Stelle die zwei Namen: Homey-Atelite und Homey-Atecigoat, weil ihr erfter Theil möglicherweife das aztekifche Wort *ome* zwei feyn könnte; wenigftens ift diefs (allenfalls noch *omitl* Knochen) mein einziges Mittel ihn aztekifch zu deuten. Es find diefs (40) der Vater und die Mutter von Quiateot, dem Gott des Regens; fie wohnen am Ende der Welt, am Sonnenaufgang, im Himmel (*à l'endroit d'où sort le soleil, qui est dans le ciel*). Eine Art von Anleitung zur Annahme von *ome* und eine Rechtfertigung giebt mir das aztekifche Götterpaar Ometeuctli und Omecihuatl, wörtlich: Zwei-Herr und Zwei-Dame; zwei Gottheiten des Himmels. Sie wohnten im Himmel in einer herrlichen Stadt, reich an Freuden und Luft, und wachten von da über die Welt; fie gaben den Sterblichen ihre Neigungen ein: Ometeuctli den Männern, Omecihuatl den Frauen. Von den vielen Söhnen der Omecihuatl, einer Art Titanen, 1600 an der Zahl, erzählt Clavigero ausführlich (II, 8-9). Unfre beiden nicaraguanifchen Götternamen könnten un-aztekifch feyn, fie enthalten fremdartiges genug; aber der letzte Theil des weiblichen Namens ift das aztekifche Wort *cihuatl* Frau. Dabei enthalten beide Namen das gemeinfchaftliche Element *ate,* fo dafs man in *lite* des erfteren Mann fuchen könnte, wobei freilich an Aztekifch nicht zu denken ift. *ate* weift formell auf *atetl* Hode (aus *atl* Waffer, hier Urin; und *tetl* Stein, in gewiffen Compofitionen aber auch Ei: zufammengefetzt); eher könnte es aber *atl* Waffer feyn; in dem männlichen Namen fchiene jedoch *atel* zufammengefafst werden zu müffen.

QUIATEOT heifst der Gott des Regens und Waffers (40, 41 und 72); diefs ift das Subft. *quiahuitl* oder *quiyahuitl* Regen ([1]): das wir fchon oben (S.144") als Calenderzeichen gehabt haben, und das wir unten wieder als den Perfonennamen *Quiabit* erhalten werden (S. 170^{rf}) (von *quiahui* oder *quiyahui* regnen): mit *teotl* Gott verbunden; die richtige Form würde

---

([1]) Der Verfaffer der Anmerkungen zu Ternaux-Compans's franzöfifcher Ausgabe von Oviedo's Nicaragua zeigt hier eine auffallende Unbekanntfchaft mit der aztekifchen Sprache, indem er fo fagt (p. 40-41): *Molina, dans son dictionnaire mexicain, traduit pluie par* quiavit, *sans faire attention que c'est un mot composé de* quia *et de* vitl, *grand, fort.* Der Vorwurf gegen Molina ift zugleich ungerecht und leichtfinnig. Der Sinn foll doch wohl feyn, Mol. müffe das Wort *quiavitl,* mit *tl,* fchreiben? denn um die Ableitung oder die Zufammenfetzung, überhaupt die Etymologie, der Wörter kümmert fich Molina nie; er giebt fie nie an. Nun ift derfelbe aber weit entfernt irgendwo *quiavit* zu fchreiben; im mex. Theile ift zu lefen „*quiauitl, pluuia*" und „*eecayo quiyauitl. aguacero con recio viento*"; im fpan. Theile „*lluuia. quiauitl. vel. quiyauitl*"; auch *v* fchreibt er nicht, fondern *u*. Ein aztekifches Wort *vitl,* grofs, ftark, exiftirt nicht; der irrende Verfaffer meint *huei,* welches das allgemeine Wort für diefe Bed. ift: *huitl* ift der Erdbeerbaum (*madroño*) und feine Frucht. Was follte übrigens der Begriff grofs, ftark in dem Worte Regen thun? der Regen ift oft auch fehr fchwach und fehr fein. Wie oben angedeutet, ift das Stammwort *quiahui* regnen ein *simplex*, das von nichts abzuleiten ift. Wie alle diefe Irrthümer in die Note gekommen find, weifs ich nicht zu erfinnen; und füge nur hinzu, dafs andere Anmerkungen, auch fprachliche, diefer verdienftlichen Publicationen viel beffer und voll lobenswerthen Inhaltes find.

Quiauhteotl lauten. Diefer Gott giebt den Menfchen das Waffer; er fendet den Donner, Blitz und Regen (40 und 72). Ihm wurden Harz (72), wie Knaben und Mädchen in feinem Tempel geopfert (41, 72-73), um Regen zu erlangen; manchmahl fendet er dann Regen, manchmahl nicht (41, 73). Die Eltern diefes Gottes, der in der aztekifchen Mythologie nicht vorkommt, find im vorigen Artikel genannt. Bei den Azteken ift Tlaloc der Gott des Waffers.

Tabazcazcati, den erften der beiden hauptfächlichften Engel (f. S. 157ⁿᶠ), wage ich kaum hier zu berühren, da der Name in feinem vorderen Theile zu fremd ausfieht; der zweite Theil könnte *cozcatl* Edelftein, Juwel feyn. Nur der Umftand, dafs der zweite Engel und das allgemeine Wort für diefe Wefen aztekifch find, rechtfertigt den Verfuch.

Theotbilahe heifst bei den Bewohnern von Nicaragua der Sohn ihres Gottes Thomathoyo (230); diefer Sohn kam auf die Erde herab. Sein Name enthält vorn *teotl* Gott; aber *bilahe* ift un-aztekifch, wenigftens unmöglich zu deuten. Diefes *teotl* möchte ich in dem Namen des Vaters auch vermuthen: um fo mehr, als Oviedo den Namen durch „grofser Gott" überfetzt. *mathoyo* müfste dann grofs bedeuten, ift aber durchaus kein aztekifches Wort. Die Thomas-Sage mag in dem Namen ein Element für fich finden.

Tipotan nennen die Indianer von Martiaca ihren Gott (f. näher S. 166ⁿ⁻ⁿⁿ). *ti* könnte wohl (wenn die Form unfrer Sprache angehört, und nicht einer fremden, auf welche in diefer Gegend hingedeutet wird) aus *tlil* (von *tlilli* fchwarze Farbe) corrumpirt feyn; für *potan* bietet fich nichts dar, auch kann man nicht wohl *tan* für die Ortsendung *tlan* anfehn. Als Beweis jedoch, dafs es ähnliche aztekifche Wörter giebt, führe ich den Pflanzennamen *tlilpoton* an: zufammengefetzt aus *tlilli* und aus *potoni* ftinken.

Tlamacaztopal ift die genaue Form für Tamacaztobal, den zweiten der hauptfächlichften Engel (p. 230); und man mufs fagen, dafs Oviedo diefes lange Wort in bedeutender Reinheit liefert. Den erften Theil, *tlamacazqui*, nach Oviedo den allgemeinen Namen für die Engel, habe ich fchon oben (S. 157ⁿⁿ⁻ⁿᶠ) erörtert; *topal* ift ein aztekifches Wort, bedeutend: einen fonderbar und phantaftifch gekleideten Menfchen, der mit Stolz und Einbildung einhergeht.

TOCHTLI Kaninchen, das wir oben in der Form von *tofte* als Calenderzeichen gefehen haben (S. 147ª), ist als *TOST* (p. 72) oder *Teotost*
(*teotochtli*) (71), mit Vorfatz von *teotl* Gott, ein Jagdgott, der angerufen
wird, damit man viele Kaninchen erlege; f. die Stelle bei dem ähnlichen
Gotte *Mazatl* (S 165ᵐ⁻ⁿⁿ).

§ 61. Schliefslich werden die Perfonennamen dazu dienen die
Exiftenz eines aztekifchen Volksftammes und der aztekifchen Sprache in diefer frühen Zeit in Nicaragua zu erweifen. Es find diefs gröfstentheils Namen
der Perfonen, welche in den Conferenzen zu Teola eine Rolle fpielen, und
über die Religion, Meinungen und Sitten ihrer Nation Antwort und Auskunft
geben; zum kleinften Theil Namen anderer in Oviedo's Schrift vorkommen-
der Perfönlichkeiten. Von manchen Namen ift es fehr zweifelhaft, ob fie
aztekifch find; ich mufs natürlich den Verfuch mit ihnen machen: an einzelnen Elementen kann es immer nicht fehlen, aber das Ganze der Überzeugung
bleibt öfter aus.

AGATEITE (200), corrigirt *Acateuctli* (Rohr-Cazik; von *acatl* Rohr,
und *teuctli* Herr, Fürft, Cazik: das wir fchou oben, S. 157ᵐ, als *teite* in
Nicaragua kennen gelernt haben). Diefer Cazik war ein alter Mann, fein Dorf
hiefs Tecoatega (f. oben S. 161ⁿ⁻ᵛ); er war einer der mächtigften Häuptlinge von Nicaragua: „er zählte 20,000 Vafallen jeden Alters und Gefchlechts;
darunter 6000 Krieger, mit Bogen und Pfeilen bewaffnet."

Abalgoalteogan, ein Cazik in den Befragungen zu Teola (23); war
getauft und heifst Don Francifco; feine Befragung und Angaben f. p. 24-28.
Die ächt mexicanifche Form würde *APALCOALTEOCAN* oder *APALQUAL-
TEOCAN* lauten. *apalli* kann Wafferfarbe heifsen (*atl* und *tlapalli* Farbe);
es erinnert aber auch an *apaltic*, mit Waffer befeuchtet: von *paloa* ein-
tauchen, *palti* nafs werden, *paltic* nafs, feucht. *goal* könnte feyn *qualli*,
gut; doch könnte es auch *coatl* Schlange, und *l* auszumerzen feyn: wie ein
folches Beifpiel bei Hernandez vorkommt, welcher eine Art Waffer-Paftinake
coalquiltic nennt, das aber feiner Überfetzung nach *coaquiltic* lauten
mufs (Schlangenkraut: von *coatl*, und *quilitl* Gewächs, Kraut). *teocan*
ift *teotl* Gott mit der Ortsendung *can.*

ATOCHINAL (35): ein Indianer von vornehmem Range, etwa 30 Jahre
alt; er war Chrift, hatte aber feinen Taufnamen vergeffen. Seine Ausfagen
f. p. 35-36. Der Name könnte fo gebildet feyn: *atochtli* Waffer-Kanin-

chen (*atl* + *tochtli*): ein Wort, das ich allein noch nicht gefunden habe, fondern nur als 1. *compos.* in *atochietl*, die Pflanze Polei. Für den zweiten Theil mufs man einen der Zifchlaute *ch, tz, x*, welcher durch das *ch* von *tochtli* verdrängt wäre, annehmen: alfo (da *chimalli* Schild nicht wohl zu vermuthen ift) *chinal, tzinal, xinal*; von ihnen gewährt aber nur das erfte eine Möglichkeit, und zwar eher, wenn man *chinol* hätte: von *chinoa* die Felder abbrennen; obgleich in feiner Applicativ-Form auch ein *a* erfcheint: *chinalhuia* Einem die Felder oder Ernte abbrennen.

C A X T O N A L (von *caxitl* Schüffel und *tonalli* Sonne) würde ich den Namen G a s t o n a l (248) fchreiben, wenn er aztekifch wäre: ein Cazik von dem Volksftamme der *Maribios*.

C H I C H O Y A T O N A, der zuerft zu Teola befragte Cazik (19); der Pater Francifco de Bobadilla taufte ihn vor der Befragung und nannte ihn Alonfo de Herrera. Die Befragung war aber augenblicklich zu Ende: denn auf die Frage, ob er wiffe, dafs es einen Gott gebe, welcher den Menfchen, die Welt und alle Dinge gefchaffen habe; antwortete er, dafs er kein Wort davon wiffe; und er fchien über die Frage fehr erftaunt zu feyn. *tona* bedeutet aztekifch: es ift warm, die Sonne fcheint; mit *chich* kann man verfchiedene Verfuche machen, aber das *o* danach ift ungünftig.

C I P A T (20) ift wahrfcheinlich der Thiername *cipactli*, über welchen ich bei den Calenderzeichen (S. 144^{m}-5^{m}) ausführlich gehandelt habe. Cipat ift einer der vornehmften Greife (*huehue*); er wird zunächft nach dem Vorgenannten befragt: um Gegenftände der Religion, und ob er Chrift werden wolle; antwortet darauf aber, jenem ähnlich, trotzig und abweifend: fo dafs auch über ihn ohne weiteres hinweggegangen wird.

M I Z E Z T O Y (20) ift der gleich nach Cipat befragte Cazik; er war Chrift und getauft worden, erinnerte fich aber des erhaltenen Namens nicht mehr. Seine Befragung und feine Ausfagen f. p. 20-23. Der erfte Theil des Namens, wenn er aztekifch ift, würde *miztli* Löwe; *ez* würde von *eztli* Blut feyn; der Diphthong *oy* ift fremdartig.

Q U I A B I T, das ich ohne Zweifel für das Wort *quiahuitl* Regen (entwickelt oben S. 167^{mm}) halte, ift ein Cazik von etwa 30 Jahren, Herr von Xaxoita (34); fein Verhör, gehalten am 30 Sept. 1528, f. p. 34-35.

T A C O T E Y D A, ein alter Priefter eines Tempels der Stadt Nicaragua (28), etwa 60 Jahr alt; die Conferenz mit ihm f. p. 28-32. Der erfte Theil kann *tlacotl* Ruthe, Reis oder *tlacotli* Sklav; möglicherweife auch *tlazotli*, eine koftbare, theure Sache, etwas Geliebtes, feyn. Den zweiten Theil würde ich für fremd halten, wenn er nicht *teite* Cazik = aztekifch *teuctli* (f. oben S. 157^m und Agateite S. 169^{mm}) feyn kann.

?Tepitapeg, ein Cazik bei Leon de Nagrando (98-99); *tepi* könnte von *tepiton* klein feyn, in welchem *ton* Diminutiv-Endung ift; *tepetla* heifst Gebirge; *pehua*: anfangen 2) befiegen, erobern.

§ 62. Das Vorhandenfeyn der aztekifchen Sprache in diefer Provinz ift für die Gegenwart bewiefen durch Squier, der uns (Nicaragua II, 314) 24 Wörter von den Indianern auf der Infel Ometepec im See Nicaragua geliefert hat, welche er fich mit grofser Schwierigkeit verfchafft (II, 313); diefe Infel wird von feinen Niquirans bewohnt. Diefe Wörter ([1]) find alle

---

([1]) Ich liefere hier die neuen Wörter von Ometepec mit Beifetzung der ächten aztekifchen Form:

	Squier:	ächte Form:
Gott .	*teot*	*teotl*
Menfch .	*tlacat*	*tlacatl*
Frau	*ciuat*	*cihuatl*
Kopf	*tzonteco*	*tzontecomatl* (bei poffeff. Vorfätzen *tzontecon*, deffen Schlufs-*n* kaum oder gar nicht gefprochen wird)
Fufs	*hixt*	*icxitl*
Hund . . .	*izcuindi*	*itzcuintli*
Hirfch	*mazat*	*mazatl*
Kaninchen	*toste*	*tochtli*
Feuer .	*tlet*	*tletl*
Waffer .	*at*	*atl*
Haus	*calli*	*calli*
Mais	*centl*	*centli* (d. h. Mais giebt Squier an, die Bed. von *centli* ift aber: Maisähre; die reife, trockne)
Regen	*quiavit*	*quiahuitl*
Blume	*sochit*	*xochitl*
Wind .	*hecat*	*ehecatl*
Schlange	*coat*	*coatl*
Adler .	*oate*	*quauhtli*
Feuerftein .	*topecat*	*tecpatl*
Berg	*tepec*	*tepetl*

Z

aztekifch, und weichen fo wenig von den ächten Wortformen ab, dafs der Unterfchied oft nur in der Schreibweife und der Auffaffung zu liegen fcheint. Die Subft. Endung *tl* hat die Geftalt *t*, die Endung *tli* die Geftalt *te* und *di* angenommen; einige Formen find fo, wie fchon die Spanier in den Zeiten der Eroberung die aztekifchen Wörter unvollkommen wiederzugeben pflegen. Von einer Colonie der Tolteken hätte ich eine gröfsere Abartung der Sprache erwartet; doch ift diefes Urtheil noch von einer gröfseren Anzahl Wörter und Textftücken abhängig.

X. Guatemala, Schlufs.

§ 63. Die füdlichfte Provinz des Reiches Guatemala (und zugleich die öftlichfte), Cofta rica, zeigt uns keinen einzigen aztekifchen Ortsnamen; fie ift eben fo auffallend frei von folchen als Yucatan. Sie neigt fich fchon zu der ganz fremden, neuen amerikanifchen Völkerwelt, welche fich mit den füdlichften Theilen des langgeftreckten Ifthmus, mit Darien und Tierra firme, für uns aufthut. Oberft Galindo hat die Namen von 6 Indianer-Stämmen in Cofta rica geliefert, wir befitzen aber keine Wörter von irgend einem (Squier, *Nic.* II, 327). Von den vielen kleinen Stämmen des Diftricts Talamanca habe ich oben (S. 131[f]-2[a]) gehandelt und mehrere genannt. Die Entdeckung der Provinz Cofta rica und ihre weitere Gefchichte erzählt Juarros II, 202—5; die Eroberung des Diftrictes Talamanca, deffen Bekehrung durch die Geiftlichen des *Colegio de propaganda fide* von Guatemala noch im Anfange diefes Jahrhunderts im Gange war (I, 57), berichtet er II, 233-7.

§ 64. Das zweite Motiv diefer ausführlichen Einleitung, die ich dem Reiche Guatemala gewidmet habe, ift gewefen, dafs ich alles thun wollte,

	Squier:	ächte Form:
eins	*c e*	*c e*
zwei	*o m e*	*o m e*
drei	*y e*	*y e i*
vier	*n a u*	*n a h u i (in compos. n a u h —)*
fünf	*. m a c u i l*	*m a c u i l l i*

Ich habe fchon oben (S. 147[a-aa]) meine Verwunderung ausgefprochen, dafs mehrere Wörter diefer Lifte (man kann elf zählen) fo vollftändig mit Oviedo's Formen der Monatstage übereinftimmen. Acht Subftantiva und die fünf Zahlwörter liegen aufserhalb jener Calendernamen.

um die unerklärliche Erfüllung des grofsen Landes mit a z t e k i f c h e n O r t s -
n a m e n begreifen zu laffen. Ich habe fchon oben ausgefprochen, dafs durch
nichts, was von dem Verkehr der Azteken mit Guatemala aufgefunden werden kann, diefe Fülle ganz zu erklären ift; ich darf nun auch noch hinzufügen, dafs durch die aufgezeigten überwiegenden Elemente einheimifcher
Bevölkerung, eigener Völker und Sprachen, überall in dem Lande Guatemala, und bei der Befchränkung des Aztekifchen auf wenige Punkte, die
Menge mexicanifcher Ortsnamen um fo befremdender erfcheinen mufs. Dennoch erklären alle angegebenen und aufzufindenden Urfachen wohl das meifte.
Wir fuchen nur nach dem, was uns noch nicht bekannt ift und wovon wir
noch hoffen können Kunde zu erhalten. Wird das meifte der aztekifchen
Ortsnamen an unerklärlichen Stellen unter dem Namen der Tolteken, wenn
auch nicht mit Unrecht, in ein unbeftimmtes Dunkel verfetzt; fo ift es merkwürdig, dafs Juarros, in einer oben (S. 135^{m}, 136^{mm-n}) bereits von mir angeführten Stelle (II, 36), gerade die Herrfchaft der Tolteken in Guatemala
als ein Argument benutzt, dafs die mexicanifche Sprache dort nicht herrfchend fei. „Wenn wir auch zugeben", fagt er, „dafs das mexicanifche Idiom
an vielen Orten diefes Reiches gefprochen werde; fo bleibt, wenn es nur
nicht an den Höfen oder in den Refidenzien der toltekifchen Könige geredet
wird, die Gewifsheit unbeftritten, dafs diefe Caziken nie von den Mexicanern unterjocht wurden: denn wären fie es geworden, fo hätte gerade an
den genannten Höfen die Maxime der Mexicaner, ihre Sprache über die eroberten Länder zu verbreiten, in Ausübung gebracht werden müffen." Ihm
find Tolteken nicht-aztekifch Redende. Er verwechfelt aber, nach feinen
Manufcripten, die alten Reiche Guatemala's mit den Tolteken, welche fie
follen an fich gebracht haben.

Die Exiftenz aztekifcher Ortsnamen in den grofsen beiden füdlichen
Provinzen Guatemala's, H o n d u r a s und N i c a r a g u a, halte ich für eine Merk-
würdigkeit, für einen kleinen Triumph der Sache; es find die füdlichften
Punkte, in denen uns die Sprache erfcheint: und die geringere Zahl der
Namen gegen die Fülle der nördlichen Hälfte fagt uns eben, dafs fie hier
etwas aufserordentliches find. Ich nenne daher, wie im mexicanifchen
Norden, in diefen beiden Provinzen wieder alle Namen, welche ich habe auf-
finden können.

§ 65. In Honduras liegen:

Acalteca [auch *Agalteca*] (von *Acaltecatl*, dem Gentile von *Acallan*): zwei Dörfer, in den Diftr. Comayagua und Tegucigalpa. Der Ortsname Acallan bedeutet Ort der Kähne oder Canots (*acalli*, eigentlich Wafferhaus: von *atl* Waffer und *calli* Haus); es war diefs zur Zeit der Eroberung ein Ort von Bedeutung, und ift jetzt ein Dorf in der Prov. Chiapa, Diftr. Ciudad Real. Vielleicht find danach die *Acalas*, ein roher Volksftamm in der Prov. Vera Paz, benannt. — Alapa Thal im Diftr. Comayagua, Pfarrei Yoro (*apa*: am Waffer). — ?Amarateca, im Diftrict Tegucigalpa, trägt die aztekifche Endung *teca*; das *r* müfste man auf *l* zurückführen, wenn auch der erfte Theil aztekifch ift. — ?Camasca, Hauptpfarrort im Diftr. Comayagua. — Chinacla, Hauptpfarrort eben da; die Form könnte als *Chinatla* = *Chinantla* feyn (Ort des Rohrzaunes), das ich oben S. 17ⁿ als alte Hauptftadt der Chinanteken entwickelt habe. — Choluteca: Dorf und grofses Thal im Diftr. Tegucigalpa, fo wie Flufs in Honduras, welcher fich in die Südfee ergiefst; habe ich oben S. 128^{mm-nn} für Chololteca, Volk von Cholula, zu erklären gefucht. — Cihuacatepec; fo darf man vielleicht löfen *Siguacatepeque* und *Siquacatepec*, Dorf im Diftr. Comayagua. Die Form wäre von *cihuatl* Frau und *tepetl* Berg; *ca* macht einige Schwierigkeit. In dem Perfonennamen *Cihuacatzin* erfcheint es auch, und ift da leicht aus *Cihuacan* oder *Cihuatlan* zu erklären: der geehrte Herr aus dem Weiberlande. Es war diefs der Name des Oberbefehlshabers des mex. Heeres in der Schlacht bei Otumba (1520), in welcher er durch Juan de Salamanca getödtet wurde. — Cilca (*Silca*, wenn es mex. ift), Ort der Schnecken (*cilin*), Hauptpfarrort im Diftr. Comayagua. — Coloete, Colomoncagua und Colosuca find Dörfer im Diftr. Comayagua: und enthalten, wenn man fie nicht für fremd anfehen foll, im erften Theile das mex. *colotl* Scorpion; *ete* würde *etl* Bohne feyn; *moncahua* ift ein *verbale*: *oncahua*, nach Haufe begleiten 2) Tribut entrichten (eig. ins Haus bringen) (*cahua*, verlaffen 2) wohin bringen, tragen etc., mit der Präpofition *on*), wovor die Reflexiv-Partikel *mo* getreten ift. *suca* läfst fich nicht errathen. — Comayagua, einer der grofsen Diftricte der Provinz Honduras (auch als Name der Provinz gelegentlich gebraucht) und deffen Hauptftadt (*ciudad*), ift vielleicht nicht aztekifchen Urfprungs. Sollte man es mit dem Aztekifchen löfen, fo würde der erfte Theil, wie in Comazagua (Dorf in der Prov. San Salvador, Diftr. S. Ana), das *comatl* feyn, welches, vermuthlich = *comitl* Topf, als zweiter Theil in den Compofiten *tecomatl* (eine tiefe irdene Schale) und *cuezcomatl* (Brodtkammer, *troxa ó alholí de pan*) vorkommt; *yahua* würde an *yahualli* erinnern. Das fpan. *dimin.* von *Comayagua*, Comayaguela, ift ein Dorf im Diftr. Tegucigalpa. — Ilama (die Form an fich bedeutet: alte Frau), Dorf im Diftr. Comayagua. — ?Machaloa (eben das) ift wohl nicht mex.; auch würden *maitl* Hand und *choloa*, fpringen, ftrömen, fliehen, eine fchlechte Löfung feyn. — Mexicapan habe ich oben (S. 130^{m-mm}) fchon erörtert. — ?Nacaome, Hauptpfarrort im Diftr. Tegucigalpa, ift wohl nicht mex. (vgl. *nacatl* Fleifch und *ome* zwei). — *Ocotal, Ort bei Nueva Segovia (von Juarros zu Nicaragua gezählt), ift eine fpan. Formation, bedeutend Fichtenwald, Fichten-Pflanzung: vom fpan. *ocote*, dem mex. *ocotl* Fichte, gebildet. — Ocotepec [Juarros *Ocotepeque*] (auf dem Fichtenberge, Fichtenberg) ift 1) Hauptpfarrdorf im Diftr. Comayagua 2) ein Dorf in der Prov. Chiapa, Diftr. Tuxtla, Pfarrei Tapalapam 3) Real in der Diput. Temascaltepec in der Prov. Mexico. — Opoteca, Ort im Diftr. Comayagua, hat die mex. gentilitifche Endung *teca*; der erfte Theil ift ungewifs. — ?Sulaco, Hauptpfarrort im Diftr. Comayagua, wenn es mex. ift, liefse fich löfen durch: *atl* mit *co*; *tzoloa*, oder *zolin* Wachtel (*Zolaco*): wie wir haben das gleichbed. *Zolapa* (am Wachtel-Waffer), Real in der Prov. Oaxaca. — Taguzgalpa und Tegucigalpa find die Namen zweier grofsen Diftricte der Prov. Honduras, das zweite auch *villa*; der erfte, von Juarros (I, 48-54) zu Nicaragua gezogen, ift wefentlich die Mosquito-Küfte. Die Wörter find mexicanifch. Der zweite Theil ift +*calpa*, Ortsform von *calli* Haus: eine Anfammlung von Häufern (Weiler, vollftändig unfre Endung — haufen in Ortsnamen). Die ächten Formen beider Namen möchten *Tlacochcalpa* und *Tecochcalpa* feyn: jenes von *tlacochtli*, Pfeil (nach Molina) oder Wurffpiefs (nach Clavigero); diefes von *tecochtli*, Grab, einem *compos.* aus *cochi* fchlafen und *tetl* Stein. Dem erften Namen ganz gleichbedeutend ift Tacuscalco (*Tlacochcalco*), Ort im Diftr. Zonzonate von Guatemala; nur hat *calli* eine andre Ortsendung (*co* für *pa*). — ?Tencoa, Hauptpfarrort im Diftr. Comayagua. — Tepesomoto, Ort bei Nueva Segovia, läfst wenigftens *tepetl* Berg als erften Theil erkennen; für den zweiten, wenn er nicht ein fremdes Wort ift,

bietet fich nur dar *tzomonia* zerreifsen und fein *deriv. tzomoctic* zerriffen. — ?Texiguat, Hauptpfarrort im Diftr. Tegucigalpa. — Tologalpa
(fo Juarros und an einer Stelle Haffel), einer der grofsen Diftricte von Honduras, nach Juarros aber von Nicaragua: ift das eben erwähnte + *calpa* und
vielleicht *toloa* krümmen etc. oder doch ein *deriv.* von *tolin;* dürfte man
der Form *Tolacalpa* folgen (die Haffel an einer zweiten Stelle hat), fo wäre
es von *tolin* Binfe, *atl* Waffer und *calli,* oder von *acalli* Kahn. — ?To-
malá, Ort im Diftr. Comayagua, könnte feyn *Tomalla,* von *toma:* löfen,
fich löfen etc. — Tzapotla [fo für *Sapota*], Ort der Zapoten (f. oben S.
109*a*), Dorf im Diftr. Comayagua. — Xalapan lautet die ächte Form für
das jetzige *Xalapa* oder *Jalapa;* fie bedeutet: am Sandwaffer, Ort des
Sandwaffers (von *xalli* Sand, *atl* Waffer, Poftpof. *pan*). Den Namen führen viele Örter in Mexico und Guatemala: 1) Dorf im Diftr. Comayagua
von Honduras, Pfarrei Tencoa 2) im Diftr. Granada der Prov. Nicaragua,
Pfarrei Xicaro 3) (S. Maria) Hauptpfarrdorf im Diftr. Chiquimula 4) alter Ort
nordöftlich von Tehuantepec [Clav.'s Karte]: jetzt, nach Mühl. II, 173-4 (der es
ausführlich behandelt): *Villa de Xalapa,* 7 *leguas* NW von Tehuantepec, ehe-
mals *alcaldía mayor* und eine der 4 *villas del Marquesado;* 5) Dorf und
partido in Tabasco [Ward und Mühl. II, 28]; 6) die bekannte Stadt in der
Prov. Vera Cruz. Das fpan. *dimin.* davon, *Xalapita,* ift der Name eines
Landhaufes bei Salamanca in der Prov. Guanaxuato. — Xutiapa und
Xuticalpa [gefchrieben *Jutiapa, Juticalpa*] enthalten vorn einen ganz unbekannten Beftandtheil, den man für einen fremden halten möchte, *xuti;*
apa und *calpa* fiud rein mexicanifch. Beide find Dörfer im Diftr. Coma-
yagua. *Jutiapa* ift 2) ein Dorf im Diftr. Chiquimula; die fpan. Diminutiv-
Form davon, *Jutiapilla,* ift ein Dorf im Diftr. San Salvador. — ?Yolula
(*Yololla*), Dorf im Diftr. Comayagua.

§ 66. Man glaube nicht, dafs in NICARAGUA fich die aztekifchen Ortsnamen auf den weftlichen Küftenftrich der fogenannten Niquirans befchrän-
ken; im Gegentheil, es liegen dort auf Squier's Karte faft gar keine; fie finden fich überall fonft, auch im Often und Norden der Seen Nicaragua und
Managua, bis zu den füdlichften Theilen des erfteren. (¹) Es find folgende,

---

(¹) Die füdlichften aztekifchen Namen find in Often *der kleine nördliche Nebenfluís des
Rio de San Juan,* Pocofol (wenn der Name aztekifch ift), in 11° S.B.; und weftlich die

denen ich die aus Oviedo gezogenen, fchon an einer früheren Stelle (S. 160-2) behandelten, Ortsnamen anführungsweife beigemifcht habe:

?Acoyapa (vielleicht von *atl* und *coyahua*: Ort, wo fich das Waffer ausbreitet), *villa* im Diftr. Granada. — Anahuaca (Oviedo) f. oben S. 160ᵐ. — Axochco 1) [*Axusco*, nach Squier's Karte] Vulkan an der Nordweft-Spitze des Sees Managua 2) [ebenfalls *Axusco*: Humb., Haffel, Ward] Ort mit einem hohen Berge bei Mexico. — Der erfte Theil ift *atl*; der zweite ift aber wohl nicht von *xochitl* Blume, fondern von einem Stamme + *xoch* + abzuleiten, welcher aus dem Etymon *xotla* (fich entzünden, Feuer fangen, anbrennen 2) knospen 3) Linien, Striche machen 4) lang fchneiden u. f. w.) entfpringt und z. B. in folgenden Wörtern auftritt: *tlaxochtli* breites Band, Binde; *quaxochtli* (*pr. quaitl* Kopf) Gränzzeichen, Gränze; *tlexochtli* (*pr. tletl* Feuer) glühende Kohle. — Cacahuapa [neu *Cacaguapa*] (Ort des Cacao's, *cacahuatl*), Infel im See Nicaragua; das gleichbed. *Cacahuatlan* [neu *Cagaguatlan*] ift ein Dorf in der Prov. Chiapa, Diftr. Soconusco. — Camoapa, Dorf im Diftr. Matagalpa, bedeutet: am Bataten-Waffer; von *camotli, convolvulus batatas:* eine, der Kartoffel fehr ähnliche, efsbare Wurzel. *Camotlan* (Ort der Bataten) heifst ein Dorf im Diftr. Chiquimula. — Chichicalpa [Juarros *Chichigalpa*] (Hundshaufen, von *chichi* Hund), Dorf im Diftr. Realejo; andere Schreibungen: *Chigigalpa, Chiquigalpa,* begründen wohl keine andere Ableitung. — Chinanteca [*Chinandega*], Dorf im Diftr. Realejo, ift oben S. 17ᵐᶠ⁻ⁿⁿ als ein altes Volk in Oaxaca da gewefen; die Wiederkehr des Namens in Nicaragua kann zu einer wichtigen Frage veranlaffen (doch vgl. unten § 69). — Chontalli [*Chontales, Chontal*], altes Volk und Sprache in Nicaragua, in der mex. Sprache: Fremder, Ausländer bedeutend; habe ich oben S. 133ᵐ-4ᵐ erörtert. — Comalapan (am Waffer der Pfannen; von *comalli*, Pfanne, worin befonders die Maiskuchen gebacken werden: als *comal* auch in das Span. übergegangen): Dorf im Diftr. Matagalpa, Pfarrei Teustepet [diefs fchreibt Juarros *Comalapa*, die 2 folgenden *Comalapam*]; 2) (S. Juan) Hauptpfarrdorf in der Prov. Chimaltenango 3) Dorf in der Prov. Chiapa, Diftr. Ciudad Real, Pfarrei Chiquimuzelo. — ?Marinaete

---

Infel Sapote im See Nicaragua, ein wenig über 11°: und noch mehr Guanacafte, 10¾° S. B.

(Oviedo) ſ. S. 160ʳʳ. — Matlacalpa [ſo hat man *Matagalpa* herzuſtellen] (Ort des Netzhauſes, oder Netzbauſen; von *matlatl* Netz), Dorf und Diſtrict in Nicaragua. — Matlalpaletl? [*Matapalete*] (Oviedo) ſ. S. 160ⁿⁿ⁻ⁿᶠ. — Mazatepetl [neu *Mazatepet*] (Hirſchberg, von *mazatl* Hirſch und *tepetl* Berg), Hauptpfarrort im Diſtr. Granada. — Metlapa [jetzt *Metapa*] (Ort der Metaten; *metlatl*, ſpan. *metate*, nennen die azteki- ſchen Indianer den länglich-viereckigen Stein, auf welchem die Frauenzim- mer, auf beiden Knieen davor knieend, mit dem *metlapilli* den Mais zer- reiben): Dorf im Diſtr. Granada, nach Juarros Hauptpfarrort im Diſtr. Leon. Davon der ſpan. Plural: *San Pedro Metapas* (Juarros I, 25): grofser Flec- ken im *partido* S. Ana der Prov. San Salvador, von 4000 Einwohnern, wor- unter 400 Indianer, in einem beſonderen Viertel wohnend; Hauptpfarre. — Mixteca (Oviedo) ſ. S. 160ʳᶠ. — ? Moyapa, wenn man es in *Moyoapa* (am Waſſer der Moskiten, *moyotl*) verwandeln darf: Ort im Norden vom See Nicaragua [Squier's Karte]. — Naguaca (Oviedo) ſ. S. 161ᵃ⁻ᵃᵃ. — ? Nehapa [Squier's Karte], Ort weſtlich vom Süd-Ende des Sees Managua. — Olatl [wenn *Ollate* mex. iſt] (Gummi-Flufs; *olli* Gummi und *atl* Waſſer): Flufs, der in den See Nicaragua geht. — Ometepetl (die zwei Berge: *ome* 2, *tepetl* Berg), Inſel im See Nicaragua; der Name iſt durch die Wirklichkeit beſtätigt, indem (ſ. Squier II, 315) auf der Inſel ſich zwei hohe vulkaniſche Pics befinden. Der Name wird ſehr ſchwankend geſchrieben: Juarros hat *Ometepet,* als Hauptpfarrort im Diſtr. Granada; Haſſel ſchreibt 2mahl *Ometepet* und einmahl *Omotepet:* hinzufügend, dafs ein Vulkan auf der Inſel *Omo* heiſse; Squier ſchreibt *Ometepec,* auch Oviedo (¹). Dieſe letzte Form (mit der Poſtpoſ. *c*) iſt ein Ort bei Acapulco [Guerra] und ein Diſtrict in der Prov. Puebla [Ward], vielleicht beide identiſch. — Palangagaspa (Oviedo) ſ. S. 161ᵈᶠ⁻ᵐ. — Panaloya, wohl *Panoloyan* (Ort der Überfahrt; von *pano v. n.,* übergehn, überfahren [über einen Flufs]): eine langgeſtreckte Bucht des Nord-Endes vom See Nicaragua [Karte Squier's]. — ? Pocoſol [*ib.*], ein kleiner Nebenflufs des Rio de San Juan, nahe beim See Nicaragua. — Popocatepetl (Oviedo) ſ. S. 161ᵐ⁻ᵐᶠ. — Pozolteca; durch dieſe Form hat man zu löſen *Posoltega* und ſein ſpan. Dimin. *Posolteguilla:* zwei Dörfer im Diſtr. Subtiava, jenes Hauptpfarrort. *teca* iſt die gentilitiſche En-

---

(¹) Oviedo, *histoire de Nicaragua ed. Ternaux, Par.* 1840 p. 101.

dung *tecatl;* der Haupttheil·kommt von *pozoni* aufbraufen, kochen (v. n.);
wovon ein *deriv. pozolli* da gewefen feyn mufs, wie bezeugen: *Pozole* (fpan.
Form), Real in der Diput. Hoftolipaquillo in Guadalaxara; *pozolatl (pozolli* u. *atl),* ein Getränk von gekochtem Mais; *quilpozolli* (vorn *quilitl*
Kraut, Pflanze), Pflanze, wohl eine Art *atriplex.* — Quauhnacaztli ift die
ächteForm für das Dorf *Guanacastle* im Diftr. Nicoya (S. 176 u. 177 letzte Z.
lies N.B. ftatt S.B.), und ift ein Pflanzenname, wahrfch. Tamarinde; die wörtl.
Bed. ift: Baum-Ohr oder Adler-Ohr, von *quahuitl* Baum oder *quauhtli*
Adler, und *nacaztli* Ohr. — Quesalguaque, Dorf im Diftr. Subtiava,
läfst nur den erften Theil *Quetzal-* erkennen, fehr häufig in Ortsnamen; es
ift *quetzalli:* 1) prächtige, lange (bef. grüne Feder) 2) ein Vogel mit folchem
Gefieder, nach Lichtenftein vielleicht *trogon.* Der 2te Theil kann durch die
Endung *huac;* oder eine Form *quac* (*Quetzalhuac, Quetzalquac)* hergeftellt
werden, welche das Subft. *quaitl* Kopf, bef. Wirbel deffelben, mit der Poftpof. *c* feyn kann. — Tecoateca oder Teocoateca (Oviedo) f. S. 161r-v. —
Tecoloztotl, oder wahrfcheinlicher Tecolooztotl [*Tecolostote,* Karte
Squier's] (aus *oztotl* Höhle; und entweder *tecolli* Kohle oder, was natürlicher fcheint, *tecolotl* Nachteule: Höhle der Nachteulen oder der Kohlen):
Flufs, welcher in das nordöftliche Ende des Sees Nicaragua fällt. — Te-
notepe [*ib.*] Ort im Norden vom See Nicaragua; vielleicht aus einem Stamme
+ *tino* +, welcher in dem Pflanzennamen *tlal-tino-patli* vorkommt, und
tepetl Berg zufammengefetzt. — Teollan [*Teola,* Oviedo] f. S. 161v. — Te-
panaguasapa [Squier's Karte] (unächte Form; vielleicht abzuleiten von *te-
pantli* Mauer und *ahuatza* Waffer austrocknen oder ausfchöpfen [*atl* +
huatza trocknen]): Flufs, der von Often in den See Nicaragua einfällt. — Tes-
paneca, Dorf im Diftr. Granada, ift *plur.* eines Gentile's; ob aber das *s* ein mex
tz, z oder *x* vertrete (*Tetzpanecatl, Tezp.* etc.), ift ungewifs. — Teustepetl
[Juarros *Teustepet*], Hauptpfarrort im Diftr. Matagalpa: läfst auch nur den
letzten Theil, *tepetl* Berg, deutlich erkennen; der erfte, *teus,* bleibt dunkel
und verfchiedener Löfung fähig. — ?Tipitapa, Ort im Diftr. Granada, mag
fremd feyn; doch liefse es fich mex. deuten. — Tlalpaneca oder Tlapaneca [*Talpanega,* Oviedo] f. S. 162mm-mf. — Tzapotl [*Sapote,* Squier's
Karte] (f. noch andere Örter S. 109v) eine Infel im füdlichen Ende des
Sees Nicaragua. — Tzinacapan [jetzt *Sinacapa*] (Ort der Fledermäufe,
tzinacan), Flufs, der in den See Nicaragua geht. Von demfelben mex.

Worte kann ich noch folgende Ortsnamen anführen: *Tzinacantla* oder
— *tlan* [neu *Sinacantan*], zwei Hauptpfarrdörfer: S. Domingo S. im Diftr.
Ciudad Real der Prov. Chiapa, S. Ifabel S. im Diftr. Huazacapan der Prov.
Itzcuintla; *Sinacamecayo*, Ort in Trümmern in der letztgen. Provinz;
Tzinacantepec, Ort im Thale von Toluca. — Tzouatl, wie man viel-
leicht *Sonate* deuten kann (Haar-Flufs; *tzontli* Haar und *atl* Waffer):
Infel im See Nicaragua. — Xalapan [*Jalapa*] ift fchon bei Honduras
S. 176^{v-mf} genannt. — Xaltepa [Juarros *Jalteba*, Oviedo *Salteba*] (Ort
der Sandfteine; von *xaltetl*, compos. aus *xalli* Sand und *tetl* Stein):
Dorf im Diftr. Granada, nach Oviedo (p. 123) 3 *leguas* von der Stadt
Granada entfernt. — Xaxoita (Oviedo) f. S. 162ⁿ. — Xinoteca
[*Xinotega*], Dorf im Diftr. Matagalpa, und Xinotepetl [*Jinotepet*],
Hauptpfarrdorf im Diftr. Granada: enthalten ein uns unbekanntes Wort
xino+ (vgl. *xini* einftürzen); *teca* ift die Endung der *gentilia tecatl*, *tepetl* ift Berg. — Von dem mex. Namen einer Art Gans, *xomotl*,
kommt das fpan. *dimin. Somotillo*, Hauptpfarrort im Diftr. Granada (nach
Juarros im Diftr. Leon); von demfelben Worte kommt *Somotan* (*Xomo-
tlan*): Dorf in der Prov. Chiquimula, Diftr. Acafaguaftan. — Xuicalpa
[*Juigalpa*], Dorf im Diftr. Matagalpa, dem in Honduras (S. 176^{nf-nn}) vorge-
kommenen *Xuticalpa* fehr ähnlich, ift in feinem erften Theile (*xui+*)
gänzlich dunkel: man müfste es denn in Ihuicalpa umwandeln dürfen:
von *ihuitl*, kleine, dünne Feder. Es ift aber gewagt *j*, welches an fich = *x*
feyn müfste, für *i* zu nehmen: nur dafs fich mit *xui* nichts beginnen läfst.

Wie merkwürdig ift die kleine Reihe geographifcher Namen, durch
welche uns das aztekifche Mexico in Nicaragua wieder erfcheint! Wir fin-
den da in alter Zeit den Vulkan Popocatepetl (S. 161), ein Anahuac
(Anahuacan, S. 160; Naguaca 161), die Mixteca (160), vielleicht das
Volk der Tlapaneken (Tlapaneca 162); wir finden in der Gegenwart die
Chinanteken Oaxaca's in dem Dorfe Chinandega (17, 177).

Ehe ich Guatemala verlaffe, komme ich noch einmahl auf eine,
von mir in früheren Stellen (S. 72-73, 86-87, 123 etc.) erwähnte, eigenthümliche Richtung einzelner Anfichten: die Strömung und Civilifation
mexicanifcher Völker von Guatemala, von dem Süden ausgehen zu laffen;
um einen neueften Vertreter derfelben zu nennen. Der Abbé E. Charles

Braffeur de Bourbourg, welcher fich in reinem Eifer für das Alterthum der amerikanifcher Völkerwelt von Rom aus in die aztekifche Hauptftadt begeben, hat fich in diefe Studien vertieft; er hat fich die Aufgabe geftellt die alte, durch fo viele Denkmäler documentirte Gröfse und Civilifation Guatemala's im Zufammenhange und in der Einigung mit dem Alterthume Anahuac's zu deuten; und hat uns in einer einleitenden Schrift (franzöfifch und fpanifch zugleich gefchrieben) den Gang feiner Auffaffung gezeichnet. Es find diefs vier Briefe, an den Herzog von Valmy gerichtet: *Lettres pour servir d'introduction à l'histoire primitive des nations civilisées de l'Amérique septentrionale, adressées à M. le Duc de Valmy. Mexico* 1851. 4° Bourbourg gründet fich auf die Unterfuchungen des Capitäns del Rio und feiner Vorläufer (Ordoñez) (¹), fo wie auf ein aztekifches Manufcript vom J. 1558 in der Bibliothek des *colegio nacional de San Gregorio* zu Mexico (Gefchichte des

---

(¹) Er benutzte befonders in Mexico zwei handfchriftliche Arbeiten (aus dem *museo de anti-guedades*) des Don Ramon de Ordoñez y Aguiar, gebürtig aus Ciudad Real von Chiapas, über die Ruinen bei Palenque; deffen Familie zuerft diefe Ruinen entdeckt hatte. Ordoñez Oheim, Don Antonio de Solis, Pfarrer von Tumbala, hatte nämlich mit einer Schwefter, drei Brüdern und drei Neffen, allen verheirathet, feinen Wohnfitz in Palenque, feinem Filial, genommen. Beim durchftreifen der Umgegend ftiefsen diefe Glieder feiner Familie in dem Dickicht der Wälder auf die Ruinen. Noch ehe fie diefelben näher erforfchen konnten, mufsten fie wegen plötzlichen Todes des Pfarrers die Gegend verlaffen. Aber einer der Neffen, Jofé de la Fuente Coronado, kam auf die Schule nach Ciudad Real und fand da den 7jährigen Ramon de Ordoñez, feinen Vetter; feine Erzählungen von den Ruinen machten auf diefen einen tiefen Eindruck. So nahm fpäter Ramon de Ordoñez mit feinem Bruder Jofé und einigen Freunden im Jahre 1773 eine Befichtigung derfelben vor; Ende des J. 1784 legte er, ausgerüftet mit der Kenntnifs der aztekifchen und Tzendal-Sprache, durch Vermittelung feines Bruders Jofé, *vicario perpetuo de Chamula*, einen Bericht über fie dem Don Jofé de Eftacheria, Präfidenten der Audiencia von Guatemala, vor. Eftacheria liefs im folgenden J. 1785 die Ruinen durch den italiänifchen Baumeifter Benasconi unterfuchen, und berichtete dann an den König von Spanien: worauf durch königliche *cedula* vom 15 Mai 1786 an Don Antonio del Rio der Auftrag zu einer forgfältigen Erforfchung der Trümmer erging; fie fand ftatt vom 6 Mai bis 24 Juni 1787. Diefs ift die fpecielle Gefchichte der Auffindung und Erforfchung der Ruinenftadt bei Palenque. Ordoñez erkennt in ihr eine Stadt, die mehrere Jahrhunderte vor der chriftlichen Ära erbaut fei; er fieht in ihr Ophir. Die zweite Schrift des Ordoñez ift eine Gefchichte der alten Mythologie der Tzendalen, und behandelt auch die Erbauung der „vier erften amerikanifchen Städte". In der Stadt Guatemala, wo er eine Zeit lang wohnte, theilte er feine Arbeiten dem *Dr.* Pablo Felix Cabrera mit, der diefs Vertrauen durch eine entftellte Veröffentlichung mifsbrauchte. Am 30 Juni 1794 erlangte Ordoñez einen günftigen richterlichen Spruch gegen ihn.

Reichs der Chichimeken und Tolteken); Quetzalcoatl und Votan befchäftigen ernflhaft feine Forfchung. Tulha erkennt auch er in den Trümmern bei Ococingo, und die Völker Anahuac's wanderten aus dem Süden aufwärts nach Norden. ([1]) Er erweift: *que les tribus civilisées du plateau aztèque n'avaient pu venir des régions septentrionales* (p. 45), und discutirt dann: *la situation des lieux d'où les premiers législateurs sont sortis pour venir au centre des montagnes du Chiappas, fonder le berceau de la civilisation quichée ou Chichimèque* ([2]) (46). Er nimmt 4 Epochen für die Völker-Entwicklung und die vom Ufer des Gila bis zum Ende des Sees Nicaragua zerflreuten Denkmäler an (p. 71—74): 1) Epoche *Chane-Quiché:* vom Anfang der Civilifation der Chichimeken, Votan an der Spitze; Palenque, Mayapan, Izamal; 2) Epoche *Tulha-Ulmeca:* Trümmer von Tulha bei Ococingo, und eine Menge Ruinen im füdlichen Mexico wie im ganzen mittleren Amerika; Papantla, Xochicalco; 3) Epoche *Cholollana* oder *Maya-Zapoteco-Tolteca,* beginnend mit dem Ende des 5ten Jahrhunderts nach Chr.: Verfall von Tulha, Flucht Quetzalcoatl's; Chichen-Itza, Tempel von Potonchan, Wiederherflellung von Mayapan, Bau der Pyramide von Cholula. *Les révolutions qui se suivent après cela dans la ville de Tulhà, amènent avec son abandon l'indépendance de toutes les provinces du grand empire des Quichés, et la fondation d'un grand nombre de royaumes qui s'élèvent sur ses débris. Nous appelons cette époque également* Maya-Zapoteco-Toltèque, *parceque c'est alors que l'on voit surgir, d'un côté, les monuments d'Uxmal, de Zahi, de Labnà, de Chichen, de Kabah, etc., dans l'Yucatan; de l'autre,*

([1]) *Un autre avantage* (p. 28) *qu'en retire l'histoire, c'est que ce manuscrit* (das von San Gregorio) *démontre d'une manière palpable, par la nomenclature des lieux parcourus par les Toltèques, dans leur émigration vers le plateau aztèque, qu'ils ne pouvaient être venus que de la Tulhà, dont les ruines gisent près d'Ococingo. — Après avoir prouvé* (34) .... *que les Mexicains, et par conséquent aucune des tribus* nanahuatl (durch diefe reduplicirte Form, welche aber eine fehr verfchiedene und fehr böfe Bedeutung hat: Gefchwür-Beulen, fpan. *bubas, morbus gallicus;* glaubt der Verf. oder fein Vorbild die Pluralität ausdrücken zu müffen), *n'ont pu venir du nord; il nous reste à démontrer de quelle région ils sont sortis pour aller peupler le plateau aztèque. J'ai déjà fait entendre qu'ils avaient dû partir d'un pays situé au sud ou au sud-est du lac de Tenochtitlan, et que c'était dans une contrée méridionale qu'il fallait chercher la province ou le royaume de Huehuetlapallan ou seulement Tlapallan, ainsi que sa capitale Culhuacan.*

([2]) *Chichi-mecatl* $=$ *Quiché,* die Identität beider Wörter und Völkernamen, ift ein wefentliches Fundament diefer ganzen Anfchauung.

ceux de Lyobaa ou Micllan, de Tututepec, de Loohvanna et de Zeetobaa, berceau des rois de la Zapotèque, dont le style s'inspire des mystérieuses révélations des disciples de Bouddha; ceux de Copan, de la Micllan du lac Lempa, d'Ométepec et des autres îles du lac de Nicaragua; enfin ceux de la seconde Tulla, le Tollan du plateau aztèque, et d'un grand nombre d'autres cités, aujourd'hui ruinées, qui dépendirent des souverains toltèques, ou des monarques de Quauhtitlan ou second empire des Chichimèques, après la destruction de la confédération des seigneuries olmèques. — *Cette époque est suivie dans le XIIe siècle de celle qu'on peut appeler* Guatemalteco-Mexicaine, (der vierten Epoche) *la dernière dans l'ordre de la civilisation américaine, et celle de la plus grande décadence. Des barbares, sortant à la fois de divers côtés, envahissent les plus belles provinces de l'ancien empire des Quichés, chassent ou anéantissent leurs habitants, renversent les cités que les arts s'étaient plu à embellir, et convertissent en déserts les endroits les plus populeux. Les trois royaumes de Guatémala qui datent de cette période, ceux de la Zapotèque et du Miztecapan, quelques points du plateau aztèque et de l'Yucatan parviennent seuls à conserver les traditions déjà obscurcies des Votanides, avec quelques traces de leur antique civilisation.* In dem Jahrhundert vor der Conquifta erhebt und bildet fich, nach dem Falle des Reichs von Quauhtitlan, das mexicanifche Reich, feine Nachbaren verfolgend; neben ihm das friedliche der Acolhuer von Tezcuco. *Telle est, fo fchliefst der Verf. (p. 75), l'histoire succincte des périodes de la civilisation américaine, antérieure à la découverte du continent occidental par les navigateurs du XVe et du XVIe siècle. Elles sont comme l'esquisse du grand tableau de l'histoire primitive dont je m'occupe en ce moment, et dans lequel je groupe, à mesure qu'ils se présentent dans l'ordre chronologique, les faits de cette histoire si longtemps oubliée, et dont la plus grande partie est appuyée sur les documents dont ces lettres contiennent l'analyse.*

Ich habe noch einen zweiten Gelehrten zu nennen, welcher fich in neuefter Zeit den aztekifchen Studien ergeben hat: Hrn. J. M. A. Aubin. Derfelbe war im Jahre 1830 nach Mexico gereift, um phyfikalifche und aftronomifche Unterfuchungen zu verfolgen, und hat jetzt herausgegeben ein: *„Mémoire sur la peinture didactique et l'écriture figurative des anciens Mexicains."* Ein Bericht über daffelbe vom Abbé Braffeur de Bourbourg ift in der *revue archéologique, année IX, Par.* 1852 p. 408—421, erfchienen. Es wird darin unter anderm gefagt, Aubin habe den gröfsten Theil der Bo-turini'fchen Sammlung wieder zufammengebracht.

XI. Wiederkehr der Ortsnamen.

§ 67. Für die ganze Betrachtung des Vorkommens aztekifcher Orts-namen im nördlichen Mexico und in den füdlichen Provinzen des Landes Guatemala bildet die Unterfuchung über die Wiederkehr deffelben Na-mens, fei es in einem der beiden Reiche oder in beiden zugleich, ein wich-tiges kritifches Element. Eine folche Unterfuchung gewährt aber auch, durch die Scheidung der Erfcheinungen und der Gründe der Wiederkehr, merkwürdige Refultate; und mufs daher hier eintreten. Die von mir unten gelieferte Zufammenftellung wiederkehrender Ortsnamen bietet für die ein-zelnen des Materials genug; auf eine Erörterung diefes Einzelnen kann ich natürlich hier nicht eingehn. Wenn diefe reiche Verzeichnung recht an-fchaulich die Fülle der in beiden grofsen Ländern fich noch heut zu Tage findenden aztekifchen Ortsnamen erkennen läfst, fo giebt die Häufigkeit der Wiederkehr einen Antrieb nach den Gründen derfelben zu forfchen. Wir fuchen befonders die Beweife gefchichtlicher Übertragung, der Wanderung und Verbreitung der Völker, der Wegführung von Colonien in entfernte Gegenden aus diefen vielfachen Complexen herauszulefen. Wir hören von den Tolteken, dafs fie den neuen Wohnörtern und Stationen bei ihrer Wan-derung die Namen ihrer alten Heimath beilegten; wir wiffen aus mannig-facher Kunde und Erfahrung, dafs die Colonen heimifche Ortsnamen in die Ferne verpflanzen, dafs bei Zügen und Reifen im fremden Lande den Städ-ten und Örtern Namen von bekannten nach Ähnlichkeiten und oft willkühr-lichen Vergleichungen gegeben werden ([1]). So fuchen wir in den vielfach

---

([1]) Ein Beifpiel für Amerika ift der Name der Provinz Ven ez u el a: ausgegangen von eini-gen indianifchen Ortfchaften auf dem See Maracaybo, welche die Welfer oder ihre Begleiter fo (Klein-Venedig) benannten, weil fie in ihnen eine grofse Ähnlichkeit mit der Stadt Venedig fanden. Alfo lauten drei Zeugniffe für den Hergang: A l c e d o, *diccionario geográf. hist. de las Indias occidentales ó América* T. V. *Madr.* 1789 p. 286: .... *capitularon su conquista* (die der Provinz) *con el Emperador Carlos V los Velzares, mercaderes Alemanes, el año de* 1526.... *que dieron el nombre de* Venezuela *á las Poblaciones de Indios que hallaron en la laguna de Maracaibo, por*

verfchlungenen, hier unten folgenden Namengruppen die Verknüpfung des
aztekifchen Reichs mit den alten Gebieten des mittleren Amerika's, des mexicanifchen Nordens und des füdlichen Guatemala mit dem Centrum, in
welchem die aztekifche Sprache eigentlich herrfchte. — Den Fall, wo ein
Ort der mexicanifchen Urgefchichte auf einen neuen Ort übertragen feyn
möchte oder ficher ift, bieten dar die wichtigen Namen Amaquemecan
(f. S. 80^{nn}-82^{mm}), Colhuacan (S. 85^{nf}-87^{m}) und Tollan (f. S. 76^{mm-nf}).
Wenn wir fpätere Stadien in der Wanderung der Völker von Anahuac
nicht fo fern zu fuchen haben, fo könnte in zwei Beifpielen ein unbekannter Ort
der alten Gefchichte mit einem neuen zufammenfallen: Apan (am oder im Waffer): 1) Ort in Puebla 2) [*Apa*, auch *Tlateapan*; Guerra] grofses Dorf 15 *leguas*
nordöftlich von Mexico; nach Mühl. (II, 274) aber 35 *leguas* ONO von Mexico, 16 *leguas* SO von Tulancingo 3) eine Station der Mexicaner auf ihrer
Wanderung; ob = No. 2? — Copalla (Ort des Copals), fchon oben
(S. 108^m) entwickelt: 1) Bergwerks-Ort in 24° N. B. in Cinaloa 2) nach
der Sage ein altes Reich nördlich von Mexico.

Die Erfahrung beweift, dafs nach der Zerftörung eines Ortes ein
gleichnamiger an derfelben oder einer nahen Stelle angelegt wird. Ein Be-
leg dafür ift die Stadt Guatemala. Nachdem die von Alvarado 1524,
wieder und eigentlich 1527, zwifchen beiden Vulkanen, gegründete Stadt
Guatemala la vieja durch einen Waffer-Ausbruch des Vulkans Agua in der
Nacht des 11 Sept. 1541 verwüftet war; wurde 1541 eine andere, unter
demfelben Namen, d.h. als *la antigua Guatemala,* angelegt: eine *legua*
nordöftlich von der *ciudad vieja;* durch das Erdbeben im J. 1773 fank fie
aber zu einer kleinen Stadt herab, worauf 1774 *Guatemala la nueva (la
Nueva Guatemala de la Asuncion)*, noch jetzt die Hauptftadt, entfernter
von den zwei Vulkanen, in der Ebene *de la Virgen,* im Thale von Mixco,

---

la semejanza con la Ciudad de Venecia; y despues se extendió á toda la Provincia. Gomara,
hist. gen. de las Indias cap. 73: *Dijose Veneçuela, porque està edificada dentro en agua, sobre
una peña llana, y en un Lago que llaman Maracaybo, y los Españoles de Nuestra Señora.* Herrera, *descripcion de las Indias Occidentales* cap. 8 *(Madr.* 1730 *p.* 12 col. b): *diösele* (der Provinz) *el Nombre de Veneçuela, porque, quando los Belçares Alemanes fueron à esta Provincia à
governar, el Año de* 1528 .... *pensaron poblar en una Laja i Riscos, que hai en la boca de la
Laguna de Maracaybo, adonde desagua en el Mar, un Pueblo que dijeron Veneçuela, que està en
8 Grados, algo mas; y de aqui se le quedò el nombre à la Gobernacion.*

erbaut wurde. — Wie ein alter Name auf einen Ort in einer gewiffen Entfernung übergeht; oder, was nicht daffelbe ift, wie ein neuer Ort nach einem
zertrümmerten oder untergegangenen, befonders in der Näbe liegenden, benannt wird: zeigt auch Mixco (Ort der Wolken, f. fchon oben S. 112[nn-nf]);
während die Trümmer diefer alten Hauptftadt der Cachiquelen in der Prov.
Chimaltenango liegen, lebt diefelbe fort in dem Namen eines Dorfes und
Thales, welches 5 *leguas* davon, in der Prov. Sacatepeques, liegt. — In vielen
Fällen bleibt die Übertragung diefer Art der Ahndung und Vermuthung
überlaffen: Ahuatepec (auf dem Berge der Eichen; vgl. § 71): 1) eine alte
Stadt des Reiches Acolhuacan 2) [Bufchm., *Aguatepec*] Hacienda bei Pe-
rote. — Tecamachalco (Ort des fteinernen Kinnbackens; von *tell* Stein
und *camachalli*: das wieder aus *camatl* Mund und dem unbekannten
Stamme *challi*, von welchem *Chalco* kommt, zufammengefetzt ift): 1) im
Alterthum eine bedeutende Stadt der Popoloken 2) *venta de Tecamachalco*
[Bufchm.] einzeln liegende Venta zwifchen Tepeaca und Tlacotepec in
Puebla. — Wir finden manchmahl 2 gleichnamige Örter, einander nahe
oder ferner, wovon der eine in Trümmern liegt, ohne dafs uns eine Beziehung zwifchen ihnen fichtbar wird; fo bei Pochotlan und Tzaqualpa
(f. unten § 72).

Viel weiter ift, wie fchon oben entwickelt, das Gebiet hiftorifcher
Übertragung: wo von dem einen Orte, der da bleibt, aus den verfchiedenften Veranlaffungen, der Name auf andere, in die Nähe oder Ferne, ge-
tragen wird. Das meifte diefer Beziehungen und mehr als diefe, die Art
und die Urfachen der Übertragung, bleiben unfrem Auge entzogen; bei
manchem dürfen wir ahnden, bei vielem ift uns nur verliehen Zweifel und
Möglichkeit. Solche lebendige Übertragungen könnten obwalten bei Chalco
(f. S. 83[ea-nf]): 1) Stadt im mex. Thale 2) *Venta de Chalco*, eine Venta
bei Mexico. — Diefs ift die nicht feltene Gattung der Benennung des Kleinen nach dem Grofsen. — Häufig genug ift der Fall, wo zwei oder mehrere
Örter in derfelben Provinz oder noch näher bei einander liegen, ohne dafs
man ihnen eine Beziehung zu einander geben kann: Tochtlan (Ort der
Kaninchen, *tochtli*) [jetzt *Tuxtla*]: 1) Flecken (San Andres), Vulkan und
See im füdl. Theile der Prov. Veracruz 2) (Santiago) ein anderer Flecken
derfelben Prov. 3) Flecken und Diftrict in d. Prov. Chiapa 4) Dorf in derf.
Prov., Diftr. Soconusco; beides Hauptpfarrörter. — Xoloc: 1) Ort bei

dem alten Mexico, wo der Damm von Coyohuacan fich mit dem Haupt-
damme von Iztapalapan vereinigte (der Punkt war durch ein Bollwerk mit
zwei Thürmen und einer Mauer befeftigt; hier hatte Cortes bei der Belagerung der Stadt fein Hauptquartier); 2) ein anderer Ort im mex. Thal.

§ 68. Die fo fich wiederholenden Ortsnamen werden oft, jeder für
fich, oder nur der eine oder einige von ihnen, mit einem unterfcheidenden
Zufatze verfehen; diefs gefchieht nicht nur unter einander nahe liegenden,
fondern auch unter fernen (ein Beifpiel vom Fernen ift Tenanco *del Valle*,
unten S. 196*ʸ-*3*ᵃ*). Diefe Zufätze find zum Theil fehr einfacher Art, und uns
in unferen Ländern wohlbekannt: grofs und klein, alt und neu, u. a. Es
wird durch diefen Zufatz die Anerkennung ihrer factifchen Wiederholung,
oft aber auch ihrer hiftorifchen Vervielfältigung aus Einem Namen ausgefprochen. Die Vervielfältigung Eines Ortes in den Namen mehrerer Örter
ift eine unläugbare Thatfache; das Verfahren und die Urfachen find verfchiedene gewefen; wenn wir fie auf der einen Seite hiftorifch nennen können, fo ift fie oft geradezu willkührlich gewefen. Nur fo erklären fich die
vielen Namen-Wiederholungen in Guatemala, die ich fogleich erörtern
werde; aus derfelben Weiterbildung entfpringt eine befondere Gattung der
Namen-Ableitung, welche fpäter behandelt werden wird: die durch aztekifche
und fpanifche Diminutiva. Eine Unterfcheidung durch Zufatz von grofs
fahen wir oben (S. 89*ᵐᵐ*) in Huei-Colhuacan; eine andere in Teo-Acolhuacan (S. 91*ᵈ*); den Vorfatz *Tecpan* S. 113*ᵃᵃ-ⁿ*. Hierher gehören auch
Iztapan und Iztapangajoya (mit einem fpan. Zufatz): zwei Dörfer in der
Prov. Chiapa, Diftr. Tuxtla (f. S. 196*ᵃᵃ-ᵐ*). Ich führe jetzt gewöhnliche Beifpiele von Beinamen an: ATOTONILCO (Ort des warmen Waffers, *thermae;
atotonilli* warmes Waffer, von *atl* und *totonia* warm werden): 1) alter Ort
am See Chapala, jetzt grofses Dorf (f. Mühl. II, 387) 2) Hacienda bei
Sombrerete in der Prov. Zacatecas (f. S. 104*ᵐ*) 3) Atotonilco *el Grande*
und *el Chico* (*chico* fpan. klein): zwei Dörfer und Reale in d. Diput. Pachuca,
Prov. Mexico. — Chiapan [jetzt *Chiapa*] (Ort des *chia*-Öhlfaamens):
1) Provinz des früheren General-Capitanats Guatemala, jetzt unter dem
Namen *las Chiapas* ein Staat der Republik Mexico 2) Chiapa *de los Españoles,* auch Ciudad real genannt: *ciudad* im Diftr. Ciudad Real von Chiapa
3) Chiapa *de los Indios,* grofses Dorf und Hauptpfarrort im Diftr. Tuxtla
der Prov. Chiapa. — Von den mehreren Chiauhtla (unten S. 200*ᵃᵃ-ᵐᵐ*) heifst

eines Chauhtla *de la Sal* (des Salzes). — Chiquimolla [*Chiquimula*] (Ort der Stieglitze, *chiquimolin*): 1) Dorf (*Ch. de la Sierra*), Diftrict und Provinz in Guatemala 2) Dorf in d. Prov. Itzcuintla, Diftr. Huazacapan 3) (S. Maria) Dorf im Diftr. Totonicapan, Pfarrei Momostenango. Eine, nicht ganz erklärliche, wie ein fpan. Diminutiv ausfehende Ableitung davon ift *Chiquimucelo*, Hauptpfarrdorf in d. Prov. Chiapa, Diftr. Ciudad Real. Aufserdem haben wir aber ein reines fpan. *dimin.* davon: *Chiquimulilla*, Hauptpfarrrei im Diftr. Totonicapan (in welcher S. Maria de Chiquimula liegt). — Teohuacan (von *teotl* Gott), jetzt Tehuacan, und zwar: 1) Tehuacan *de las Granadas, ciudad* in d. Prov. Puebla, im Alterthume ein berühmtes Heiligthum; 2) Tehuacan *de los Reyes,* Dorf bei Xalapa in d. Prov. Veracruz. — Tepexic (auf dem Felfen, *tepexitl*): 1) ein alter Ort im mex. Thal, wahrfch. das jetzige Tepexi oder Tepeje *del Rio* bei Tula; der in den Tula gehende Flufs dabei heifst auch Tepexi; 2) Tepexe *de la Seda* (der Seide) [Clav.], Dorf in der Mifteca. Davon noch das fpan. *dimin.* Tepejuelo [Humb.], ein Moraft bei Mexico. — Tetella (ift ein *appellat.*, bedeutend: eine rauhe Gegend, Land voller Berge und Höhenzüge; f. S. 97ᵛ): 1) alter Ort am Popocatepetl, jetzt Tetela *del Volcan* 2) Tetela *de* Xonotla oder *de* Tonatla, Bergwerk in Puebla 3) Tetela *del Rio*, Real in der Diput. el Doctor, Prov. Mexico. — Andere Beifpiele werden unten bei den Örtern noch vorkommen.

Die Unterfcheidung gleichnamiger Örter gefchieht befonders häufig durch Vorfatz von Heiligennamen. Indem ich diefs durch zahlreiche Beifpiele aus dem Reiche Guatemala belegen werde, lenke ich die Aufmerkfamkeit auf die in diefem Lande vorzüglich hervortretende Paarung oder noch ftärkere Vervielfältigung der aztekifchen Ortsnamen in grofser Nähe; zwei oder drei Dörfer deffelben Namens liegen fo oft in demfelben Bezirk. Wir betrachten hier fcharf eine befondere Urfach der Namen-Wiederkehr. Der gewöhnliche Vorgang ift: dafs ein fpäter entftandener Ort an den aztekifchen Namen des fchon vorhandenen, oft ohne weitere Urfach, angefchloffen wurde, da die Vorfetzung eines Heiligennamens die Operation fo leicht machte. Auf diefelbe Weife erhielten aber auch fchon vorhandene Örter Namen entliehen. Man hielt fich an einen indifchen Ortsnamen. Im gemeinen Gebrauch bekam die Sache noch ein anderes Anfehen; indem, wie im engen menfchlichen Verkehr die Perfon in diefen Ländern nur mit dem Vornamen benannt wird, die Orlfcbaften gemeiniglich blofs mit dem Heiligennamen bezeichnet werden, erfcheint der aztekifche Name als ein erläulernder oder beflimmender Zulatz. Diefs ftreift nahe an das richtige Verbältnifs, wie es öfter ift. Meine Beifpiele betreffen alle Fälle, die ftatt finden können, nicht die befonderen hier bezeichneten allein; alfo auch die Unterfcheidung von Namen, welche an fich keine Beziehung zu einander haben.

Beifpiele von 2 Örtern: Mixtlan (Ort der Wolken, *mixtli*) [*Mixtan*], 2 Dörfer im Diftr. Itzuintla: S. Ana in der Pfarrei S. Pedro de Chipilapa, S. Juan in der von Itzcuintla. — Tepetzontli [*Tepesonte*] (aus *tepetl* Berg und *tzontli* Haar zufammengefetzt), 2 Dörfer im Diftr. S. Salvador: S. Juan und S. Miguel.

3 Örter: Amatitlan (bedeutet: im Meerbufen, in der Bai; von *amaitl* Meerbufen, eig. Waffer-Arm: von *atl* Waffer und *maitl* Hand): 1) alter Ort am See Chapala; ferner [*Amatitan*]: 2) 3) zwei Dörfer und See in d. Prov. Sacatepeques: S. Juan, Hauptpfarrei, und S. Criftobal unter ihr; 4) (S. Domingo) Dorf im Diftr. Chiquimula, Pfarrei S. Maria de Xalapa. — Maxaltenanco (in der Mauer der Lichtung, Wegbahnung; von *maxaloa*, ein Röbrigt u. ä. lichten, einen Weg hindurch hauen): 1) 2) zwei Dörfer in Suchiltepeques: S. Bartolomé Hauptpfarre, S. Gabriel unter diefer ftehend; 3) (S. Lorenzo) Dorf in d. Prov. Totonicapan, Diftr. Huehuetenango. — Nonoalco [*Nunualco*] drei Dörfer in d. Prov. S. Salvador, Diftr. S. Vicente: Santiago Hauptpfarre, S. Juan und S. Pedro ihr untergeben. — Petlapan (auf den Matten, *petlatl*) [*Petapa*]: 1) Dorf in der Nähe von Tehuantepec; 2-4) drei Örter in der Prov. Sacatepeques: S. Miguel, Hauptpfarrdorf; Concepcion, *villa;* S. Ines, Dorf: beide letzten zum Sprengel von S. Miguel gehörig; hier liegt auch das Thal *las Mesas de* Petapa. — Pinolla (Ort des Maisbreies, *pinolli:* aus Maismehl, Chia-Mehl und Zucker) [*Pinula*]: 1) (S. Catarina) Hauptpfarrdorf in d. Prov. Sacatepeques 2) (S. Miguel) Dorf in d. Prov. Chiapa, Diftr. Ciudad Real, Pfarrei Soyatitan 3) (S. Pedro) Dorf im Diftr. Chiquimula, Pfarrei S. Maria de Xalapa. — Quetzaltepec (auf dem Berge der prächtigen Federn oder der Vogelart *quetzalli*): 1) (ohne Zufatz) Dorf im Diftr. S. Salvador, Pfarrei S. Geronimo de Nejapa 2) (Concepcion) Dorf deff. Diftr., Pfarrei Chalatenango 3) (S. Francifco) Dorf im Diftr. Chiquimula, Pfarrei Esquipulas. — Zacapa (Ort des Maisftrohs oder Maiskrautes, *zacatl*): 1) [S. Andres

Zacabah] Hauptpfarrdorf in d. Prov. Sololá; 2) 3) zwei Dörfer: S. Pedro Hauptpfarre, und S. Pablo unter ihr, in d. Prov. Chiquimula, *partido* Acafaguaftan.

6 Örter in Guatemala: ZACATEPEC (auf dem Berge des Maisftrohs) Ort bei Mexico; der fpan. *plur.* davon, *Sacatepeques,* bezeichnet: 1) eine Provinz von Guatemala; 2-5) vier Dörfer in der Prov. Sacatepeques: drei davon Hauptpfarreien: S. Juan, S. Pedro, Santiago; unter Santiago: S. Lucas; 6) ein zweites S. Pedro (wir ergreifen hier ein Beifpiel, wo fogar der Heiligenname für einen zweiten Ort wiederkehrt) ift Hauptpfarrdorf in der Prov. Quetzaltenango 7) unter diefer Pfarre das Dorf S. Antonio.

§ 69. Bei aller Abfichtlichkeit und allem Eifer, mit denen man die Wiederkehr gleicher Ortsnamen verfolgen mag, darf man nie vergeffen, dafs die grofse Quelle aller geographifchen Benennungen, vorzüglich in diefen Zonen und auf diefem Boden, die Natur ift; dafs der gröfste, der überwiegend, der ausfchliefslich gröfste Theil aller diefer aztekifchen Ortsnamen benannt ift nach überall wiederkehrenden Gegenftänden und Wefen der drei Naturreiche: nach Steinen, Erden, Metallen und Mineralien; nach Pflanzen, Blumen, Bäumen und ihren Früchten; nach Thieren aller Gattungen; — dafs fie benannt find nach Erzeugniffen der Induftrie und anderen finnlichen Gegenftänden; dafs die Namen Bezeichnungen der natürlichen Lage der Örter (¹), dafs fie hergenommen find von Gebäuden, Bauwerken (²) u. ä.; dafs fie felbft Wörter natürlicher Befchaffenheit (wie Ebene, Aue, rauhes Land) find. Es wird damit belegt die Gewifsheit, dafs folche Namen aus denfelben Naturgründen wiederkehren. Diefe Betrachtung und die Erinnerung an diefes Gefetz legt dem Verlangen, in der Wiederkehr der Namen wichtige Andeutungen für Gefchichte und Alterthum der Völker von Anahuac zu finden, legt der Freude an Entdeckungen einen ftrengen Zügel an. Durch dafs blofse natürliche Verhältnifs können diefe Ortsnamen, oft höchft einfache Ausdrücke, wenn fie dem in die Sprache der Azteken nicht Eingeweihten auch wunderbar und einzig erfcheinen mögen, 4- bis 6 mahl vorkommen; der Name kann überall unabhängig und zufällig feyn. So kommen Ayotla (Ort der Kürbiffe oder Schildkröten) 7 mahl,

---

(¹) vgl. Amatitlan (im Meerbufen) S. 189^m.
(²) vgl. Metzcalla, Metzcaltepec (unten S. 198^{aa-mm}).

Xalpa und Xalpan (auf dem Sande, Sandgegend) 5 mahl, Xalapa (am Sandfluffe) 6 mahl vor. Aber wahr bleibt es dennoch, abfolut gefprochen, dafs in jedem einzelnen Falle eine gefchichtliche Übertragung ftatt gefunden haben kann. Zwifchen diefen Extremen bewegt fich prüfend die Forfchung. Es giebt Begriffe, deren öftere Wiederholung fich nicht wohl annehmen läfst; fo bedeutet Tonallan, Tonalla: Ort des Sommers oder der Sonne (von *tonalli*), und bezeichnet doch [als *Tonala*] 4 Örter: 1) *villa* in Guadalaxara (nach Mühl. II, 385 Dorf eine *legua* SO von der Stadt Guadal.) 2) Dorf, Lagune und Barre in der Unter-Mifteca (Mühl. II, 178) 3) Dorf und Flufs in Tabasco (Mühl. II, 23 und 28) 4) Dorf in d. Prov. Chiapa, Diftr. Soconusco, Pfarrei Mapastepeque; freilich ift der Name auch durch: Ort der Wärme zu deuten, und dann fällt viel von der Befonderheit des Begriffes weg. — Wieder ift die Bildung und Form gewiffer Namen fo eigenthümlich, dafs man meinen follte, fie wiederholten fich nicht von felbft: fo dafs man eine factifche Übertragung annehmen dürfte. Solche Formen find: Alcozauhca (f. unten S. 197^{r'}). — Toliman (von *tolin* Binfe und dem vieldeutigen Verbum *mana*; ähnliche Bildung haben *Acolman* und *Coliman*): 1) Ort in d. Prov. Queretaro 2) Dorf in d. Prov. Sololá, Diftr. und Pfarrei Atitlan. Diefer Name verzweigt fich noch weiter: durch den fpan. Plural *los Tolimanes*, Bergwerks-Hacienda bei Zimapan; und die fpan. Diminutiv-Form *Tolimanejo*, Ort bei Yepes. — Quauhximmiquilapa (deffen merkwürdige Zufammenfetzung und Bedeutung ich fchon oben S. 25^{r'}-26^{a} entwickelt habe) ift gewifs ein Wort-Complex, von dem wir nicht annehmen können, dafs er fich zweimahl von felbft bilden werde; es heifsen jedoch fo zwei Örter: 1) ein Ort in der Mifteca 2) ein Ort auf dem Wege von Mexico nach Acapulco.

Oft genug aber begegnet dem Forfcher der Fall, dafs er bei wichtigen Örtern fo gern eine Vervielfältigung auf dem Wege der Gefchichte annehmen möchte, und dennoch, trotz einer gewiffen Eigenthümlichkeit in Form oder Bedeutung, fich fagen mufs, dafs eine natürliche Wiederholung eingetreten feyn könne. Ich nenne in diefer Beziehung: das Land Anahuac (S. 9-11) und einen Ort Anahuaca in Nicaragua (S. 160^{m-n}). — Chinanteca (von Rohrzaun abgeleitet): 1) altes Volk und befondre Sprache in Oaxaca (f. oben S. 17^{mf-nn}) 2) Dorf im Diftr. Realejo Nicaragua's (f. S. 177^{r}). — Cihuatlan (Ort oder Land der Weiber, *cihuatl*), die

Namensform, von welcher der Südwind benannt ift (f. oben S. 58ᵃⁿ):
1) alter Ort am ftillen Meere, etwas füdlich von Zacatollan 2) *it.* füdlich
von Tabasco, nach der Oftküfte zu, wie es fcheint, fchon im Lande Guatemala; vielleicht entftand daraus *Zibacà*, Dorf im Bezirk Ciudad Real,
Pfarrei Ocozingo. Es kommt davon noch die fpan. Diminutiv-Form
Cihuatlanejo, jetzt in merkwürdiger Entartung *Siguantanejo*: Dorf und
Hafen am ftillen Meere (wie es fcheint, an der Stelle oder ganz in der
Nähe des erften. Cihuatlan). — M i x t e c a 1) mex. Provinz (S. 18ᵈ⁻ᵐᵐ)
2) Bezirk in Nicaragua (S. 160ᵛ). — P o p o c a t e p e t l Vulkan in Mexico
und der Vulkan Mafaya in Nicaragua (161ᵐ⁻ᵐᶠ). — T l a c o p a n : das alte Reich
und die alte Stadt, jetzt *Tacuba*, in der Prov. Mexico (f. S. 93ᵃ⁻ⁿ);
möchte man gern biftorifch, als einer Colonie oder anderem, wiederfinden
in dem Dorfe Tacuba in d. Prov. Sonfonate, Pfarrei Aguachapa. Der Begriff kann leicht wiederkehren (Ort der Reifer oder Laudanum-Bäume, *tlacotl*; weniger, wenn es bedeutet: Ort der Sklaven, *tlacotli*), aber die
fpanifche Form ift ermutbigend. Freilich gewinnen wir, wenn wir uns auf
fie ftützen, nur eine Überführung des Namens in neuerer Zeit; es ift weniger wahrfcheinlich, doch möglich, dafs an beiden Stellen das aztekifche
Tlacopan durch die Spanier in *Tacuba* umgewandelt worden fei. —
T l a x c a l l a n (f. oben S. 93ⁿ-94ᵐᶠ), neuerdings *Tlascala* (mit der Form
find diefelben Verhältniffe wie bei Tacuba); wohl ift es merkwürdig, den Namen des alten Staates und der Stadt in einem Dorfe in Neu-Leon (f.
S. 105ᵐᶠ), 30 *leguas* nördlich von Monterey, wieder anzutreffen; auch erfcheint er formell fehr individualifirt. Aber wenn man anderwärts auch: Ort
der Tortillas oder des Brodtes ausdrücken wollte, war augenblicklich diefe
Form da. — T z o m p a n c o erfcheint auf dem Naturwege wiederholt; es war: 1)
im Alterthume eine Stadt und kleiner Staat, jetzt ein Dorf, *Zumpango*,
und danach benannter See, nördlich von der Stadt Mex. 2) ein alter Ort
der Cohuixken; jetzt (wieder als *Zumpango*, Mühl. II, 289) ein Dorf bei
Mescala, gleichfalls in d. Prov. Mexico, weit nach SSW von dem erfteren.
Der Name ift aus *tzontli* Haar und + *pantli* Reihe zufammengefetzt, und
feine Bedeutung ift erfichtlich aus der Grundform: *Tzompantli*; fo hiefs
ein Gebäude bei dem grofsen Tempel zu Mexico, wo die Schädel der ge-
opferten feindlichen Krieger in Reihen aufgeftellt wurden. — X o c o n o c h c o
(nach einer Nopal-Art, *xoconochtli*, benannt), d. h. *Soconusco* an der

Nordweft-Küfte von Guatemala, und *Hoconusco* bei Temascaltepec in der Provinz Mexico; find fchon früher (S. 123^{m/-nn}) vorgekommen.

Ich laffe nun die Verzeichnung der fich wiederholenden Orts-namen in einer fyftematifchen Ordnung folgen; zunächft die Mexico und Guatemala gemeinfchaftlichen, darauf die Einem Lande allein zukommenden.

§ 70. Ortsnamen in Mexico und Guatemala:

1 Ort in Mexico und 1 Ort in Guatemala: Ahuacatlan (von *ahuacatl*, bekannter Baum und Frucht): 1) Ort in Guadalaxara 2) [Ju. *Agua-catan*] Dorf in d. Prov. Totonicapan, Diftr. Huehuetenango, Pfarrei Chiantla. — Amilpas 1) Vulkan in Chiapa 2) *Guautla de las Amilpas:* kleine Stadt, früher zu Puebla, feit etwa 1806 zur Prov. Mexico gehörig. — Anahuac, das Land, und ein Ort Anahuaca in Nicaragua (S. 9^m-11^{ad} u. 160^{m-n}). — Analco (bedeutet jenfeits des Fluffes, von *analli*, worin *atl*): 1) Real in der Diputacion Hoftotipaquillo in Guadalaxara 2) Dorf in d. Prov. S. Sal-vador, Diftr. S. Vicente. — Axochco [*Axusco*] f. bei Nicaragua (S. 177^{ad-d/}). — Cihuatlan f. S. 191^{n/}-192^{ad}. — Cozamaloapan (am Regenbogen-Waffer; von *cozamalotl* Regenbogen: das von *coztic* gelb und *malina* drehen abgeleitet ift): 1) Dorf in d. Prov. Veracruz 2) [*Cosumalguapan* Juarros I, 110; derf. II, 9 *Cotzumalguapam*] Hauptpfarrdorf im Diftr. Itz-cuintla. — Huehuetlan f. oben bei Potofi (S. 106^{ad}). — Huitzapan (an dem Dornenwaffer; *huiztli* Dorn): 1) alter Ort nördlich über Mexico, von den Otomiten gegründet 2) [S. Domingo *Guisapan*] Dorf in d. Prov. Son-fonate, Hauptpfarrei Naguifalco. — Itzcuintepec (auf dem Hunde-Berge; *itzcuintli* Hund): 1) [*Ixquint.*, Haffel] Dorf in Oaxaca 2) [Gomara] alter Ort in Guatemala, und Name der jetzigen Provinz Itzcuintla zur Zeit der Erobe-rung. — Itztepec (auf dem Berge der Obfidian-Steine, *itztli*): 1) [*Istepec*, Haffel] Haff in Oaxaca 2) [Ju. *Istepeque*] Dorf in d. Prov. S. Salvador, Diftr. und Pfarrei S. Vicente. — Mixteca 1) mex. Provinz 2) Bezirk in Nicaragua (S. 18^{a/-n/} und 160^{n/}). — Moyotla (Ort der Moskiten, *moyotl*) 1) ein Viertel der alten Stadt Mexico, jetzt S. Juan genannt 2) [*Moyuta*] Dorf in d. Prov. Itzcuintla, Diftr. Huazacapan, Pfarrei Conguaco. — Pan-chimalco (der 2te Theil ift von *chimalli* Schild): 1) alter Ort im Lande der Tlahuiken 2) Dorf im Diftr. S. Salvador, Pfarrei S. Jacinto. — Pantepec 1) Ort in Mexico, bei Yepes 2) Dorf in d. Prov. Chiapa, Diftr. Tuxtla, Pfarrei Tapalapan. — Petlatlan (Ort der Matten, *petlatl*, fpan. *petate*): 1) Dorf

nördl. von Acapulco, am ſtillen Meere, in Valladolid; 2) [Ju. *Petatan*] Dorf in d. Prov. Totonicapan, Diſtr. Huehuetenango, Hauptpfarrei Jacaltenango. — Popocatepetl 1) Vulkan in Mexico 2) der Vulkan Maſaya in Nicaragua (ſ. S. 161$^{mm\text{-}mf}$). — Tenantzinco (*dimin.* von *Tenanco*, unten S. 196^{nf}-7^{a}) 1) [*Tenancingo*] Flecken (Mühl. II, 285) und (*ib.* 245) See bei *Tenanco del Valle*, einem Flecken bei Toluca 2) [*Tenansingo*] Dorf im Diſtr. S. Salvador, Pfarrei Suchitoto. — Teotepec (auf dem Götterberge): 1) [*Tiotepeque*, Buſchm.] Dorf bei Cuicatlan in Oaxaca 2) [*Teotepeque*] Dorf in d. Prov. S. Salvador, Diſtr. S. Ana, Pfarrei S. Antonio Ateos. — Tlacopan (Tacuba) ſ. S. 93$^{a\text{-}m}$ und 192$^{af\text{-}mm}$. — Toliman ſ. S. 191$^{mm\text{-}mf}$. — Xoconochco ſ. S. 123$^{nf\text{-}nn}$ u. 192^{nf}-3^{a}. — Xocotlan (Ort der Früchte, *xocotl*): 1) [auch *Xocotla* geſchr.] Dorf in Puebla [Haſſel]; im Alterthume eine bedeutende Stadt, wo eine ſtarke mex. Beſatzung lag; 2) [*Jocotan*] Hauptpfarrdorf im Diſtr. Chiquimula. — Zayolla (Ort der Fliegen, *zayolin*) [*Sayula*]: 1) ſonſt Dorf in Guadalaxara, jetzt (nach Mühl. II, 388) bedeutende Stadt und Bezirk im ſüdlichſten Theil des Staates Xalisco; 2) Dorf in der Prov. Chiapa, Diſtr. Tuxtla, Pfarrei La Magdalena.

1 Ort in Mexico und 2 in Guatemala: Citlallan (Ort des Sternes oder der Sterne, *citlalin*): 1) alter Ort bei Huaſtepec, unweit des ſtillen Meeres; vielleicht als *Zitala*: 2) (S. Pedro) Dorf in d. Prov. Chiapa, Diſtr. Ciudad Real, Hauptpfarrei Vaquitepeque 3) (S. Franciſco) Dorf im Diſtr. S. Salvador, Hauptpfarrei S. Tomas Tejutla. — Coatlan (Ort der Schlangen, *coatl*): 1) alter Ort zwiſchen Sultepec und Ocuillan 2) ein Tempel in der alten Stadt Mexico, 1468 von Axayacatl erbaut 3) Dorf in d. Prov. Totonicapan, Diſtr. Huehuetenango, Pfarre S. Pedro Soloma 4) Fluſs in d. Prov. Suchiltepeques. — Itzcuintla (Ort der Hunde, *itzcuintli*): 1) alter Ort bei Zacatula 2) [auch *Escuintla* und andre Formen] *villa* (Concepcion de Esc.), Provinz und Diſtrict in Guat. 3) (S. Domingo) Hauptort des Diſtr. Soconusco in der Prov. Chiapa. — Ocotepec (Fichtenberg) ſ. bei Honduras (S. 175$^{m\text{-}mm}$). — Texotla oder Texutla (Ort der blauen Farbe, *texotli*): 1) alter Ort bei Xalapa im Reiche Mexico; 2) Santiago *Tejutla*: Hauptpfarrdorf in d. Prov. Quetzaltenango 3) S. Tomas *Tejutla*: it. im Diſtr. S. Salvador.

in Mexico 1, in Guatemala 3: Ixtlahuacan (von *ixtlahuatl* weite Ebene oder Feld, Savanne): 1) [jetzt *Istlahuaca*] Stadt und Thal

bei Toluca; *Islaguacan*: 2) (S. Catarina) Dorf im Diftr. Sololá, Pfarrei
Totonicapan 3) (S. Ildefonfo) Dorf in d. Prov. Totonicapan, Diftr. Hue-
huetenango, Pfarrei Malacatan 4) (S. Miguel) Dorf im Diftr. Quetzaltenango,
Pfarrei Santiago Tejutla. — Nexapa (an dem Afchen-Waffer, von *nextli*
Afche und *atl*; oder: Ort der Lauge, von dem *comp. nexatl* Lauge un-
mittelbar abgeleitet): 1) *villa* (nach Mühl. II, 170 jetzt Indianer-Dorf) und
Flufs in der Prov. Oaxaca; Dörfer [Ju. *Nejapa*]: 2) (S. Antonio) in d. Prov.
Chimaltenango, Pfarrei Acatenango 3) (ohne Zufatz) in Chiapa, Diftr. So-
conusco, Pfarrei Gueguetlan 4) (S. Geronimo) Hauptpfarrdorf im Diftr.
S. Salvador. — Petlapan [*Petapa*] f. S. 189[n-nn].

in Mexico 2, in Guatemala 1: Acatlan (Ort des Rohres, Röhrigt; *acatl* Rohr): 1) eine Vorftadt der alten Stadt Mexico 2) Dorf in Puebla 3) (S. Miguel *Acatan*) Dorf in d. Prov. Totonicapan, Diftr. Huehuetenango, Pfarrei S. Pedro Soloma. — Cozcatlan f. Potofi (S. 105[nn]-6[aa]) und
S. 112[n-nn]. — Mazatlan f. oben S. 18[e-ef]. — Totolapan (an dem Hühner-
Waffer; *totolin* Huhn): 1) alter Ort in der Zapoteca, jetzt das Dorf *Totolapa* in d. Prov. Oaxaca (f. über daffelbe ausführlich Mühl. II, 169-170)
2) [*ib.* 267] Dorf füdöftlich von Chalco, in d. Prov. Mexico, am Fufs des
Popocatepetl 3) [*Totolapa*] Hauptpfarrdorf in d. Prov. Chiapa, Diftr. Ciudad Real. — Tzapotl [d. h. *Zapote*] f. S. 109[rf] und 179[rf].

in Mexico 3, in Guatemala 1: Amatlan (Ort des Papiers, *amatl*)
1) Real in d. Diput. Hoftotipaquillo in Guadalaxara 2) Dorf im zapoteki-
fchen Gebirge 3) [Ward] Amatlan *de las Cañas*, Ort in Mexico 4) [Ju.
Amatan] Dorf in d. Prov. Chiapa, Diftr. Ciudad Real, Pfarrei Xitotol. —
Tonallan oder Tonalla [jetzt *Tonala*] f. S. 191[ee-ef]. — Tzapotlan (von
tzapotl: Ort diefer Frucht- oder Baumart): 1) die alte Hauptftadt der Zapoteken (wonach das Volk benannt ift), auch *Teotzapotlan* genannt 2) alter Ort nördlich vom See Chapala; wohl eins mit dem jetzigen grofsen Dorfe,
10 *leguas* ONO von der Stadt Guadalaxara (Mühl. II, 385) 3) [*Zapotlan el
grande*, nach Mühl. II, 388] grofses Dorf am nördl. Fufse des Vulkans Colima; 4) [*Sapotan*] Dorf in d. Prov. S. Salvador, Diftr. S. Ana Grande,
Pfarrei Guaymoco; davon kommt die fpan. Diminutiv-Form *Zapotlanejo*,
Ort bei dem von No. 2 (nach Mühl. aber identifch mit ihm).

in Mexico 2, in Guatemala 2: Chinameca 1) Dorf in Tabasco
(vgl. Mühl. II, 28) 2) [Mühl. II, 77-78] Dorf in d. Prov. Veracruz, 2 *le-*
Cc

guas nördlich von Xaltipan; am gleichnamigen Bache 3) (S. Juan) Hauptpfarrort in d. Prov. S. Salvador, Diftr. S. Miguel 4) (S. Francifco) Dorf
im *partido* S. Salvador, Pfarrei S. Pedro Mafagua. — Coyotepec (auf
dem Berge der Coyoten, *coyotl*: eines bekannten vierfüfsigen Thieres, dem
Schakal ähnlich, fpan. *adive*): 1) Ort am See Zumpango 2) [Mühl. II, 184
Cuyotepec] grofses Dorf bei Zachila in Oaxaca 3) Dorf in d. Prov. S. Salvador, Diftr. S. Ana 4) [Ju. *Cojutepeque*] Hauptpfarrdorf im Diftr. S. Salvador.— Tochtlan [jetzt *Tuxtla*] (Ort der Kaninchen, *tochtli*) f. S. 186ᵛ.

in Mexico 3, in Guatemala 2: Iztapan [auch *Istapa, Ixtapa*]
(Ort des Salzes, *iztatl*): 1) Dorf bei Tezcuco 2) Real in d. Diput. Temascaltepec der Prov. Mex. 3) *it.* in d. Diput. Zitaquaro in Valladolid 4) Hauptpfarrdorf in d. Prov. Chiapa, Diftr. Tuxtla 5) Barre des ftillen Meeres in
d. Prov. Itzcuintla; davon kommt noch her, mit einem fpan. Anfatze, *Iztapangajoya*: Dorf in d. Prov. Chiapa, Diftr. Tuxtla, Pfarrei Iftacomitan.
(Mühlenpfordt II, 28 giebt ein Dorf „*Istapa* oder *Ystapangahoya*" in Tabasco an; es würde diefs meine No. 4 abforbiren: durch Juarros ift aber bewiefen, dafs es zwei verfchiedene Dörfer find, verfchiedenen *curatos* zugetheilt.)

in Mexico 3 und in Guatemala 3: Xalapa, das oben (S. 176ᵈ⁻ᵐ)
bei Honduras ausgeführt ift. — Xilotepec (auf dem Berge der jungen
Maisähren, *xilotl*): 1) im Alterthum eine Stadt im Lande der Otomiten, nach
der Eroberung deren Hauptftadt, jetzt ein Dorf in d. Prov. Mexico 2) Ort
bei Xalapa in Veracruz 3) [Mühl. II, 177] Dorf vier *leguas* füdlich von
Tehuantepec in d. Prov. Oaxaca; *Xilotepeque* [Juarros]: 4) (S. Martin)
Flecken, Hauptpfarrort und danach benanntes Thal in d. Prov. Chimaltenango (f. Juarros I, 71) 5) (S. Jacinto) Dorf in der Prov. und Pfarrei Chimaltenango 6) (S. Luis) Hauptpfarrdorf im Diftr. Chiquimula.

in Mexico 3 und in Guatemala 4 oder 5: Tzapotitlan (von
tzapotl, Baum und bekannte Frucht): 1) Ort in Puebla 2) in Oaxaca
3) Vorgebirge, und wohl auch Ort, am mex. Meerbufen; als *Sapotitlan*:
4) [nach Mühl. II, 15] ein Vulkan in Chiapa; 5-8) vier Dörfer im *partido* Suchiltepeques: davon zwei in Trümmern, S. Felipe und S. Luis, beide in der
Pfarrei S. Martin; S. Francifco in der Pfarrei Santiago Sambo, S. Martin
in der Pfarrei Cuyotenango.

in Mexico 4, in Guatemala 1: Tenanco (in der Mauer, *tena-
mitl*) [*Tenango*]: 1) Dorf bei Orizaba 2) Flecken bei Toluca, auch *Teotenanco*

oder *Tenanco del Valle* genannt 3) Real in Puebla 4) Flufs, welcher in
den See Xochimilco geht 5) Dorf in d. Prov. Chiapa, Diftr. Ciudad Real,
Pfarrei Cancuc.

in Mexico 4, in Guatemala 2: Ayotla oder Ayutla (es läfst
fich nicht beftimmen, ob und wo diefer Name: Ort der Kürbiffe oder der
Schildkröten heifst; er kann eben fo wohl von *ayotli* Kürbifs als von *ayotl,
ayutl* Schildkröte herkommen): 1) alter Ort bei Zacatula 2) Ort bei Acapulco (viell. find beide daffelbe) 3) [Bufchm.] Dorf bei der Stadt Mexico 4)
Dorf in Puebla 5) [Bufchm.] Zucker-Hacienda zwifchen S. Antonio und
S. Juan de los Cuis in Oaxaca (vgl. Mühl. II, 206) 6) wüftes Hauptpfarrdorf in d. Prov. Chiapa, Diftr. Soconusco 7) Flufs in d. Prov. Suchiltepeques.

§ 71. Wir betrachten hierauf die Wiederholung der Ortsnamen auf
Ein Land, Mexico oder Guatemala, befchränkt; und zwar zunächst
    im Reiche Mexico:
    2 Örter: Acolco (viell.: Ort, wo fich das Waffer krümmt; von
atl und *coloa; acolli* heifst übrigens Schulter): 1) alter Ort im See Tezcuco 2) [*Aculco*] Ort, wie es fcheint, im Lande der Otomiten. — Ahuatepec
[vgl. oben S. 186*ᵛ*] (auf dem Eichenberge; *ahuatl* Eiche): 1) alte Stadt
des Reiches Acolhuacan 2) [*Aguatepec,* Bufchm.] Hacienda bei Perote. —
Alcozauhca [*Alcozauca*] 1) Dorf in Puebla 2) Real in d. Diput. Sultepec,
Prov. Mex. — Amaquemecan f. oben S. 80*ᵐ*-82*ᵐᵐ*. — Amealco (ein
appell., auch *ameyalco,* Ort mehrerer Quellen; von *meya* fliefsen, von
der Quelle): 1) [Yepes] Dorf bei Chapantongo 2) [Ward] Ort in Queretaro;
viell. find beide eins. — Ameca 1) Dorf in Guadalaxara (f. Mühl. II, 387)
2) *it.* im mex. Thale oder in d. Prov. Puebla, viell. Mecameca (nach Mühl.
II, 219, der feine Lage genau aftronomifch angiebt, liegt es in Puebla). —
Calpullalpan, Calpollalpan (von *calpulli* grofses Haus oder Saal 2)
Stadtviertel, und *tlalli* Erde, Land): 1) alter Ort bei Tezcuco 2) Berg und
Ort bei Queretaro (Mühl. II, 465 fchreibt den Berg *Capulalpam*). — Ca-
pullalpan, Capollalpan (diefe Form kann = dem vorigen Namen feyn,
durch Herausfallen des *l*; aber fie kann auch lauter feyn, indem fie bedeutet:
Kirfchen-Land oder -Gegend, von *capulin* Kirfche): 1) alter Ort auf der
Mitte des Weges von Tlascala nach Tezcuco 2) [Bufchm.] Dorf im zapote-
kifchen Gebirge, Prov. Oaxaca. — Chalchihuites (bei Durango S. 108*ᵛ*-9*ᵃ*

da gewefen): 1) Real in d. Diput. Parral 2) Gebirge in Guadalaxara. —
Chalco f. S. 83*ᵃᵃ⁻ᵃᶠ* und 186*ᵐ*. — Chilchotla (Ort des grünen fpanifchen
Pfeffers, *chilchotl*): 1) Dorf in Michuacan 2) Ort, wie es fcheint, in Puebla.
— Huexotla (ein *appellativum:* Weidengehölz; von *huexotl* Weide, *salix*)
1) im Alterthume eine Stadt dicht bei Tezcuco, als eine Vorftadt davon anzufehen 2) Ort in d. Prov. Mexico [Clav., Ward]. — Huitzitzilla (Ort der
Colibris, *huitzitzilin*): 1) aztekifcher Name für Tzintzuntzan, die alte Hauptftadt des Reiches Michuacan, am See Pascuaro: noch jetzt Dorf; 2) *Guichi-
chila:* Real in d. Diput. Bolaños, Prov. Guadalaxara. — Metzcalla [*Mescala*] (von *metztli* Mond und *calli* Haus, wohl: Ort des Mondhaufes oder
des Tempels des Gottes *Metztli*): 1) Dorf und Thal in d. Prov. Mexico,
nach Acapulco zu; dann Flufs, welcher nach Humb. mehr weftlich der Zacatula heifst, nach Haffel und Mühl. (II, 244) in Puebla in den Flufs von
Tlascala geht; 2) [Ward] Infel im See Chapala. — Metzcaltepec (auf dem
Berge des *Metztli*-Tempels): 1) alter Ort weftlich von Huaxtepec 2) *it.* füdlich von Oaxaca; beide lagen in einiger Entfernung vom ftillen Meere. —
Mezquital (f. S. 109*ᵐ*): 1) Real in d. Diput. Hoftotipaquillo 2) *it.* in der
von Parral. — Mictlan (*appell.:* das Todtenreich oder die Hölle): 1) Ort,
jetzt Mitla genannt, öftlich von Oaxaca, berühmt durch feine Ruinen; 2) ein
alter Ort mit hohem Berge bei Veracruz. — Nochiztlan (Ort der Cochenille) f. S. 105*ᵃ*. — Quauhchinanco (von *quauhchinamitl:* hölzernes
Geländer, Schranken, Verzäunung; aus *quahuitl* Baum, Holz und *chinamitl* Zaun zufammengefetzt): 1) *villa* in Puebla (*Guauchinango* Mühl. II,
233); 2) Real und Dorf in d. Diput. Hoftotipaquillo. — Quauhximmiquilapa f. S. 25*ᵛᶠ*-26*ᵃ* und 191*ᵐᶠ⁻ⁿⁿ*. — Tecamachalco f. S. 186*ᵈᶠ⁻ᵐ*. — Teohuacan [jetzt *Tehuacan*] f. S. 188*ᵈᶠ*. — Tepexic (auf dem Felfen) f. *ib.*ᵐ —
Tepeyacac (auf der Spitze des Berges) f. S. 98*ᵈᶠ⁻ᵐᶠ*. — Tlacololla (von
tlacololli etwas gekrümmtes, *partic.* von *coloa* krümmen, beugen) [*Tla-
colula*] 1) alter Ort bei Oaxaca, jetzt (f. Mühl. II, 168) grofses Dorf 2) Dorf
bei Xalapa, Prov. Veracruz (vgl. ib. 73). — Tlacotepec (über die Bed.
werde ich bei den Hieroglyphen handeln): 1) alter Ort nach der Südfee zu,
jetzt (Mühl. II, 180) Dorf 3 ½ *legua* N von Tehuantepec 2) [Bufchm.] Dorf
bei Tepeaca in Puebla (vgl. *ib.* 235). — Tlacotlalpan 1) Dorf in Tabasco
2) alter Ort in Coatzaqualco, weftlich; jetzt (f. Mühl. II, 76) Dorf am Rio
de San Juan in Veracruz [*Tlacotalpan*]. — Tlaxcallan f. S. 93*ⁿ*-94*ⁿ*

und 105^n^. — Tochpan (Ort der Kaninchen, *tochtli*) [jetzt *Tuspan*]
1) Dorf und kleiner Hafen ganz nördlich in Veracruz, an der Mündung des
gleichnamigen kleinen Fluſſes, der in das Haff Tamiagua geht; 2) groſses Dorf
in Guadalaxara, am öſtlichen Fuſse des Colima (Mühl. II, 388). — Tototepec
(auf dem Vogelberge, *tototl* Vogel): 1) Ort bei Panuco 2) Dorf in Oaxaca,
am ſtillen Meere (ſ. Mühl. II, 195), im Alterthume ein Staat; Mühl. II, 213
giebt noch in Oaxaca an: *Totontepec* groſses Dorf im Lande der Mixes, am
Fuſse des Zempoaltepec. — Tzompanco ſ. S. 192^nn~nſ^. — Xalatlauhco
(Ort der Sandſchlucht; von *xalli* Sand und *atlauhtli* Schlucht, *barranca*)
1) alter Ort in den Gebirgen um das Thal von Toluca 2) [Buſchm.] Fluſs bei
der Stadt Oaxaca. — Xochitepec (auf dem Blumenberge): 1) eine alte Provinz öſtlich von Soconusco 2) Dorf bei Cuernavaca in d. Prov. Mexico. —
Xocotitlan (von *xocotl* Frucht): 1) eine Vorſtadt der alten Stadt Mex.
2) alter Ort im Thal von Iſtlahuaca. — Xoloc ſ. S. 186^nſ^-7^a^.

drei Örter in Mexico: Apan ſ. S. 185^sſ-m^. — Atenco (am Rande
des Waſſers oder am Ufer: *atl* Waſſer, *tentli* Lippe 2) Rand; das *comp.*
atentli Ufer): 1) alte Stadt bei Tezcuco, gleichſam Vorſtadt davon; jetzt
heiſst auch ein See im mex. Thale ſo (Mühl. II, 245); 2) eine Vorſtadt von
Alt-Mexico 3) Ort bei Toluca. — Capulin (Kirſche): 1) Real in d. Diput.
Guanaxuato 2) Grube in Tlalpuxahua 3) [Buſchm.] Rancho auf dem miſte-
kiſchen Gebirge. — Chilapan (am Chile-Waſſer): 1) Dorf in d. Prov. Mexico [jetzt *Chilapa*; vgl. Mühl. II, 289] 2) alter Ort im Lande der Cohuixken 3) [Gomara] im Alterthume Ort und Fluſs in der Gegend von Tabasco. —
Chillan oder Chilla (Ort des Chile-Pfeffers) ſ. bei Potoſi (S. 105^m^). —
Copallan (Copalla) ſ. bei Cinaloa (S. 108^m^ und S. 185^m^). — Ocotes
(ſpan. Plur. die Fichten, von *ocotl*): 1) Real in der Diput. Sultepec, Prov.
Mexico 2) Grube bei Tlalpuxahua in Valladolid 3) *monte de los Ocotes*
[Mühl. II, 138] hoher Berg in der öſtlichen Bergkette von Oaxaca; der ſpan.
sing. kommt vor in: *rancho del Ocote* [Mühl. *ib.*], Höhe in derſelben Kette,
auf dem Wege von Yaveſia nach der Stadt Oaxaca. — Ocotlan (Ort der
Fichten): 1) Dorf in Puebla 2) groſses Dorf zwiſchen Guadalaxara und Valladolid, in der Prov. Guadalaxara (vgl. Mühl. II, 386); 3) (*ib.* 190) groſses
Dorf 6 *leguas* ſüdlich von Oaxaca, und Thalzweig nach ihm benannt. —
Panuco ſ. bei Durango (S. 109^m~n^). — Tetella ſ. S. 188^mm^. — Tlalpan
1) alter Ort bei Chilpanzingo im ſüdweſtl. Mexico 2) [Mühl. II, 265] ande-

rer Name für die kleine Stadt S. Auguftin de las Cuevas, 4 *leguas* S von Mexico 3) [*Talpan*] Real in der Diput. Bolaños in Guadalaxara. — Tlalte- nanco f. S. 105*ᵛ⁻ᵐ*. — Xacalla (Ort der Strohhütten, *xacalli*): 1) Real in d. Diput. Zimapan 2) *it.* in der von *el Doctor* 3) *it.* in der Prov. Vera- cruz. — Xacalli (Strohhütte), oder vielmehr die fpan. Form *Xacal* und *Jacal*: 1) hoher Berg in d. Prov. Mexico (*cerro del Jacal*, vgl. Mühl. II, 276) 2) Flufs in Veracruz 3) Grube bei Real del Monte in d. Prov. Mexico. 4 Örter in Mexico: Atotonilco f. oben S. 187*ᵐ*. — Chiauh- tla (Ort des Thieres *chiahuitl*, das 1) eine Art Viper 2) ein Wurm ift, welcher die Weinftöcke benagt) [jetzt auch *Chauhtla*]: 1) alte Stadt im mex. Thal 2) Hauptort eines Bezirks in Puebla (vgl. Mühl. II, 235) 3) [Guerra] Ort 45 *leguas* füdöftlich von Mexico 4) *Chauhtla de la Sal:* Ort in Mex., die Lage unbekannt; wahrfch. find einige diefer Örter identifch.   Von dem Thiere *chiahuitl* kommen auch noch her: Chiauhtzinco (*dimin.* des vor.) [*Chaucingo*], das ein Ort bei Tezcuco zu feyn fcheint; viell. *Chaguite:* Dorf in d. Prov. Chimaltenango, Pfarrei N. Señora de la Concepcion Escuintla; Achiauhtla (mit Vorfatz von *atl*): alter heiliger Ort in der Mifteca, jetzt ein Dorf in 16° 59′ N.B. (f. ausführlich Mühl. II, 200-1).

Xalpa und Xalpan kommen zufammen 5 mahl in Mexico vor: jenes 4mahl, diefes 1mahl; beide, ganz gleiche Formen kennen wir als Appella- tiva: fie bedeuten eine fandige Gegend, einen Sandfleck [was das fpan. *are- nal* befagt] (abgeleitet von *xalli* Sand).   Xalpa heifsen: 1) ein Dorf in Tabasco (Mühl. II, 28) 2) Hacienda bei Huehuetoca am mex. Thale (vgl. *ib.* 269) 3) Real in d. Diput. Bolaños in Guadalaxara 4) *it.* in der von Hoftoti- paquillo, eben da; *Xalpan* ift ein Ort in Queretaro.

§ 72. Ich gehe über zu dem mehrmahligen Vorkommen deffelben az- tekifchen Ortsnamens im Reiche GUATEMALA:

2 Örter: Amatenanco (in der Mauer des Papieres: *amatl* Papier, *tenamitl* Mauer): 1) Dorf in d. Prov. Chiapa, Diftr. Ciudad real 2) (Sant- iago) Dorf in d. Prov. Totonicapan, Diftr. Huehuetenango, Pfarrei Cuilco. — Chamolla [jetzt *Chamula*] (wohl eig. *Chiamolla*: von *chia* ein Öhl- faame; und *molli*, als 2. *comp.*: Brühe, Suppe): 2 Dörfer in d. Prov. Chiapa, Diftr. Ciudad Real. — Chiapan (von demfelben *chia*) f. S. 187*ᵛ*- 188*ᵃ*. — Itzquauhtlan [*Isguatan*] (Ort der prächtigen Adlerart *itzquauh- tli:* nach Hernandez *aquila novacula*, nach Lichtenftein *falco destructor*,

vultur harpyia; das Wort ist aus *itztli* Obsidian und *quauhtli* Adler zusammengesetzt): 1) Dorf in d. Prov. Chiapa, Distr. Tuxtla, Pfarrei Tapilula 2) (mit dem Zusatze *Todos Santos*) Dorf in d. Prov. Itzcuintla, Distr. Huazacapan, Pfarrei Xinacantan. — Mixco f. S. 112^{nn-n'} und 186^{a-aa}. — Mixtlan f. S. 189^{aa}. — Pochotla (Wald der Tannenart *pochotl* oder *puchotl:* in der haitischen Spr. *ceibe*, in Afrika *benten* genannt): 1) [*Pochuta*] Dorf in d. Prov. Chiapa, Distr. Tuxtla 2) [*Puchuta*] wüstes Dorf in der Provinz Solola, District Atitlan, Pfarrei Palutul. — Quauhtemallan, das jetzige Guatemala, f. oben an mehreren Stellen (namentlich S. 111^a-2^{ny} und 185^{mm}-6^a). — Tepetzontli [*Tepesonte*] f. S. 189^{af}. — Tzaqualpa [*Zacualpa*] (Verschlufs, Gehäge, auch wohl Waſſer-Verpfählung: von *tzaqua* ſchliefsen, zuſtopfen; ſtauen, ſich ſtauen, vom Waſſer): 1) (*el Espiritu Santo*) Dorf im Diſtr. Sololá, Pfarrei Joyabach 2) verfallenes Dorf auf einer Inſel des Sees Guixar in d. Prov. S. Salvador. Davon iſt eig. gar nicht verſchieden *Tzaqualpan* [*Zacualpan*], Bergwerks-Ort in d. Prov. Mex.; gleichbedeutend iſt *Tzaqualco:* alter Ort am See Chapala, jetzt [*Zacualco*] (f. Mühl. II, 388) großes Dorf an einem See gleiches Namens; ähnlich *Tzaqualtipan* [*Zacualtipan*]: grofses Dorf bei Huexotla in d. Prov. Mexico, unfern der Gränze von Veracruz [Yepes; f. Mühl. II, 281]. — Tzinacantla f. S. 180^a.

3 Örter: Atitlan f. S. 113^{af-mm}. — Chiquimolla [*Chiquimula*] f. S. 188^a. — Comalapan f. S. 177^{nn-n'}. — Comitlan (Ort der Töpfe, *comitl*): 1) [Juarros *Comitlan*] Hauptpfarrdorf in d. Prov. Chiapa, Distr. Ciudad Real; nach Mühl. (II, 15) in 16° 11′ N.B. und 94° 48′ W.L. 2) [Juarros *S. Cruz Comitan*] Dorf in d. Prov. Quetzaltenango, Pfarrei Santiago Texutla 3) Nebenflufs des Tabasco in Chiapa (vgl. Mühl. II, 15). — Maxaltenango f. S. 189^{mm}. — Nonoalco f. *ib.* ^{nf}. — Pinolla [*Pinula*] f. *ib.* ⁿⁿ. — Quetzaltepec f. *ib.* ^v. — Zacapa f. S. 189^{nf}-190^a.

4 Örter: Quetzaltenanco (in der Mauer, *tenamitl*, der prächtigen Federn oder der Vogelart *quetzalli*) [*Quezaltenango*]: 1) eine Provinz von Guatemala und deren Hauptſtadt (*Espiritu Santo*) 2) (S. Sebaſtian) Dorf in d. Prov. Suchiltepeques, Pfarrei Retaluleu 3) 4) zwei Dörfer im Diſtr. S. Salvador.

5 und 6 Örter: Huitztlan (Ort der Dornen, *huitztli*), der Ortsname, welchen ich oben (S. 58^{aa-mm}) bei den Weltgegenden beſprochen

habe: 1) Fluſs in Chiapa und Soconusco, der in das ſtille Meer geht 2) und 3) [*Guistan*] 2 Dörfer in d. Prov. Chiapa, Diſtr. Ciudad Real, eines zur Pfarrei Oxchuc gehörig 4) [*Guista*] Dorf im Diſtr. Soconusco derſelben Prov., Pfarrei Gueguetan 5) und 6) (S. Ana und S. Antonio *Guista*): zwei Dörfer in d. Prov. Totonicapan, Diſtr. Huehuetenango, Pfarrei Xacalte-nango. — Mazahua [*Masagua*] 5 Örter, welche oben bei dem alt-mex. Volke der Mazahuer (S. 134ᵐ-5ᵃᵃ) vorgekommen ſind. — Zacatepec [*Sa-catepeques*]: 6 Örter, ſ. oben S. 190ᵃᵃ⁻ᵃ.

Inhalts-Überſicht.

Dd

204 *Inhalts-Überficht.*

IX. Nicaragua.

X. Guatemala, Schlufs.

XI. Wiederkehr der Ortsnamen.

Berichtigungen.

Wegen einer fpäteren Veränderung erfcheinen in früheren Citationen einige Paragraphen in zu niedriger Zahl; ftatt § 53 ift zu lefen § 59 (S. 18$^{m/}$), ftatt § 57: § 66 (S. 17^{nn}, 109 letzte Z.), ftatt § 58: § 67 (S. 112$^{m/}$), ftatt § 59: § 68 (S. 104^{nn}), ftatt § 60: § 69 (S. 26 Z. 2, 58 Z. 4, 93^m, 94$^{m/}$, 105$^{m/}$); und fo öfter.

S. 90^n ift ftatt 92$^{m/}$ zu lefen: 92^n.

S. 113 Z. 4 ift ftatt § 44 lieber zu fetzen: S. 123^m.

S. 176 letzte Z. und 177 letzte Z. ift ftatt S.B. zu fetzen: N.B.